新闻语言比较研究

段业辉　李　杰　杨　娟　　著

商務印書館

2007年·北京

图书在版编目（CIP）数据

新闻语言比较研究/段业辉等著. 一北京：
商务印书馆，2007
ISBN 978-7-100-05630-4

Ⅰ.新… Ⅱ.段… Ⅲ.新闻语言一研究 Ⅳ.G210

中国版本图书馆 CIP 数据核字(2007)第 148469 号

XĪNWÉN YǓYÁN BǏJIÀO YÁNJIŪ
新闻语言比较研究
段业辉 李 杰 杨 娟 著

商 务 印 书 馆 出 版
(北京王府井大街36号 邮政编码 100710)
商 务 印 书 馆 发 行
北 京 龙 兴 印 刷 厂 印 刷
ISBN 978-7-100-05630-4

2007年12月第1版 开本 850×1168 1/32
2007年12月北京第1次印刷 印张 10 ⅛

定价：22.00元

目　　录

序

展示在读者面前的《新闻语言比较研究》是南京师范大学段业辉教授继1999年出版的《新闻语言学》之后又一部研究新闻语言的专著。当年《新闻语言学》一书，主要介绍了新闻语言研究的历史；总结了新闻语言研究的方法；说明了新闻语言的整体功能和特点；并以实例分别从词汇、语法、修辞等不同角度，对新闻中的消息语言、通讯语言、评论语言各自的特点进行了分析、描写、说明，并分别说明了消息、通讯、评论在“标题”、“导语和主体”、“结语”这三方面，各自在用语、语法、修辞上的特点；最后，对新闻语言的文化底蕴进行了一定的探讨。《新闻语言学》是我国第一部有关新闻语言研究的专著，但从内容上看，多少带有一点概论的性质。《新闻语言比较研究》则是一部实实在在的关于新闻语言研究的专著。我有幸在该书出版之前通读书稿，先睹为快，受益匪浅，学了不少知识。

《新闻语言比较研究》以功能语法理论作为理论背景，具体说，以主位结构理论来分析新闻媒体语言的编码结构，以信息结构理论来分析新闻媒体语言的解码结构，并以此为切入点，比较分析四种媒体的新闻语言的异同。全书共分七章。第一章“新闻语篇与信息”，实际交代了该书的理论背景。第二章“新闻语篇的衔接”，是专门谈论新闻语篇的衔接问题。任何语篇内部都有个衔接问题,新闻语篇作为特殊的汉语语篇变体,自然有其特殊的衔接手段。而其内部,由于报刊、广播、电视、网络等赖以传播的媒介通道的差异,在衔接上彼此又略有差异,不过正如作者所指出的,“不同媒介新闻语篇衔接手段的差异只在于各类手段使用频率的高低不同”。在这一章里,作者从语言内部和语言外部两个方面具体分析说明了新闻语篇的种种衔接手段。第三章“新闻语言的语境和言语交际”,集中讨论了新闻语言的语境问题。言语交际都是在一定的环境中进行的,新闻语言有它独特的语境。作者从“新闻语言的情景语境”、“新闻语言语境的复合性”、“新闻语言特有的背景信息”以及“新闻信息的传播者和受众的关系”等几个方面具体探讨了新闻语言的语境和言语交际的各自特点及相互关系。其中特别引人注意的是,作者专门分析、比较了报纸、广播、电视、网络这四种媒体在新闻报道中传播者和受众的各自特点和互动关系,这似乎还未见有人论述过。第四章“新闻语言的冗余信息”,这也是很少有人关注和论述的。在这一章里,作者说明了在新闻传播中冗余存在的原因、冗余对信息传播的影响,并分别分析了新闻的信源(编码)、传导和信宿(解码)各自冗余的特点,在此基础上进一步对不同媒介新闻语言的冗余度作了具体的量化比较。第五章“新闻语言的主观化”,实际专门讨论了所谓“新闻客观报道”的问题,重点论述了新闻报道主观倾向性的必然性,很有说服力。第六章“新闻语言的词汇问题”和第七章“新闻语言的句法问题”,分别从词汇、句法两个方面说明了报纸、广播、电视、网络这四种媒体在用词和句法上的共同特点和彼此的差异。这里需要指出的是,在这两章里对新闻语言词汇、句法的分析并没有简单重复先前《新闻语言学》的分析，而是有了新的论述。每一项研究都观察、分析得很细，研究所得均用具体实例说明，并都作了比较统计。我们知道，统计所得到的数据需进行分析才具有价值。作者在向读者报告统计数据之后对数据都有详细的分析，以让读者了解数据背后的实质性的东西。该书各章都有作者精辟的见解。可以这样说，有实例，有统计，有分析，有比较，有理论深度，有作者自己独到的见解，这是该书总的特点。这既体现了作者研究上的求实的学风，也显示了作者研究上的创新精神。

新闻语言研究，既可看做社会语言学的组成部分，也可看做领域语言研究的一个重要方面。体现在《新闻语言比较研究》一书中那种重实证、重统计、重分析、重比较的研究方法，对从事社会语言学研究的学者或从事领域语言研究的学者，无疑有参考价值；其他学科的人也将从中受到启迪。

这里也请允许我直言该书让我感到不满足之处。目前各种新闻媒体都不太注意祖国语言的纯洁和健康问题，报章杂志上八股式套话的恶劣文风也还依然存在。这是大家都能感觉到的。按理说，新闻语言研究不应该回避这个问题，可是《新闻语言比较研究》丝毫没有触及，也许作者觉得这是一个复杂而又棘手的问题，暂且搁置。不过我还是期望在不久的将来，能见到作者在这方面的研究成果发表。是为序。

陆俭明

2007年10月30日

第一章　新闻语篇与信息

引　言

一、新闻信息及其相关概念

新闻是发布最新信息的一种方式，这是新闻的本质所规定的。新闻信息是必须通过新闻传播才得以实现的信息。

从信息论的角度看，新闻信息的传播也是一种信息的传输过程，具体地说，是需要经过信源、编码、解码、信宿等传播过程的信息系统。每一个环节都会对新闻信息的质和量产生影响。新闻信息的传输必定借助于一定的通道，称之为新闻传播信道。根据传播信道的不同，新闻信息可以分为语言符号信息和非语言符号信息（如声音信息、图像信息等），但不论通过哪种信道传播，语言符号信息都占主导地位。从传播环节出发，语言符号信息的传播过程可以有语言编码的内容、编码方式、解码方式等。不同的新闻传播媒介，如报纸、广播、电视以及网络等，对新闻信息的编码、解码等都有特殊的要求。满足这样的要求，就可以使传播效果达到最佳状态。

就新闻语言的语篇来说，其信息的选择、安排都有一定的系统性。从语言角度考虑，语言的不同层面有语义、语法、语用等；

从新闻角度考虑，新闻事实的要素有时间、地点、事件等，新闻结构的组成部分有标题、导语、主体等。综合以上两个方面，我们将考察、分析不同媒介的新闻语篇在语篇信息的内容和编排上存在的差异。具体包括两个方面：一是新闻语篇信息的内容，二是新闻语篇的编排方式。

二、新闻语篇信息的研究概述

从语言本身来说，语篇信息的研究属于语篇语言学的研究范围，大多源于国外的功能语言学的研究成果。首先是布拉格学派的句子功能观率先指出了句子各组成部分在信息表达中的作用，随后以英国的弗斯（Firth，也译作“弗思”）为先导，韩礼德（M. A. K. Halliday）为代表的功能学派进一步发展了句子以及语篇的信息结构和主位结构的研究。国内功能语言学学者在韩派理论的基础上，结合汉语具体语料和特点进行了深入的研究，主要学者有胡壮麟、张德禄、朱永生、黄国文等。另外，从汉语角度独立探讨语篇信息功能的还有沈开木、张伯江、方梅、郑贵友等，他们对汉语语篇信息结构和主位结构的特点进行了开拓性的研究。但总的说来，国内语篇信息的研究起步较晚，成果数量也十分有限。

就新闻语篇信息的研究来说，国外的研究主要有：托伊恩·A. 梵迪克（Teun. A. Van Dijk）的新闻语篇语义结构要素的图式研究、弗朗西斯（Francis）的新闻报道语篇中的主位结构与体裁的关系研究等。国内学者的探索有：王德春从语体角度对新闻语体从词汇、语法和语篇等方面跟其他语体进行了全面的比较，提供了较为详尽的相关数据，其中包括语篇分析中的主位结构以及主位的构成类型,及其语义角色的概率统计;李元授的《新闻信息概论》比较全面地对新闻信息作了探索,其中与语言语篇信息有关的主要涉及信息单元的讨论。但到目前为止,新闻和语言学界似乎还没有见到比较全面的探讨新闻语言语篇信息的专著。下面我们对涉及信息单元、主位结构和信息结构的研究沿革作一个简要的阐述。

(一) 信息单元

"信息单元"(proposition)的概念最初是由荷兰语言学家托伊恩·A.梵迪克在其著作中提出并阐述的,也有人称之为"命题"。在迪克的著作中,此概念是指句子的语义内容或者含义。信息单元有微观和宏观之分。前者一般指单个信息单元,在通常情况下,实现为语义逻辑上的一个命题、一套述谓结构(包含一个谓词及其相配套的论元成分),也就是句法形式上的一个句子;后者是指复合信息单元,由两个和两个以上的信息单元复合而成,语义上通常包括两套及两套以上的述谓结构,一般对应于一个复句或句组(语段或句群)等超句实体。

其实,新闻信息也可以有微观的和宏观的信息单位。微观信息单位可以称为新闻信息单元,界定为一个最小的可以自由运用的基本单位,它可以是一个客观存在的最小的单一的事实,也可以是蕴涵于新闻事实之中的一种情感或道理。其基本特征是:一个主体活动(行为、状态)的独立(不能再分割)的事件,它发生在一定的时间和一定的空间中。宏观信息单位可以称为宏观信息单元,是由两个或两个以上的微观信息单元组成,往下细分为双单元信息和多单元信息。一篇新闻报道,可能只含有一个信息单元,也可能含有多个信息单元。从语义结构的数量来看，微观信息单元对应于一套述谓结构，宏观信息单元对应于两套及两套以上的述谓结构。但与语言本体的信息单元不同的是，句法形式上，新闻微观信息单元和宏观信息单元不一定分别对应于一个单句和一个复句、句组（语段或句群），而是具有更为复杂的对应关系。借助于信息单元，可以进行语义上的量化统计，统计一个新闻语篇拥有多少信息单元，这可以成为新闻信息量化的重要手段。不同体裁、不同媒介新闻语篇拥有的信息量，可以以信息单元为统计单位，从中能看出各自带有倾向性的规律。信息单元的三要素（时间、地点和主体活动），其组合方式与体裁、媒介有没有对应关系等问题还有待进一步探讨。

（二）主位结构

1. 主位结构的组成部分是主位和述位

"主位结构"是对句子进行实义切分所得到的一种组合形式，有关实义切分的理论最早是由布拉格学派的创建者马泰休斯（V. Mathesius）提出来的。实义切分法就是根据句子意义进行分析的方法。该理论认为，句子的功能可以从功能角度进行考察，一般认为可以划分为"主位"（theme）和"述位"（rheme）两个部分。"主位"是句子开始的第一部分，是句子其余部分叙述的出发点、表述对象和基础；"述位"是对主位的叙述、描写或说明，是指跟在主位后面的所有成分。实义切分所关注的句子，不是处在孤立的状态下，而是处于特定的关联背景中，这种关联背景就是指处于上下文关系中的语段、语篇。实义切分所描述的就是语篇的编码者为了突出一定语境中的句子、语段中的某些信息内容时所作的一种信息配位。把句子划分为主位和述位，是为了了解句子内部的信息分布情况，研究主位结构的目的在于探索句子成分所发挥的具体功能。

2. 主位的构成

主位的构成情况较为复杂，英国韩礼德的讨论最为详尽。他认为：主位构成有单项主位、多重主位和句式主位；根据语言的元功能，主位又可以分为概念主位、人际主位和语篇主位等小类。多重主位由概念主位、人际主位和语篇主位等三类主位复合而成，而概念主位一般为主位的必备成分。

对于汉语句子的主位成分的研究，学术界的研讨似乎尚未展开，还没有见到比较完整并得到公认的成果，只有郑贵友(2002)、张伯江和方梅(1996)对汉语句子的主位构成有过论述。对于新闻语篇的主位构成，国外学者弗朗西斯有所涉及，他对英语新闻的报道、社论和读者来信的句子主位进行过比较研究，发现主位的语义角色，报道中以动作者和说话者为多，而社论和读者来信中以表述人物和时间之间的关系主体为多。我国的王德春等（2000）作过有关统计，认为报道语体的主位以单项主位为主，但都可以由较长的短语和句子组成；语义角色上，主位较多地由表示时间、空间等环境因素的成分充当。不过王德春的研究大多只是局限于报纸语篇的分析，还没有推广到其他媒介，如广播电视、网络新闻语篇的分析。

3. 主位推进模式

每一个句子都有属于它自己的主位结构。一个句子单独存在时，它的主位和述位是已确定的、不再变化的。没有上下文时，这种主位和述位也是独立的、不发展的。而实际存在的各类语篇绝大多数都是两个或两个以上的句子组成的。这时，前后句子的主位述位之间会发生种种联系和变化，这就是推进(progression)。随着各个句子主位的推进，整个语篇得以逐步展开，直到构成某一个能表达完整意义的整体。

各种语篇结构貌似千变万化，人们在选择主位成分时余地好像很大，实际上却受到种种制约。语篇语言学学者们总结了各类语篇中主位推进、变化的基本模式，这就是通常所说的"主位推进模式"(patterns of thematic progression)。其含义我们可以界定为"语篇中围绕某一话题展开表述时，主位更换、变化的模式"。各种语言语篇的主位推进模式基本相同，汉语语篇的主位推进模式类型，据郑贵友（2002）的归纳，有"平行模式、链接模式、集中模式、交叉模式、分散模式、交错模式、并列模式"等。下文我们将进一步论述。

迄今为止，语篇主位推进模式应用于新闻语篇的研究，可资借鉴的成果还比较少。据弗朗西斯的考察，英语新闻报道语篇的主位推进模式以平行模式为主，社论和读者来信却是多种模式并存。我国学者李悦娥等（2002）认为，英语广播新闻语篇的主位推进模式多为平行模式、链接模式、总分模式。汉语新闻语篇的主位推进模式尚需考察。

（三）信息结构

主位结构是从编码角度安排语言信息位序的手段，而信息结构是从解码角度理解信息位序的手段。认知科学的研究表明，人的认知过程和表述过程基本相同，它们都遵循由已知到未知的顺序，即"已知信息＋未知信息"。这种顺序，实际上决定了句子内部以及语篇内部的信息排列顺序。

所谓已知信息，又称"旧信息"或"已传信息"，它是语篇上文已经提及的或者从语境中可以推知的、不言而喻的信息。所谓未知信息，又称“新信息”或“新传信息”，它是首次引入语篇的或者是听话人不知道的信息。当然，这里的已知信息、未知信息以语篇制作者是否传入信息为判断标准，不包括解码者个人认知领域内掌握的信息状况。[1]

汉语新闻语篇的信息传递与一般语篇是否一样，我们同样没有看到有关的研究成果。下文我们将进行详细考察。

本章将从下面三个方面比较报纸、广播电视和网络等不同媒介新闻语篇中的信息问题：一是新闻语篇信息中的信息单位，讨论信息单元的数量与其中新闻要素的组合方式，以新闻消息的标题为分析对象；二是新闻语篇信息的编码程序，讨论主位结构类型及主位成分的语义角色、主位的推进模式，以新闻消息的导语语段为分析对象；最后是新闻语篇信息的解码程序，讨论主位结构与信息结构的对应关系，分别统计已知信息和未知信息在主位和述位中的比例关系，以新闻消息的导语语段为分析对象。

第一节　新闻语篇的信息单位——信息单元

语篇的信息量，不但涉及语法上的语段、句子、短语等单位，有时还涉及语义上大小不等的单位。前者表现为相互邻接的句子之间的线性关系，后者表现为非线性的由小到大的加合关系。

---

[1]　例如解码者的认知水平的限制，以及行业知识的缺乏等，都会使解码者对编码者所谓的“已知信息”产生困惑，造成“已知信息”并非“已知”的情况。

而语义上的基本信息单位就是信息单元。信息单元相互组合，可以形成语段和语篇。对于新闻语篇来说，基本信息单位就是新闻信息单元。

一个新闻信息单元就是一个最小的可以自由运用的基本单位。具体说，一般是一个最小的单一的事实，是一个以一定的时间、空间和主体活动（包括行为、状态等）组成的独立的事实。例如：

（1） 中美就知识产权谈判达成协议

新华社北京(1995年)2月26日18时48分电 中美两国的代表今天在这里继续就知识产权保护问题进行谈判。

有消息说，谈判将持续到今天夜间晚些时候。

（新华社电讯，引自刘明华等《新闻写作教程》，中国人民大学出版社，2002年）

“中美两国的代表今天在这里继续就知识产权保护问题进行谈判”，是由一个主体“中美两国的代表”，和一个行为“继续就知识产权保护问题进行谈判”构成的一个最小的单一事实。它有确定的发生时间（“今天”）、地点（“在这里”，具体是“北京”），是一个独立的信息单元。后面一句中的一个主体“谈判”和一个状态“持续到今天夜间晚些时候”相结合，也构成了一个独立的信息单元——有着确定的时间、地点（承前一单元省略）的最小单一事实。上述消息就是一则由两个信息单元组成的双信息单元新闻。

上例两个单元的信息有着不同的主体，所反映的主体的行为或状态也不同。有时几个信息也可能会共有一个相同的主体，但由于处于不同的时间，或处于不同的处所，它们就不可能是一个相同的行为或状态，而应看做两个或多个信息单元的组合。例如：

(2) 8 月 11 日晚，他果真发现两个像猫一样大的毛茸茸的东西从水里爬上来，跑进岸边竹园的一个洞里。

(3) 最值钱的邮票是 1986 年奥运会时一套 12 枚贴在信封上的邮票，现值 367000 美元，15 年前易手时价值 110000 美元。（报纸新闻，此两例引自宋春阳等《实用新闻写作概论》，复旦大学出版社，2004 年）

上述两例反映的分别是同一主体（一为“两个像猫一样大的毛茸茸的东西”，一为“最值钱的邮票”）在不同地点（“水里”与“岸边竹园的一个洞里”）和时间（“现”与“15 年前”）的信息，它们拥有不同的行为或状态。两例都应该看做是两个不同的信息单元的组合。

消息是用简短扼要的文字、概括叙述的方法，迅速及时而又连续不断地向公众传递信息，报道新近发生和发现的新闻事实的一种新闻体裁。下面我们以新闻消息为例，运用信息单元这个最小的信息计量单位考察不同媒介的新闻语篇，分析其中的标题所拥有的信息单元中有关要素的组配形式，以及拥有的信息单元数量，以此比较不同类型语篇中信息单元的结构形式和信息量的大小。

一、标题的信息单元组配类型

理论上说，任何新闻事实在进入传播领域之前总是存在着完整的三要素——时间、地点和主体活动，但编码者根据自己的主观意图，可以让其全部出现或部分出现。但所有新闻事实中，

“主体活动”这个要素是必备的，这样就有了新闻信息单元中多少不等的要素成员相互组配的各种方式。假设标题包含一个信息单元，根据标题中出现的新闻要素（时间、地点和主体活动）的数量，我们可以将标题的信息单元组配类型分为一元一素、一元二素、一元三素等几类。下面我们就一元标题的几种类型进行比较。

（一）一元一素标题

一元一素标题就是只有主体活动的标题。这类标题适合的题材主要有以下四种。

一是解释、评述类消息：

(4) 大群蝴蝶南飞并非“不祥之兆”

（《广西日报》1982年5月22日）

(5) 五千辆“轻骑”都烧谁的油？

（《哈尔滨日报》1981年7月22日）

二是特写、人物类消息，尤其是有关重要人物的新闻：

(6) 总书记给火车司机打电话

（《人民铁道报》1991年3月26日）

(7) 普京再次表示，不打算谋求总统三连任

（中央电视台2005年9月28日）

普通人物也有，但必须具有典型性，能构成引人瞩目的事件：

(8) “活着的黄继光”杨朝芬

（《解放军报》1979年2月23日）

(9) 邹振先惊人的一跳　（《体育报》1981年7月27日）

三是事件新闻，具有议论性的导向作用，标题常为虚题：

(10) 暖融融的压岁钱　（《光明日报》2002年2月10日）

(11) 好啊！诚实永存　　(《中国日报》1986 年 11 月 8 日)

或者具有世界或全国性影响的事件：

(12) 世界大学生运动会中国体育代表团再夺五枚金牌

(中央人民广播电台 2005 年 8 月 16 日)

(13) 信访局称少数人打着上访旗号干扰社会秩序

(东方网 2005 年 7 月 30 日)

四是带有公文性质的有关法规、时政新闻等：

(14) 胡锦涛同神舟六号航天员亲切通话

(中央电视台 2005 年 10 月 15 日)

(15) 朝核问题第四轮六方会谈启动

(人民网 2005 年 7 月 31 日)

一元一素标题在报纸、广播、电视、网络四种新闻媒介中都会使用，其共性是新闻事件的时间、地点要素不是关注的焦点。具体说，这类新闻时间性不强，地点或者不重要，或者众所周知，无须出现。

(二) 一元二素标题

一元二素标题有两种：一是"地点"加"主体活动"，一是"时间"加"主体活动"。

1. "地点"加"主体活动"

这类标题在句法语义上的特点，一是"地点"既可以理解为"场所"，也可以作为"事件主体"。例如：

(16) 中国采取紧急措施拯救大熊猫

(《中国日报》1983 年 11 月 11 日)

(17) 日本新一届小泉内阁成立

(中央人民广播电台 2005 年 9 月 22 日)

上述标题中的"中国"、"日本"等词语既可以指某事件发生于该国之内的某地理位置,也可以指该国的政府机构。

二是标题中动词为"来、去"等位移类词语,或使用存现句:

(18)"冒险小虎队之父"来中国啦!

(中新网 2007 年 8 月 31 日)

(19)飓风绿塔登陆美国海岸

(中央电视台 2005 年 9 月 24 日)

(20)黄河水奔流千里到达天津

(《人民日报》1981 年 10 月 29 日)

(21)金山县一社员家里装上私人电话

(《新民晚报》1983 年 5 月 28 日)

例(18)—(20),由于标题中出现了位移动词(加点词语),自然随之出现了地点词语(画线词语);例(21)是存现句,加点的词语为存现动词,句首使用了点明处所的词语。

三是使用一些介词短语、方位短语等,这是更为常见的表达方式。例如:

(22)第二届中国公民道德论坛在江西开幕

(中央人民广播电台 2005 年 9 月 21 日)

(23)华阳街上补给忙 (《解放军报》1989 年 11 月 21 日)

上述画线的词语中,例(22)是介词短语,例(23)是方位短语,均点明了地点。

四是直接使用地点名词。例如:

(24)浙江省率先为贫困农民筑起最低生活保障线

(中央人民广播电台 2001 年 10 月 9 日)

(25)陕西、湖南、山西三省严肃查处官煤勾结

(中央电视台 2005 年 9 月 29 日)

2. “时间”加“主体活动”

这类标题，时间要素主要靠时间名词以及名词性短语表达。例如：

(26) 三九雪天选代表 （《法制日报》1990 年 1 月 31 日）

(27) 公安部明日起简化台居民出入大陆和居留手续

（人民网 2005 年 7 月 24 日）

时间要素也可以由表示时间或表示动态的副词表示。例如：

(28) 农民工和大学生已成为新的艾滋病高风险人群

（人民网 2005 年 7 月 24 日）

(29) 我国月球探测工程继续面向社会征集工程形象标志

（中央人民广播电台 2005 年 8 月 17 日）

一元二素的两类标题中，以“地点加主体活动”的为多。因为现代新闻的时效性较过去大大加强，即时报道的新闻，时间因素常常隐含；而且在新闻起始的电头或现场报道的正文中，传播者一般也要另外提出，所以无须在标题中提及。而地点却是人们所关注的，因而成了一些新闻标题所不可或缺的内容。

（三）一元三素标题

这类标题是新闻信息单元中新闻要素的“全家福”，是语义结构最为完整的类型，在新闻语篇中出现的比例较小。例如：

(30) 日本国会23 日审议反恐新法案

（中新网 2007 年 10 月 22 日）

(31) 十一黄金周前夕，各地旅游市场逐渐升温

（中央电视台 2005 年 9 月 21 日）

(32) 国外媒体、华侨华人继续对胡锦涛联大讲话给予高度

关注　　　　　　　　　　（中央人民广播电台2005年9月19日）

有时，虽然字面上没有时间词语，但某些动词或副词里隐含着时间。例如：

(33) 国内油价将实时定价 调整频率将加快

（新华网2006年10月19日）

(34) 大寨也不吃大锅饭了

（《羊城晚报》1982年12月21日）

上面两个例子中，“将”表示即将发生；“了”表示新情况出现，隐含着“现在”不再吃大锅饭了。

二、标题中信息单元的组配数量

标题中拥有的信息单元数量可以是一个，也可以是两个或两个以上。根据标题中包含的信息单元数量，我们可以把标题分为一元标题、二元标题、三元标题，等等。下面我们仍以消息标题为例分别予以说明，随后考察各类标题在不同媒介新闻消息中的比例。

（一）一元标题

一元标题就是包含一个信息单元的标题。在不同的传播媒介中，它有不同的表现形式。就报纸新闻来说，一元标题多为单行的主标题。例如：

(35)《百年恩来》将播出

（引自宋春阳等《实用新闻写作概论》，复旦大学出版社，2004年）

(36) 北约野蛮轰炸我驻南使馆　　　　　　　　（同上）

也有以引题和主题双行题形式表达的（本章中，以下报纸新闻标题，我们用楷体表示引题，黑体表示主题，仿宋体表示副题）：

(37) 交通部公安部国务院纠风办要求

把公路三乱现象遏制在最低限度　　(同上)

(38) 马寅初的夫人张桂君

百岁装新牙　　(《新民晚报》1985 年 1 月 12 日)

严格地说，上述前一例不是真正的双行题，而是分行排列的变形的单行题。后一例是借形式上的问答引起人们关注。

也有用主题和副题双行标题形式表达的：

(39) **英雄金笔　笔中英雄**

一百号金笔在评比中夺魁　　(同上)

(40) **纸上谈兵**

评书艺人袁阔成到王震同志家中做客

(《新民晚报》1985 年 1 月 25 日)

前一例双行题在意义上是虚实并举，后一例是概括和具体相互补充。

还有少数一元标题由引题、主题和副题等三行题组成。例如：

(41) 边防战士的喜事

直升飞机代替了马拉爬犁

新疆北部哈巴河至扎玛纳什山边防站试航成功

(报纸新闻，引自王化容《标题 ABC》，新华出版社，1991 年)

这类标题信息量十分丰富，常常是既报道新闻事实，又点明事实的意义。例 (41) 引题是揭示事件的意义——“喜”，主题简要概括事实，而副题证实补充具体事实。

广播、电视新闻的提要较少使用一元标题。网络新闻标题一般一条新闻占一行的位置，也有占半行的。这就有了单条新闻的双句题和单句题之分，前者很少是一元题，后者大多是一元题：

(42) 密云水库进水300万 明起又是五天高温

(中新网2005年7月24日)

(43) 胡锦涛致电祝贺宋楚瑜当选连任亲民党主席

(人民网2005年7月24日)

例(42)是一行包含两条新闻，有两个单句题，都是一元题；例(43)是一个较长的单句题，也是一元题。

(二) 二元标题

报纸新闻的双行题大多是二元标题。常见的二元标题是由双行题组成的，这种双行题可以是双行主题。例如：

(44) **全国哀鸿遍野**

阔佬庐山乘凉 (《新华日报》1946年7月24日)

也可以是引题和主题组成的。例如：

(45) 一姑娘购买敌敌畏意欲何为？

傅大禄询问真情避免一场悲剧

(《文汇报》1980年9月4日)

例(45)的引题为背景，和主题一起构成一个二元标题。

二元标题也有少数是由三行题构成的。例如：

(46) 遗产纠纷 处理将有法可依

人大常委会连日热烈讨论继承法

汽车上、住房边、饭桌旁许多人也在磋商、在争论

(《新民晚报》1985年4月3日)

此题虽然有三行，但引题只是提出话题，不构成一个独立的信息单元，主、副二题构成双单元信息。

少数单行主题也可以构成二元标题。例如：

(47) 涟源站最近有一件感人之事

谭德定见儿子被电死仍坚持接车

（《铁路工人报》1983 年 2 月 22 日）

此例虽有引题，但不构成独立的信息单元，主题独立构成双单元信息“儿子被电死”、“谭德定仍坚持接车”。

广播、电视新闻的标题以二元标题为多。例如：

(48) 胡锦涛出席中加经贸合作论坛，并发表重要讲话

（中央电视台 2005 年 9 月 11 日）

(49) 一架哥伦比亚客机在委内瑞拉坠毁，机上 158 人全部遇难　　（中央人民广播电台 2005 年 8 月 17 日）

网络新闻的标题中二元标题也占了相当的比例，例如搜狐、网易、人民三家网站 2005 年 7 月 24 日首页新闻中分别拥有双信息单元标题 3 个、8 个和 7 个。例如：

(50) 埃及爆炸 90 死 袭击目标疑是总统

（搜狐网 2005 年 7 月 24 日）

(51) 伦敦警方 5 枪误杀巴西籍青年 巴西要求英国给予解释　　（网易 2005 年 7 月 24 日）

（三）三元标题

三元标题多见于报纸、广播、电视新闻，少见于网络新闻。

我们先看报纸新闻。三元标题常见于引题、主题和副题并列的三行题。例如：

(52) 多哈会议闭幕

WTO 工作人员赠给标志历史性瞬间的珍贵礼物

本报记者将入世槌带回国

（《北京晚报》2001 年 11 月 15 日）

也有用双行题构成三元标题的：

(53) 1—11月我省城镇居民人均消费支出增长11.4%

教育负担减轻 旅游支出猛增

(《南京日报》2007年12月14日)

(54) **我国成功发射一颗科学实验卫星**

运行工作正常，已按预定时间昨天回收

(《人民日报》1984年9月18日)

例(53)的主题表达了两个单元信息，与引题一起构成三元标题。例(54)副题为两个信息单元，与单个信息单元的主题一起构成三元标题。

也有通过一个副题表达三个单元信息的：

(55) **法官办事效率高**

第一天接诉状 第二天调查 第三天结案

(《湖北日报》1985年1月23日)

广播、电视新闻也可以见到三元标题，我们从2005年8到9月的内容提要中搜集到的此类标题包括广播8条，电视3条。例如：

(56) 为期四个月的"公安大接访"工作告一段落，各级公安机关共接待上访20.4万起，信访人表示停访息诉的19.2万起 (中央人民广播电台2005年9月16日)

网络新闻中的三元标题十分少见。我们随机考察了2005年7月24日各网站首页的新闻标题，仅见到两例：

(57) 埃及连环爆炸 死难者升至90人 胡锦涛致电慰问

(东方网2005年7月24日)

(58) 四川资阳市发生不明原因疾病 收治20例死亡9人

(人民网2005年7月24日)

（四）四元及其以上标题

四个单元以上的复合单元信息构成的标题比较少见，网络新闻中尚未发现，多见于报纸新闻中。我们在严介生等《消息精品选评》（中国广播电视出版社，1996年）中找到四个信息单元以上的标题共11条。信息单元多的时候，一般不会让主题太长，而是让引题或副题承担较多的信息。引题较长的有：

（59）负债累累　资不抵债　虽经拯救　复苏无望

沈阳市防爆器械厂破产倒闭

（《辽宁日报》1986年8月4日）

例（59）的引题为四个信息单元。

副题较长的有：

（60）引滦工程昨日全线试通水

滦河水向天津奔来

三大水库一次开闸　分水枢纽送水顺利　万米隧道畅通无阻

（《天津日报》1983年8月16日）

上例副题中的信息单元有三个。

也有引题和副题都较长的：

（61）历12载严寒酷暑　调查钻探面积达10平方公里

秦始皇陵考古工作又有重大突破

推翻班固所谓项羽掘墓、地宫失火之说，证实了司马迁关于墓中以水银为“江河大海”的描述，在陵园内发现大批陪葬坑、墓葬和一组新的大型陶俑等

（《光明日报》1985年3月29日）

此例引题中的信息单元为两个，而副题为五个。引题、副题包含的信息单元太多，会给人沉闷冗长的感觉，超出受众的接收限度，解读效果不太好。很可能受众在一瞥之中看完标题后就把报纸扔了。因此我们认为，标题中的信息单元不宜太多，一般以不超过四个为宜。

四元及其以上的标题罕见于广播电视新闻中，我们仅找到数例，举例如下。四元标题的有：

(62) 国务院举行国庆招待会，庆祝中华人民共和国成立五十六周年，胡锦涛、吴邦国、贾庆林、曾庆红、黄菊、吴官正、李长春等出席，温家宝发表讲话

（中央电视台 2005 年 9 月 30 日）

六元标题的有：

(63) 我国神舟六号载人航天飞行圆满成功，飞船安然着陆，航天员健康出舱；中共中央国务院中央军委致电祝贺，江泽民同志祝贺神舟六号载人飞船返回舱胜利返回；吴邦国、贾庆林、黄菊、吴官正在北京航天飞行控制中心观看飞船返回实况（中央电视台 2005 年 10 月 17 日）

八元标题的有：

(64) 我国神舟六号载人航天飞行圆满成功，中共中央国务院中央军委致电祝贺，吴邦国、贾庆林、黄菊、吴官正观看飞船返回实况，吴邦国宣读贺电；神舟六号载人飞船安全着陆，两名航天员健康出舱；北京航天城举行盛大欢迎仪式，为凯旋的航天英雄庆归

（中央人民广播电台 2005 年 10 月 17 日）

上述所举的信息超量的标题很少有人使用，一般的新闻必

须尽量避免，除非遇到特别重大的新闻事件需要报道。

最后，我们以表格形式简要统计了一下各媒介新闻消息标题中一元标题新闻要素组配类型的比率，以及消息标题中平均拥有的信息单元的数量。

统计使用的语料简介如下：报纸新闻以中国人民大学编印的《新闻作品选读》（中国人民大学出版社，2003 年）中的短消息和动态消息为对象，排除其中的通讯社作品；广播、电视新闻分别以 2005 年 8 月至 9 月期间 10 天的中央人民广播电台《新闻和报纸摘要》和中央电视台《新闻联播》中的消息为对象；网络新闻以 2005 年 7 月 14 日搜狐、网易、中新、人民、东方等商业和新闻专业网站首页新闻为对象。具体统计结果如下：

表一

媒介类别	标题数量	时间要素出现平均数	地点要素出现平均数
报纸	36	0.22	0.55
广播电视	115	0.13	0.44
网络	67	0.16	0.63

表二

媒介类别	标题数量	平均单元个数	一元标题占百分比	二元标题占百分比	三元标题占百分比	四元及以上占百分比
报纸	36	1.53	61.16%	30.55%	2.71%	5.58%
广播电视	115	1.59	59.13%	25.22%	13.04%	2.61%
网络	67	1.45	59.70%	35.82%	4.48%	0

通过对表一、表二的分析，我们得出的结论是：

1. 时间要素在标题中的出现比率是：报纸＞网络＞广播电视；地点要素在标题中的出现比率是：网络＞报纸＞广播电视。

其原因在于报纸较多地关注时间，因为印刷周期的缓慢，必须标明事件发生的时间；而网络、广播、电视新闻时效性强，常报道近期或即时新闻，时间无须直接交代，或可通过现场、导语说明。而地点要素在网络新闻中则必须交代。由于网络新闻首页标题与二级层面的正文分开排列，受众解读时不能像报纸新闻那样，随时可以参考后续的正文部分的信息；加上网络新闻较多地注重地域色彩，通过新闻事实的接近性吸引受众，这就导致了地点要素出现比率的上升。广播、电视新闻的地点要素同样可以较多地借助于现场交代，而不必在标题中出现。

2. 新闻标题拥有信息单元的平均数量，在不同媒介中的分布情况是：广播电视＞报纸＞网络。广播电视新闻的提要题必须尽量交代新闻的主要内容，信息单元的数量当然要多一些；报纸新闻由于其题目的容量不受限制，必要时常常容纳较多的信息单元；而网络新闻的首页标题受限于单行的篇幅，加上为了设置必要的悬念，通常会故意隐藏某些信息，故平均信息单元的数量要少一些。具体到拥有的标题类型，各媒介的统计情况是：

一元标题占比是：报纸＞网络＞广播电视

二元标题占比是：网络＞报纸＞广播电视

三元标题占比是：广播电视＞网络＞报纸

四元及以上标题占比是：报纸＞广播电视＞网络

看来，网络新闻标题由于位置的单行限制，只能局限在一到三元之间。目前一元仍占大头儿，但最多不超过三元。不过一、二元标题的占比，各网站也各不相同。广播、电视新闻标题一般在一到三元之间，以一、二元为多，三元的也占有较大的比例；但受接收时间的限定，超出三元的较少。报纸新闻由于篇幅不限，一到四元不等，较多的是一到二元，但四元以上也有一定的比例。需要的话，报纸消息的标题可以容纳较多的信息单元，只要不影响解读，理论上没有数量限制。

第二节　新闻语篇的编码结构——主位结构

新闻语篇主位结构的先后顺序是“主位加述位”。如果只是考察单个的句子，主位的构成类型可以选择单项主位、多重主位等；也可以从语义角色的角度选择，如选择概念主位、人际主位和语篇主位等。而实际新闻语篇中的主位，以及多个主位结构相互衔接连贯时，主位的展开模式却是有限定的。本节将讨论主位的构成类型以及主位成员的语义角色和主位的推进模式。

一、新闻语篇主位的构成类型及主位成员的语义角色

根据英国功能语言学家韩礼德的研究，主位的构成首先被分为三个类别：单项主位（simple theme）、多重主位（multiple theme）和句式主位（clausal theme）。从语义角色上说，主位可以分成概念主位、人际主位和语篇主位。

韩礼德认为，语言有三大元功能，首先是“概念功能”，这是语言对主客观世界中的事物和过程的反映。具体说，就是描述客观、主观世界中的事物、观念等，及其发生、运动和变化过程。由于其中涉及所有的概念和各种概念相关的属性、动态等语义成分，故命名为“概念功能”，与之有关的表示事物、参与者、属性、动态过程、环境因素的成分可以称之为“概念成分”。其次是

"人际功能"——用来反映语言交际双方之间的关系的功能。人是具有社会性的,语言作为人的有意识的活动,可以视为一种行事手段。它跟其他行为动作一样,被称为言语行为。这种行为必定要反映交际某一方的要求,如给予、索取等,表达说话人对某种情况、某个事物出现概率的估计,反映交际双方社会地位的高低和相互关系的亲疏等。同样,语言中用来表达人际功能的单位、成分可以叫做"人际成分",例如语气、情态和语调成分等。最后,"语篇功能"是指结合特定的表述环境,将各种表述单位组合成语篇的功能。它是一种全局性的功能,可以使得上述"概念功能"和"人际功能"得以实现。凡是具有组篇作用的单位成分都称为"语篇成分",包括关联成分、主位结构和信息结构等。由上述三大元功能的相关成分充当的主位就分别叫做"概念主位"、"人际主位"和"语篇主位"。

这三种主位可以单独使用,也可以自由结合复合使用,但概念主位在任何情况下都是必备的。实际上,韩礼德的所谓"句式主位"是与"词(组)主位"相对而言的,是一种主位内部的形式分类。句式主位从语义功能来说,应属于概念主位。既然句式主位是一种主位内部的形式分类,而单项主位和多重主位是功能结构的形式分类,那么这三者是不能并列的。下面我们以语篇主位的功能结构的形式分类"单项"和"多重"为纲,讨论概念、人际和语篇等语义主位的组合类型。据考察,汉语新闻语篇的单项主位只能是概念主位,多重主位则是由概念、人际和语篇三种语义功能的主位相互配合所构成的多种形式。因此,我们从单项主位和多重主位两个方面进行讨论,结构形式上一般不区分词组和句式。限于篇幅,这里仅考察新闻消息语篇导语语段中，不同媒介新闻的语篇主位对功能结构类型（形式）的选择，以及主位成分承担的语义角色，按照先分析后比较的顺序展开。

（一）新闻语篇主位结构中主位的功能结构类型与语义角色分析

1. 单项主位

单项主位是一个独立的个体，不能再分为更小的功能单位。汉语新闻消息导语的单项主位都是概念主位。就新闻语篇说，概念主位充当的语义角色有：时间、地点等环境因素，物质过程、心理过程、关系过程、行为过程、言语过程、存在过程的动作者、接收者或主体、存在物，以及上述各类过程本身。这些语义成分在汉语中大多是名词性、动词性词语，或跟它们有关的句式，句法形式通常是单句或复句中的分句等。下面我们分时间、地点、人物、其他主体（包括事物、现象及过程等）分别进行讨论。

（1）时间成分

时间成分，理论上应该是新闻信息单元的必备成分，实际新闻语篇中有时可以隐含。但也有不少在新闻语篇中经常把它作为叙述的起点，以主位成分出现。例如：

（65）北京时间8月19日15时40分，波音747－400型2472号客机平稳地降落在北京首都国际机场。机身上的五星红旗在阳光照射下熠熠生辉。

（《北京日报》2002年8月20日）

时间成分更多的是用于报纸的特写新闻、广播电视的现场新闻、直播新闻中。例如：

（66）现在我们在北京天安门城楼上播音。10点钟，天安门广场将举行“首都各界人民庆祝中华人民共和国成立50

周年大会”。我们将现场直播这一盛大而隆重的庆典。

（中央人民广播电台 1999 年 10 月 1 日）

时间成分除了用时间名词类词语或短语充当以外，也有用介词短语充当的：

(67) 在发现举世闻名的秦兵马俑坑之后，秦始皇陵考古队历 12 载严寒酷暑，调查钻探面积达 10 平方公里，最近又探明秦始皇陵的地宫等重要建筑……

（《光明日报》1985 年 3 月 29 日）

有时时间成分本身充当了新闻事件中信息单元中的主体。例如：

(68) 今天是隆平高科在深交所挂牌交易的第一天。早市开盘价为 27.98 元，尾市收报于 40.37 元，按收盘价计算，中国工程院院士袁隆平因此成为科学家中首位拥有亿元财富的知本家。（长沙电视台 2000 年 12 月 11 日）

(2) 地点成分

地点成分也是新闻事件的环境成分，同样也经常充当主位成分。例如：

(69) 在当今的美国，你可以谈体育、谈电影，但就是不能谈股票……（《今日美国报》2001 年 2 月 28 日）

充当主位的地点成分也有一部分直接成为新闻事件的主体：

(70) 新华社成都（1992 年）9 月 7 日电 绵阳市中心徐家乡响水村是一个有 200 来户农家的小村庄。最近，村子里 177 户忍无可忍的农民自动筹款 150 元，推举农民安华等 4 人为代表，持村民们的控告信和分户签字画押的筹款书，到 200 公里外的成都，向省、市人大、政府控告当地乡政府给他们的负担越来越重。

（新华社电讯，引自刘明华等《新闻写作教程》，

中国人民大学出版社，2002年）

上述地点成分的作用是引出新闻主体，借助“绵阳市中心徐家乡响水村”引出“村子里”，再到“农民”。

与时间成分不同的是，地点成分还可以作为发源地引出新闻事件，这是导语展开话题的常用方式之一：

(71) 在素有“病死不离床，饿死不离乡”的黔东南苗族山乡，最近传出一条新闻：凯里市凯棠乡的3650名苗族农民走出山门，到全国各大中城市经销民族工艺品。

（《贵州日报》1991年8月17日）

(3) 人物成分

人物是新闻信息单元中主体活动的主要成分，在不少新闻语篇中，是以动作者的身份充当主位的。例如：

(72) 克拉松·阿基诺4日在她就任总统一百天时说，她使国家恢复了自由，但并没有“如人民所期望的那样，使经济出现奇迹”。 （通讯社电讯，引自刘明华等《新闻写作教程》，

中国人民大学出版社，2002年）

(73) 一位年轻的女售货员昨天来到本报，要求登一则广告，寻找她接待过的一位外国顾客，因她在卖给他酸奶时，少找了钱。 （《中国日报》1986年11月8日）

新闻导语也有以记者充当代言人的方法，引出事件，这也是导语展开的一种方式。例如：

(74) 记者近日从中国国际技术智力合作公司了解到，已有1300多名中国管理与研究人员经该公司推荐，受聘在包括

百事可乐公司等世界著名公司在内的外国企业和科研机构中，担任高级管理与研究职务，并以卓越的才智，为国家赢得了声誉。 (《经济参考》1990年6月25日)

充当主位的人物也有是新闻传播者提醒、请求的对象的，是一种称呼语。例如：

(75) 爱吃肉的人注意了！一份最近的报告指出，每天摄取动物肉的人，与完全不吃肉的人相较，引起结肠癌的危险率相差两倍以上。美国医师威林特的研究证实了这一点。

(《民众日报》1991年4月25日)

(4) 其他主体

其他主体包括机构、组织、单位、事物、事件、现象等，它们也可以充当新闻事件的主体。

A. 社会团体、单位、行政区域名等可以同人物一样，充当动作、事物的状态、现象等方面存在的主体：

(76) 重庆川剧院昨晚以历史剧《孔雀胆》告别首都观众。巴渝风情之大剧小戏进京半月，公演10场，为此间人士所盛赞。 (新华社电讯，引自刘明华等《新闻作品选读》，中国人民大学出版社，2003年)

上例画线的主位虽是团体，实际却是其成员实施后面的动作的。

B. 事物充当主体

事物可以是自然或社会生活中的物品等。例如：

(77) 一只羽毛雪白、红冠竖立、雄赳赳的大公鸡和四只同样漂亮的白母鸡，11月23日代表它们的家族——“北京白鸡”，“神气十足”地通过了畜禽专家们的技术鉴定。

(《北京日报》1985年11月25日)

(78) 各位听众，苏州河上最后一个摆渡口，本世纪 30 年代由一个姓强的农民创办的强家角站今天上午 9 点 35 分把 20 多名乘客从北岸送到南岸后正式停舱关闭，取而代之的是一座长 50 米、宽 5 米多的钢结构拱桥。

（上海人民广播电台 1997 年 12 月 16 日）

(79) 一身戎装、一部轮椅、一面国旗、一个军礼。叶乔波以这庄严而悲壮的一幕，结束了今晚在首都体育馆为她隆重举行的“叶乔波冰坛生涯 20 年专题晚会”，同时也结束了她拼搏冰坛 20 年的赛场生涯。

（新华社电讯，引自刘明华等《新闻写作教程》，中国人民大学出版社，2002 年）

上述各例中的主体，第一例是生物（“鸡”），后两例是人所制造的物品（“摆渡口”、“戎装”、“轮椅”等），最后一例还包含了抽象事物（“军礼”）。

C. 事件或社会现象充当主体

当多个新闻事件相互存在复杂的依存关系时，某个事件或现象就可能成为另一个事件或现象的存在前提而充当主位，这类主位常常带有特有的句式特点。例如：

(80)“我们能不能再给子孙后代五千年？”当全国人大常委会副委员长费孝通提出这看似突兀的问题时，在场者始则愕然，继则深思。（《经济日报》1992 年 6 月 1 日）

(81) 你想形容某种东西不值钱，可以说它“不值粪土”，可是，眼下粪土在邓县却非常“金贵”。

（《河南日报》1986 年 3 月 20 日）

例 (80) 以问句形式充当主位，例 (81) 以陈述句的形式充当主位，它们都是事件或现象充当话题。

上面所讨论的主位都是由单一的概念充当的，实际的语篇中也有由两个相关要素，如时间、地点、事件、人物、现象等，组合成为复合的概念主位的现象。常见的组合方式有：

(1) 时间＋时间

(82) 9月8日下午，晴朗的星期天。北京音乐厅有史以来第一次为一个普通中学教师举办的"王玉田从教35周年作品音乐会"正准备开场。（《中国青年报》1991年9月10日）

此例是后一个时间概念对前一个进行细化说明，使新闻事件的时间更为具体。

(2) 时间＋人物

这类复合概念主位中的时间，一般为模糊概念，如"最近、一段时间以来"等。例如：

(83) 最近，宋庄乡1000名渔家姑娘被河北、天津、山东及本省的响水、滨海等地的水产部门以每人每月300元的高薪争相聘去传授对虾加工技术。这是这个乡继今春1500人外出传授养虾技术之后的又一次大规模技术输出。

（赣榆县广播站1987年8月31日）

(3) 时间＋地点

同样，这类主位中的时间也是模糊的概念。例如：

(84) 近来，在铁道部长春机车工厂内，从厂党委书记到普通工人，人人都在问，"党义"是谁？53岁的老工人郭希更是心急："党义，你在哪里？"（《吉林日报》1988年5月3日）

(4) 处所＋事物

这类主位中的处所一般是抽象的条件、环境等。例如：

(85) 在市场经济驱动下，一种由家长牵头、家庭亲属朋友为成员联合入股的新型“家庭股份企业”，正在淮安市农村悄悄兴起。目前，全市已有600多个专业户走出家门合股投资办工厂，呈现出多种经济成分齐头并进的繁荣景象。

（江苏人民广播电台1993年9月15日）

上述（2）、（3）、（4）类例句中的画线部分都是复合的单项概念主位，虽然有一个是主要的，但因为其中的两个概念要素基本上都可以互换，所以不能看成是两个独立的主位，即多重主位。例如上述两个复合的单项概念主位可以变为：

在铁道部长春机车工厂内，近来从厂党委书记到普通工人……

一种由家长牵头、家庭亲属朋友为成员联合入股的新型“家庭股份企业”，在市场经济驱动下正在淮安市农村悄悄兴起。

必须指出的是，无论是单一的概念主位还是复合的概念主位，都属于单项主位，而非下文所要分析的多重主位。这里的单一和复合是单项主位内部的分类。

2. 多重主位

多重主位是概念主位加上人际、语篇成分构成的复合主位，这种主位在消息语篇的导语语段中，一般不作为起始主位，只出现在接续主位当中。常见的多重主位有以下几种组配方式：

（1）概念与人际

概念与人际的复合有两种配位：概念加人际、人际加概念。

A. 概念主位＋人际主位

这类多重主位中，概念主位有时可以缺省。常见的模式是：称呼语加上第二人称代词。前者是概念主位，后者是代词充当的人际主位，这种多重主位重在体现人际功能。例如：

(86) 昨天下午，读者顾健向本报发来紧急传真：史小六，你为了逃避手术费，竟然左臂伤口带着引流条就失踪了。请你立即回到中国康复研究中心博爱医院接受紧急治疗，否则，你有感染截肢甚至丧命的危险。

（《北京晚报》1999 年 8 月 14 日）

这里的代词“你”是实指的人际主位。也有虚指的主位：

(87) 吃过了除夕的团圆饭后，好动的广州人开始提起行李畅游四方了。大年初一一大早，你想看到广州最火爆的节日气氛，就去看看机场、火车站热闹的旅游团场面吧。

（引自王泰兴《有声传播语言的应用》，中国广播电视出版社，2000 年）

例 (87) 是一则电视新闻，在假设性的人际称呼语“你”的前面，隐含着概念主位“观众朋友”，故仍然可视为多重主位。

B. 人际主位＋概念主位

在这类多重主位中，人际主位常常是表示语气、主观倾向的副词性成分。例如：

(88) 在当今的美国，你可以谈体育、谈电影，但就是不能谈股票。原因很简单：一年来，纳斯达克指数缩水 49.7%，15 种主要股票下跌了 25% 以上。难怪一位投资者说：“我甚至不再看每月的结算单，那太痛苦了。”

（《今日美国报》2001 年 2 月 28 日）

例中的“难怪”表明了传播者对新闻事件主体“一位投资者”的看法的认同心理。

(2) 概念与语篇

这类多重主位也有两种配位：概念加语篇、语篇加概念。

A. 概念主位＋语篇主位

在这类多重主位中，概念主位通常必须先行，语篇主位一般由代词充当。这里的代词可以是指示代词，也可以是人称代词，但后者限于第三人称。据考察，由指示代词充当的多重主位可以出现在语篇的始发主位中，两个主位构成同位关系。例如：

(89) 国库券能不能上市流通？这是人们普遍关心的问题。

（《文汇报》1987 年 11 月 22 日）

概念主位通常必须出现，但在一定的上下文语境或情景语境中可以隐含。广播、电视新闻中，这类多重主位中的概念主位常常通过现场语境的方式出现，而语言符号信息中只出现语篇主位的成分。例如：

(90) 这是今天上午 10 时 03 分在江苏南通市，记者拍下的日环食。南通市是这次日环食最好的观察点之一，数以万计的市民和许多科学工作者、国外旅游者观看了这次天象奇观。　（中央、上海、江苏、南通电视台 1987 年 9 月 23 日）

上例导语是承接图像信息而来，即图像信息在这里充当了概念主位的角色。

概念主位与语篇主位的先后位置一般是概念在先，语篇在后，上述例子都是这种安排方式。但有时也可以倒置，即将意象中的概念主位放在后面交代。这种倒置一般见于报纸新闻中，但前提是受众必须有前后对照阅读的前提条件，这在广播、电视新闻中是不容易做到的。例如：

(91) 这是开展两天来铁道馆最令人激动的时刻：3 月 22 日 19 时 20 分左右，江泽民总书记在这里给运行在京山线上的一位火车司机打电话。（《人民铁道报》1991 年 3 月 26 日）

上例的“这”是指向后面冒号以后的内容，它们是意象中的主位部分。

“概念加语篇”这种多重主位很少出现在新闻消息导语的始发主位中，它更多的是出现在接续主位中。接续主位中的多重主位，一般只出现语篇主位，其所指的先行（概念）主位，常常处在前一（分）句中。例如：

(92) 今天下午，6 名中国特技飞行员驾驶国产轻型飞机，成功穿越了苏州吴县市太湖大桥一号桥洞，这是中国飞行员驾机穿越的最小的狭小空间……

（中央电视台、江苏电视台 2000 年 10 月 6 日）

例（92）接续主位是“这”，其始发的意象中的概念主位是“苏州吴县市太湖大桥一号桥洞”。

“概念加语篇”这种多重主位之间可以没有间隔，也可以由其他语言成分隔开。例如：

(93) 5 月 21 日，百余名中外新闻文化界人士在北京前门饭店度过了一个愉快的夜晚。他们是应《中国日报》之邀，参加该报创刊 11 周年庆祝活动和英文《文化娱乐指南》一书首发式的。（《经济日报》1992 年 5 月 23 日）

(94) 中国政府正在采取紧急措施，大力拯救面临饥饿威胁的大熊猫。这一灾难性的威胁是由于今年 5 月以来熊猫的主要食物——竹子大面积开花、枯死造成的。

（《中国日报》1983 年 11 月 11 日）

例（93）“他们”与先行概念“百余名中外新闻文化界人士”中间隔了一个谓语；例（94）“威胁”位于前一句宾语中，与“这一灾难性的威胁”隔了一个宾语中心语“大熊猫”。

在接续主位中，上面论述的语篇主位都是指代单个新闻事件的要素。但在很多情况下，语篇主位是对前述的整个新闻信息单元或新闻事件进行的总结性的指代：

(95) 16 日上午，深圳市眼科医院将外来工段国生捐献的活体角膜，成功地移植给了一位右眼盲视的香港女青年。这是我国进行的第一例活体角膜移植。

(《北京晚报》1999 年 11 月 18 日)

上例中的"这"指代"16 日医院活体角膜移植成功"一事。

B. 语篇主位＋概念主位

这类复合主位中，语篇主位主要由关联词语充当，通常位于概念主位之前，表示紧接其后的概念主位和其他概念主位相互之间的逻辑关系。这类多重主位一般也出现在后续主位中，不作为始发主位。例如：

(96) 深秋时节，记者来到彰武县北部的章古台地区，采访举世瞩目的全国科技战线先进集体——省固沙造林研究所，进入眼帘的是一片绿色，而奋战在这里 30 多年的研究所的干部和科技人员们，却是满脸风霜、满头白发了。

(《辽宁日报》1983 年 11 月 16 日)

（二）主位的功能结构类型与语义角色的使用情况比较

1. 主位结构类型

严格地说，消息导语的起始主位都是多重主位，由至少两项以上的单项主位复合而成，常见的是"人际加概念"。人际成分常表现为电头，如"新华社××电"或"据××消息"，介绍新闻信息的源头；概念成分则作为新闻信息的表述起点。由于几乎每一篇消息，都有类似这样的结构，因而没有可比价值，此处不把电头之类的人际成分作为考察范围。

对于主位结构类型的比较，我们采取随机收集分类统计的方法，并以新闻消息导语语段的起始主位为考察对象。具体的封闭语料是：《人民日报》2005 年 11 月 11 日 1 到 4 版的消息，中央人民广播电台 2005 年 9 月 16 日和 23 日两天的要闻，中央电视台 2005 年 9 月 18 日的《新闻联播》中的要闻，人民、千龙、新华和网易、新浪、搜狐等 2005 年 7 月 31 日首页新闻中消息类的典型语篇。统计的相关数据表明，四种媒介中消息导语的起始主位的结构类型完全相同，都是单项主位，没有多重主位，只有后续主位带有少量的多重主位。新闻消息的导语，无论哪种媒介，都是以概念本身来说明传播者的意图，而且都比较简短，一般不会直接出现人际成分和带有衔接功能的语篇成分，目的是最大限度地维护新闻信息的客观性。

2. 单项主位的语义角色

对于单项主位中的语义角色的比较，考察对象同样是上面所述的新闻语篇的导语语段的语料，分类统计它们起始主位的语义角色。我们粗略地把语义角色分为：时间、地点、人物、团体结构（包括事件、动作过程以及现象等）、事物。有关数据归纳如下：

媒介类别	语篇数量	时间	地点	人物	团体结构（准人物）	事物
报纸	25	4	1	12	5	3
广播电视	20	5	1	6	2	6
网络	10	2	1	4	1	2

如果我们将主体由人组成的法人团体结构也视为广义的

人，那么语义角色是"人物"的比例可能还要上升一些。综合上表的数据，可以看出主位成分语义角色的数量差异：

报　　纸：人物＞时间＞事物＞地点

广播电视：人物/事物＞时间＞地点

网　　络：人物＞时间/事物＞地点

所有的新闻语篇，"人物"充当起始主位的最多，"地点"的最少。位居中间的语义角色，就报纸来说，等级序列中偏于前面的是"时间"，而广播电视和网络相应的都是"事物"（"时间"）。这可能与新闻传播的时效性有关：报纸新闻时效性较差，故有时为了强调时间要素，就会将其作为主位，以示重要或显示传播速度的优先程度。例如：

(97) 当地时间10日下午，国家主席胡锦涛在柏林同德国总统克勒举行会谈，就进一步发展中德关系和共同关心的重大国际问题深入交换了看法……

（《人民日报》2005年11月11日）

广播电视、网络新闻的时效性强，因而无须在文本中特别强调新闻事件发生的时间，除非特别重要的时事新闻和天气预报才将时间作为起始的主位成分。后者例如：

(98) 未来四五天，一股较强冷空气自西向东影响北方地区，将带来大风降温和今年第一场较大秋雨，南方地区则将在"秋老虎"的晴热中度过中秋。

（中央电视台2005年9月23日）

我们考察的结论是：传播媒介对新闻语篇的主位结构类型的影响不大；而媒介对新闻语篇主位成分的语义角色的影响是，报纸新闻"时间"成分充当主位的概率要大于"事物"成分，而广播电视新闻正好相反，“事物”概率要超过“时间”，网络新闻“时间”概率则与“事物”概率等同。

二、主位的推进模式

上文已经指出，主位结构是对句子进行实义切分得到的结果，具体就是“主位”加上“述位”两个部分。其主要含义为：每一个完整的表述都可以分为表述对象（主位）和表述内容（述位）两个板块，在已知的上下文情景中，主位和述位体现了表述中不同语义成分的两种互相补充、相互配合的叙述功能。新闻传播中的编码者为了对某一个新闻事件或相关话题进行完整的表述，总是将若干句子集中在一起，前后连贯，衔接成为一个表述的整体。凡是进入其中的句子，都是整个表述的一个微观视角，而每个句子当中的主位就是这种视角的标志性成分。若是对处于特定语篇中的前后连贯的句子进行实义切分就可以看出，处在相互联系中的句子实际的关联方式是，以“主位”加“述位”作为一个基层单元前后蝉联推进，理论上可以达到无穷。这个关联方式表明，语篇的编码者就是通过不断地选择、确定、更换句子的主位，使得语言的表述不断地发展、推进下去。我们可以说，主位的更换是一个语篇和语段表述过程得以发展、推进的过程，而这种更换的过程就是“主位推进”的过程。语篇内部主位的选定是语篇表述展开的主要动力。

根据语篇语言学家的研究，主位推进过程具有一定的基本模式。就汉语的语篇推进模式来说，有“平行模式、链接模式、集中模式、交叉模式、分散模式、交错模式、并列模式”等（郑贵友，2002）。新闻语篇中，是否也同样存在这么几种模式呢？它们出现的概率究竟怎样？在不同媒介的新闻语篇中是否有差异？下面我们将进行讨论。

（一）新闻语篇的主位推进模式

据考察，新闻语篇的主位推进模式根据其出现的高频统计，主要有六种。我们举例分别说明如下，所用语料跟本节的第一部分中比较主位结构的类型时所用的语料（第 36 页）相同，仍以消息导语语段为考察对象。

1. 平行模式

这类模式的基本情况是：以第一句的主位（T_1）为出发点，以后各句均以该句的主位为主位，分别引出不同的述位（R_1、R_2、R_3 等），从不同的角度对同一个主位加以揭示、阐发。这个模式可以用下式表示：

T_1——R_1

$T_2(=T_1)$——R_2

……

$T_n(=T_1)$——R_n

请看例子：

(99) 新华社哥德堡（1995 年）8 月 7 日电 爱德华兹大笑，爱德华兹大叫，爱德华兹兴奋得乱喊乱跳。

（新华社电讯，引自刘明华等《新闻写作教程》，中国人民大学出版社，2002 年）

此例导语各句的主位都是相同的，即每句的主位都是同一个对象。而在更多的新闻语篇中，实际情况是，从第二句开始，同一对象的主位或者是省略，或者是用其他词语替代。例如（Ø 代表省略部分）：

(100) 35550 部队工化连班长、共青团员龙伟坚持实事求

精神,Ø 主动更正上级给自己误报的战功,Ø 受到领导的通报表扬。（《国防战士报》1984 年 5 月 18 日）

(101) 新华社太原 1992 年 12 月 8 日电 山西省代省长胡富国把大学毕业的儿子送到煤矿去工作。他说:"……让孩子到艰苦的煤矿工作,是煤矿建设、国家经济发展的需要,同时也利于孩子锻炼成长。"

（新华社电讯,引自严介生等《消息精品选评》,中国广播电视出版社,1996 年）

例 (100) 的 Ø 处均省去了"35550 部队工化连班长、共青团员龙伟",例 (101)"他"指代"山西省代省长胡富国"。

有的导语中,各句的主位之间有上下义、同义、近义、反义或类义关系。例如:

(102) 1937 年,侵华日军占领南京,制造了震惊中外的南京大屠杀惨案,60 年后,揭露暴行、牢记历史、维护世界和平成为世界各国人民的共同愿望。请看报道。

（江苏电视台 1997 年 12 月 13 日）

此例的两个主位构成类义关系,形成平行模式。

2. 链接模式

链接模式的基本情况是:前一句的述位 (R_1) 或述位的一部分作为后一句的主位 (T_2),后一句的主位又引出新的述位 (R_2),该述位又充当下一句的主位 (T_3),如此延续下去,推动语篇的发展。这个模式可用下式表示:

T_1——R_1

$T_2(=R_1)$ ——R_2

……

$T_n(=R_{n-1})$ ——R_n

请看例子：

(103) 在连云港新浦汽车站，有一辆专门接送旅客的小平车。这辆小平车已有 20 年的历史……

（江苏人民广播电台 1983 年 3 月 4 日）

(104)《人民日报》今天在第一版发表社论，题目是，扎扎实实地迈出"七五"计划的第一步。

（中央人民广播电台 1986 年 1 月 28 日）

上述例（103）是前一句述位直接充当了第二句的主位，例（104）是首句述位的一部分做了后句的主位。

3. 总结模式

所谓总结模式，实际是链接模式的一种变体。它的基本情况是，语篇中的最后一个句子的主位是对前一个或几个句子的总结而产生的新的主位，至于前几个句子之间的主位衔接方式可以不论。这个模式用下式表示：

T_1——R_1

T_2——R_2

……

T_n——R_n

$T_{(n+1)}$［＝（T_1——R_1）＋（T_2——R_2）＋……＋（T_n——R_n）］——$R_{(n+1)}$

例如：

(105) 安徽省立儿童医院的领导在设备添置中，没有接受外商"邀请"到国外考察，而是用考察的费用换回了医院急需的螺旋 CT 软件包。此事在该院被传为佳话。

（《健康报》2000 年 2 月 16 日）

这种模式的结尾句的主位多由“这”类代词充当。

4. 集中模式

第一句的主位、述位作了基本叙述以后，接下去的各句都以第一句的述位（R_1）或其部分为述位，也就是各句的不同主位都集中归结为同一个述位（R_1）或其部分。这种模式可用下式表示：

T_1——R_1

T_2——R_1

……

T_n——R_1

例如：

（106）昨天，一场纷纷扬扬的春雨，泪水似地撒落在银河革命公墓公安坟场的烈士墓碑上，令近在咫尺的豪华墓园与黄土一堆的烈士坟形成了强烈的反差，扫墓者不禁为之心碎。（《广州日报》1997年4月5日）

例中的“泪水似地……墓碑上”是首句的述位部分，后面的两个句子的述位也都是围绕首句的述位展开的，其中的述位中都有跟“坟场”有关的内容（“烈士坟”、“之”）。这类模式常用代词称代首句中的述位，如“之”等。

5. 交叉模式

交叉模式的基本情况是：第一句的主位（T_1）成为第二句的述位（R_2），第二句的主位（T_2）成为第三句的述位（R_3），第三句的主位（T_3）又成为第四句的述位（R_4），依此交叉发展下去。这个模式可以表示为：

T_1——R_1

T_2——R_2（$=T_1$）

……

T_n——R_n（$=T_{n-1}$）

例如：

(107) 小行星即将撞击地球的消息，今天在本市引起领导和一些市民的恐慌。紫金山天文台的专家认为，这种说法毫无根据。（南京人民广播电台 1989 年 11 月 14 日）

此例中后句的述位的一部分（“这种说法”）含有前句的主位的内容（“小行星即将撞击地球”）。

6. 分散模式

分散模式的基本情况是，第一句的述位（R_1）成为后面各句的主位（T_2、T_3、T_4 等），即从第二句开始的主位（T_2、T_3、T_4 等）都从第一句的述位（R_1）或其中的某个部分派生而来。该模式可以表述为：

T_1——R_1

T_2（$=R_1$）——R_2

……

T_n（$=R_1$）——R_n

例如：

(108) 新华社北京 11 月 18 日电　一只十脚螃蟹被一位女神牢牢地踩着，女神手托着一把利剑，双目坚定地望向远方——象征我国人民同癌症作斗争的战癌女神铜像今天在北京落成。（新华社电讯，引自刘明华等《新闻写作教程》，中国人民大学出版社，2002 年）

此例首句述位中的“女神”，成为后续两句的主位。

（二）不同新闻语篇主位推进模式比较

1. 统计对象和语料

我们以新闻消息语段为例，比较了不同新闻媒介中语篇主位推进模式的差异。

主位推进模式比较的统计，我们仍采用了随机收集的方法，也是以新闻消息导语语段为考察对象。具体的封闭语料是：《人民日报》2005年11月11日1到2版的消息，中央人民广播电台2005年9月16日和23日两天《新闻和报纸摘要》中的要闻，中央电视台2005年9月18日的《新闻联播》中的要闻，人民、千龙、新华和网易、新浪、搜狐等网站2005年7月31日首页新闻中的消息类的典型语篇。

2. 主位推进模式类型的确定

不少导语语段实际的主位推进模式往往不是一种类型贯穿到底的，而是几种模式先后相接，如先是平行，后是链接等。我们这里只取其中占主导、支配地位的类型作为划分的依据，正像多重复句的分析中划分复句类型时人们只取最高层次的类型一样。

3. 具体数据

不同媒介新闻语篇导语语段的主位推进模式出现频率的统计数据，见下表：

媒介类别	篇目总数	平行(%)	链接(%)	总结(%)	集中(%)	交叉(%)	分散(%)
报纸	10	4	2	0	0	1	3
广播电视	18	2	3	1	4	5	3
网络	10	5	2	0	1	2	0
总计	38	11	7	1	5	8	6

上述统计表明，不同媒介的消息导语语段的主位推进模式出现频率的高低分别是：

报　　纸：平行＞分散＞链接＞交叉＞总结/集中

广播电视：交叉＞集中＞链接/分散＞平行＞总结

网　　络：平行＞链接/交叉＞集中＞总结/分散

4. 数据说明

(1) 各媒介新闻语篇主位推进模式的共同点是："平行"、"链接"和"交叉"模式是使用较多的模式，"平行"模式的使用最频繁。

(2) 不同点是：广播、电视的推进模式种类最多，显示了语篇结构灵活多样的特点；报纸、网络的模式种类较少，显示了语篇结构较为固定的特点。分布概率上，报纸、网络中各模式出现频率的差距较大，而广播电视差距较小。在广播、电视中，各种模式出现频率不相上下，"总结"模式仅见于广播电视新闻中。

以上现象的存在跟由传播媒介决定的语篇结构方式有关：报纸、网络新闻偏重于书面语体，结构较为固定，常偏于理性的概述和议论，故使用模式较少，且常用"平行"式；广播、电视新闻偏重口头语体，常偏于感性的现场报道和叙述，故使用模式较多，且根据需要随时更换，各类模式的出现概率没有太大的差距。例如，广播、电视新闻使用"交叉"模式的目的在于从多个角度引入要报道的事件，使用"集中"模式的目的在于描写宏大的场面，而"总结"模式的使用则是为了场面报道的收缩自如。

第三节　新闻语篇的解码结构——信息结构

信息结构是指话语语篇中已知信息和未知信息的分布状况、相互关系和组织结构。句子的信息结构是指句子在传达信息时通常遵循由已知信息到未知信息的顺序：开始部分一般表达已知信息，结尾部分表达未知信息。

信息结构与主位结构既有区别又有联系。如前面引言部分所述，主位结构是句子的功能结构，是由句子的实义切分决定的，分析的角度是语篇制作者的编码角度。而信息结构是句子在信息传播过程中的程序模式，分析的角度是语篇解读者的解码角度。两者对语境的依赖程度不同，主位结构不受其影响，信息结构则跟语境与交际行为密切相关，离开了这些特定的语境前提，也就无所谓已知信息和未知信息。另外，两者在排列的位序上固定性不一样，主位结构次序始终如一，都是主位加上述位；信息结构通常遵循已知加上未知的顺序，但也有相反的时候。

通常认为，主位结构对应于信息结构，即主位部分一般表示已知信息，述位部分表示未知信息。而实际上两者的对应关系要复杂得多。那么，新闻语篇中，信息结构是否对应于主位结构？在多大程度上两者有对应关系，多大程度上呈现相反的关系？下面我们重点比较、讨论不同媒介的新闻语篇中已知信息和未知信息在主位、述位部分的分布情况。

一、已知信息和未知信息的界定

已知信息是与交际及交际行为有关的概念，通常指语篇的上文已经交代过，或者是可以从言语交际行为或语境中推知的相关信息。例如：

(109) 我市1312位农民，最近获得中央农业广播学校第一期农学专业毕业文凭。据市农业局统计，这一数字相当于近16年来国家分配给我市农业中专毕业生的总和。到6月底为止，已有80%以上的毕业生被农村各部门聘用。

（南通人民广播电台1986年6月30日）

上例“市农业局”、“这一数字”、“80%以上的毕业生”是已知信息，根据上文可以推断出来。

未知信息一般指不存在于交际行为或语境中的信息，它是第一次引入语篇或者为受众所不知道的信息内容。例如上文提及的“1312”位于新闻语篇开始的第一句话中，属于未知信息。有学者就曾将新闻语篇的第一句话称为未知信息句。

如上所述，我们这里所说的已知信息、未知信息都是以是否由语篇和言语交际行为等语境因素所提及或推断出的信息为标准。即“已知信息”为已传信息，是假设双方都已经熟悉的、不涉及语篇编码者和解码者双方认知领域的差异所造成的所谓“传”而“未”知的信息。例如：

甲：李镇回来了？

乙：李镇是谁？

此例中甲以为乙和他一样都熟悉“李镇”这个人，但事实上乙并不熟悉。这里甲认为的“已知信息”在乙看来是未知信息。这就是两者不同的认知经历造成的差异。本节不考虑这方面的因素。

二、不同媒介新闻语篇中已知信息和未知信息在主位结构中的分布比较

不同媒介的新闻语篇由于其所依赖的语境不一样，影响了已知信息和未知信息的分布格局和各自的信息数量。我们以新闻消息导语语段为统计对象，观察了主位和述位两个部分所对应的已知信息和未知信息的占比数量。具体情况简述如下。

（一）广播、电视新闻

广播新闻，我们以2005年9月23日和10月14日两天的中央人民广播电台《新闻和报纸摘要》节目的消息导语为统计对象。详细数据列表如下：

语篇篇次	主位		述位	
	未知	已知	未知	已知
1	65%	35%	50%	50%
2	60%	40%	90%	10%
3	67%	33%	72%	28%
4	66%	34%	80%	20%
5	33.3%	66.7%	87%	13%
6	66%	34%	84%	16%
7	83.33%	16.67%	72.23%	27.77%
8	85.71%	14.29%	100%	0
9	50%	50%	100%	0
10	56%	44%	100%	0
平均	63%	37%	84%	16%

电视新闻，我们以中央电视台2005年9月18日的《新闻联

播》中的消息导语语段作为统计对象。详细数据见下表：

语篇篇次	主位		述位	
	未知	已知	未知	已知
1	50%	50%	95%	5%
2	66.67%	33.33%	85.71%	14.29%
3	88.34%	11.66%	100%	0
4	50%	50%	90%	10%
5	33.34%	66.66%	100%	0
6	50%	50%	90%	10%
7	83.33%	16.67%	95%	5%
8	33.33%	66.67%	100%	0
9	46.6%	53.4%	83.2%	16.8%
10	90%	10%	96.19%	3.81%
平均	59%	41%	94%	6%

广播、电视新闻消息导语语段中已知、未知信息在主位结构中的占比数字比较如下：

媒介类别	主位		述位	
	未知	已知	未知	已知
广播平均	63%	37%	84%	16%
电视平均	59%	41%	94%	6%
广播电视平均	61%	39%	89%	11%

（二）报纸、网络新闻

报纸新闻，我们考察了2005年11月11日的《人民日报》第1、2版的消息，网络新闻为2005年7月24日新华、中新、搜狐、新浪和千龙5家网站的首页新闻各两篇，分别以它们的导语语段为统计对象。得出的数据如下表：

报纸篇次	主位		述位		网络篇次	主位		述位	
	未知	已知	未知	已知		未知	已知	未知	已知
1	25%	75%	52.79%	47.21%	1	40%	60%	76%	24%
2	29.17%	70.83%	63.3%	36.7%	2	17%	83%	72%	28%
3	33.33%	66.67%	48.07%	51.93%	3	50%	50%	35%	65%
4	33.33%	66.67%	37.5%	62.5%	4	50%	50%	75%	25%
5	25%	75%	25%	75%	5	44%	56%	75%	25%
6	50%	50%	35%	65%	6	67%	33%	75%	25%
7	75%	25%	80%	20%	7	55%	45%	75%	25%
8	25%	75%	75%	25%	8	0	100%	25%	75%
9	50%	50%	16.67%	83.33%	9	37%	63%	25%	75%
10	0	100%	68.33%	31.67%	10	35%	65%	68%	32%
平均	35%	65%	50.17%	49.83%	平均	39%	61%	59%	41%

（三）报纸、广播电视、网络综合比较

综合上述四种媒介的消息导语语段中已知和未知信息在主位结构中的占比数字，我们汇总了统计结果，将它们分别对照如下表：

媒介类别	主位		述位	
	未知	已知	未知	已知
报纸	35%	65%	50.17%	49.83%
广播电视	61%	39%	89%	11%
网络	39%	61%	59%	41%

1. 数据分析

综合上面的5张表格，我们可以看出新闻语篇的信息结构的某些特征：

（1）未知信息，就主位而言，在报纸新闻中的占比从0到75%，平均值是35%；广播、电视新闻中分别是从33.3%到85.71%，33.33%到90%，平均值分别为63%和59%，广播、电视合计平均值为61%；网络新闻从0到67%，平均值为39%。

从变动幅度大小来看依次是：

报纸>网络>电视>广播

从变动幅度所处的高值范围来看，由高到低依次是：

电视>广播>报纸>网络

从占比的平均值看是：

广播>电视>网络>报纸

就述位而言，未知信息在报纸新闻中的占比从16.67%到80%，平均值是50.17%；广播、电视新闻分别是从50%到100%，83.2%到100%，平均值分别为84%和94%，广播、电视合计平均值为89%；网络新闻从25%到76%，平均值为59%。

从变动幅度大小来看依次是：

报纸>网络>广播>电视

从变动幅度所处的高值范围来看，由高到低依次是：

电视>广播>报纸>网络

从占比的平均值看是：

电视>广播>网络>报纸

(2) 已知信息，就主位而言，在报纸新闻中占比从25%到100%，平均值是65%；广播、电视新闻中分别是从14.29%到66.7%，10%到66.67%，平均值分别为37%和41%，广播、电视合计平均值为39%；网络新闻从33%到100%，平均值为61%。

从变动幅度大小来看依次是：

报纸>网络>电视>广播

从变动幅度所处的高值范围来看，由高到低依次是：

网络>报纸>广播>电视

从占比的平均值看是：

报纸>网络>电视>广播

就述位而言，已知信息在报纸新闻中的占比从 20%到 83.33%，平均值是 49.83%；广播、电视新闻中分别是从 0 到 50%，0 到 16.8%，平均值分别为 16%和 6%，广播、电视合计平均值为 11%；网络新闻从 24%到 75%，平均值为 41%。

从变动幅度大小来看依次是：

报纸>网络>广播>电视

从变动幅度所处的高值范围来看，由高到低依次是：

报纸>网络>广播>电视

从占比的平均值看是：

报纸>网络>广播>电视

2. 综合分析

(1) 就未知信息来说，无论是主位还是述位部分，变动幅度从大到小基本都是：报纸>网络>广播与电视；从变动幅度所处的高值范围来看，由高到低依次都是：电视>广播>报纸>网络；从占比的平均值看都是：广播与电视>网络>报纸。

(2) 就已知信息来说，无论是主位还是述位部分，从变动幅度大小来看依次都是：报纸>网络>广播与电视；从变动幅度所处的高值范围来看，由高到低依次都是：报纸与网络>广播>电视；从占比的平均值看都是：报纸>网络>广播与电视。

3. 解释说明

(1) 未知信息和已知信息，无论其位于主位部分还是述位部分，在不同媒介的新闻语篇中出现频率的高低差异都呈现出基本一致的倾向。例如变动幅度从大到小基本都是：报纸>网络＞广播与电视。唯有报纸与网络、广播与电视，双双在信息安排的数量上略有差异，主要是频率统计的位序有先后之别。例如，主位中作为已知信息，在变动幅度上，是电视＞广播；而在述位中则相反：广播＞电视。但在不同媒介的新闻语篇差异中，广播和电视、报纸和网络则始终具有较多的共同性。例如，在变动幅度的大小上，信息数量占比的平均值上，广播、电视比较接近，而在变动幅度的高值范围上，报纸与网络又比较接近。这主要是因为报纸、网络都有书面阅读的特点，在媒介的传播上具有平面阅读的性质；广播、电视都有口头解读的特点，具有线性接收的性质。总起来说，不同的传播媒介在未知信息和已知信息的安排方面存在着平行的差异，看来不同媒介对信息结构的影响确实是有规律可循的。

（2）已知信息和未知信息，若是两两对照几个参数的频率排序，除了变动幅度的差比完全一样以外，其余的都正好是对称的差异。即已知信息和未知信息的分布情况呈现互补关系。

（3）从几个参数来看，不同媒介给新闻语篇的信息安排带来了一定的制约性。其制约的强弱依次为：电视与广播＞网络＞报纸。即报纸的信息安排最为自由，其在信息变化发生的范围（主位和述位）、信息量变动的量化幅度（信息的占比多少）都有较大的余地（因为报纸在主位结构的任何一个部分中的信息量的变化幅度都很大）；而广播与电视的变动幅度就要小得多。其次，在信息占比的高值范围上，报纸占有已知信息这一头，电视占有未知信息这一头。占有这两头的媒介，使得语篇的信息安排模式比较固定：已知信息、未知信息的比例差距较大，两种信息的占比很不平衡。而网络居中，已知和未知两类信息的占比均较为均衡，没有构成尖锐的对比现象。再次，信息数量平均值的占比梯度级差说明了四种媒介的信息传输量的多少，广播与电视远远大于报纸（前者未知信息在主位和述位中的占比分别比后者高出 26 和 39 个百分点），而网络居于中游。这就可以解释为什么广播、电视新闻常常使用较短的句子，而报纸新闻则可以不限。主要是因为前者传播的信息量极大，而后者则较小，这种信息含量的负载任务的轻重与句法形式的选用倾向是相互适应的。而网络新闻的即时阅读和超短时阅读也不允许它的信息含量太高，在句法形式的选用上也须使用长短适中的句子。报纸、网络新闻的标题与正文的连续排列给信息内部已知、未知的性质转换和前后互见提供了便利。具体说，标题中出现的信息，若在紧随其后的正文中又一次出现，我们视为已知信息。这也是我们确认信息种类（已知和未知）的重要标准之一。而广播、电视则没有这种题文互见的特权：其内容提要与正文分开排列，正文中导语部分的信息，即使与标题部分重复，我们也视为新信息（未知信息）。

（4）主位结构和信息结构并不完全对应。一般认为，主位结构和信息结构之间有对应关系，即主位与已知信息相对应，述位与未知信息相对应。但根据本文的考察分析，结果却不是这样，至少新闻语言的主位结构和信息结构的关系不是如此。而且对于不同媒介的新闻语言来说，两种结构的不一致的程度还不完全相同。对于主位而言，未知信息的分布情况在各种媒介的新闻语篇中各不相同（参见上文分析），其平均值还比较高，分别达到了：报纸 35%，广播电视 61%，网络 39%。述位也并不完全是未知信息，同样未知信息的分布情况在不同媒介中也各不相同(参见上文分析)，其平均值也分别达到了：报纸 50.17%，广播电视 89%，网络 59%；而且述位中已知信息的比例也不低，分别占了：报纸 49.83%，广播电视 11%，网络 41%。从这些统计结果中，我们可以看出新闻语言在很大程度上证实了主位结构和信息结构没有绝对的对应关系。从信息占比情况看，广播、电视语言的信息含量最高，报纸最低，网络居中。看来新闻语篇的这种已知、未知互相渗透的信息安排方式为受众的顺利解读、乐于解读提供了便利。

本章的分析和结论仅限于消息导语语段，至于对新闻专题和新闻评论类文本的考察还有待下一步的研究。但上述讨论已在一定程度上说明了不同媒介的新闻语言在信息结构及其信息含量上的差异。

第二章　新闻语篇的衔接

引　言

一、语篇、衔接及其相关的概念

迄今为止，"语篇"概念的界定尚有分歧。本章采用一般的诠释，将其定义为：一段有意义，前后衔接、语意连贯，具有一定交际目的和功能，能传达一个完整信息的言语作品。"语篇"一般应该包含一个句组、一个语段、一篇文章等，特殊情况下也可以是一句话。例如，网络新闻第一层面的新闻标题就应该视为一个语篇，跟报纸上的新闻标题一样。

语篇的"衔接"涉及语法单位的组合。一般认为，"衔接"(cohesion)是语篇的一种形式机制，[1]与语义范畴的"连贯"相对。它指的是构成语篇的有关成分以某种方式前后连接在一起的手段，是语篇有形的网络，它体现在语篇的表层结构上。与衔接相关的另一个概念是"连贯"(coherence)，它是指语篇内部或语篇相互之间的语意关联，它存在于语篇的底层，是语篇的无

---

[1]　衔接属于形式范畴还是语义范畴，学术界尚有争论。持前一种观点的主要有豪伊、努南、贝里，持后一种观点的主要有韩礼德和哈桑。

形的网络。本章主要讨论语篇的衔接手段，偶尔也涉及衔接机制等。

二、语篇衔接的研究沿革

语篇衔接的研究发源于国外。较早开始研究语篇衔接问题的是美国语言学家哈里斯（Z. Harris），而正式提出“衔接”，并作为语篇概念进行系统研究的是韩礼德。韩氏（1976，1985）与人合作，提出了英语语篇内部拥有的衔接方式为“指示、省略、连接和词汇衔接”等几种。英国的利奇（1981）也提出了“照应”和“联结”两类衔接方式：前者包括照应、替代、省略、形式重复、变异用词；后者包括并列连接词、联系副词。国内有关这方面的研究较早的有黎锦熙（1924）、张志公（1962）、田小琳（1987）、赫长留（1983）等，对语篇研究取得较大成就的是胡壮麟（1994）和廖秋忠（1992）。此外还有不少学者正在探索中，如黄国文、朱永生、张德禄等。

关于语篇理论指导新闻理论与实践的研究，目前还比较少见。国外弗朗西斯曾从语篇的角度研究过新闻语言，但没有专门从衔接的角度展开。本章我们将尝试以已有的“衔接”理论为指导，探索新闻语篇的衔接手段。

三、新闻语篇的衔接手段概述

新闻语篇作为特殊的汉语语篇变体，自然有其特殊的衔接手段。结合已有的语用学理论，我们认为，新闻语篇内部，因为其赖以传播的媒介通道的差异，例如报纸、广播、电视、网络等，必定存在着相互区别的衔接特点。

新闻语篇的衔接机制有言内和言外之分。前者有赖于语篇本体的言内语境，由各种言内显性的衔接手段组成。就不同媒介的新闻语篇来说，报纸新闻只有上下文组成的言内语境，其语篇的组成通常采用语言内部有形的衔接手段；广播、电视新闻借助于音响和图像等情景因素，再现了语言的真实的交际语境。其语篇的组成除了可以采用言内衔接手段以外，还可以采用言外衔接的手段，即采用语言信息与非语言信息之间的交互衔接，如使用语言衔接情境，或情境衔接语言的手段等。

综合各种语篇衔接手段的研究成果，结合新闻传播的特殊语境，我们将新闻语篇的衔接手段归纳如下：

（一）语言的内部衔接

1. 词汇手段。利用语义上具有密切联系的多个词语，在上下文中相继出现，使得语篇的各组成部分衔接起来的方法。具体有同一词语重复，同义、反义词语同现，上下位词语同现，整体、局部词语同现，联想关系词语同现等几种。

2. 语法手段。利用形式手段——主要是指称（使用指示代词、人称代词）——以及所述事实之间的时空关系（用时间词或处所词）进行衔接。

3. 逻辑手段。使用各种具有连接功能的词语来体现语篇内部各部分或语段、句群之间语意关系的衔接手段，常见的有并列关系、主次关系、总分关系、因果关系、逆转关系、承接关系等几种。

（二）语言的外部衔接

语言的外部衔接，主要是指语境衔接，一般出现于电子媒介（广播、电视、网络等）新闻语篇中，包括情境语境跟语言的相互衔接和语篇与语篇之间的逻辑衔接。

1. 情境与语言的衔接。用于多通道多层面的复合语篇，例如广播、电视新闻语篇的音响或画面与语言的衔接。这种衔接还可以细分为语言与音响或画面之间的指代衔接、逻辑衔接以及以境代言的互补衔接，分别表示：语言对情境音响或画面中的人或物进行指代；音响或图像情境先行，语言与之衔接，或者语言先行，音响或图像后续衔接，由此构成各种逻辑关系，如总分、解说、因果等；情景在一定环境中替代语言，并与别的语言成分一起构成完整的信息文本。

2. 语篇与语篇之间的逻辑衔接。用于网络新闻中超链接、多层面的衔接，将多个语篇联系起来，常见的逻辑关系手段有解说关系、总分关系和并列关系。通常用超链接的方式把主要新闻事件或者其中的某个要素与跟它相关的其他事件衔接起来，一般借助于主要新闻事件的标题，或者是事件中的关键词、关键句进行链接。只要打开主要新闻事件的文本，通过链接词句，即可看到另一个相关的解说、分述或并列的新闻事件文本。

四、语境（媒介或载体）与新闻语篇的衔接手段

新闻语篇，不论借助于何种媒介或载体，其主要还是依赖于语言编码的形式。其他非语言形式，如音响、图像等，毕竟只起辅助作用。因此，凡是新闻语篇总有它们共有的衔接方式，如词汇手段、语法手段和逻辑手段，等等。但新闻语篇的语境又是制约语篇形成的重要因素之一，其中新闻信息赖以传递的媒介或载体的不同决定了不同衔接手段的应用。报纸新闻语篇作为新闻语篇的原型成员，它的衔接手段数量最多，基本可以涵盖其他

媒介所有的新闻语篇衔接手段，而不同媒介新闻语篇衔接手段的差异只在于各类手段使用频率的高低不同。具体说，报纸新闻是单个层面的语篇，仅有上下文的言内语境，不存在言外的情景语境。它的衔接机制和手段多限于平面形式的言内衔接的范围，虽然也有少数语言成分跟认知语境中的某些成分相衔接。而广播、电视新闻凭借实际的立体语境，经常采用语言成分与言外语境进行衔接的手段。虽然言内语境的衔接手段也可以用，但言外语境的使用使它更具有自己的媒介特色。而网络新闻的衔接范围和手段更为广泛，不但有言内衔接，以及言内与言外的相互衔接，还有语篇内外的衔接。

本章将从两个方面探讨新闻语篇的衔接手段。一是从语境入手，分析不同媒介新闻语篇所共有的部分衔接手段——词汇手段和语法手段，并比较分析同类衔接手段在不同媒介新闻语篇中的使用概率差异。二是简要介绍特殊媒介的新闻语篇（广播、电视和网络语篇）的衔接手段——言内与言外衔接、语篇与语篇之间的衔接。比较时我们以消息语篇为对象。

第一节　不同媒介的新闻语篇共有的衔接方式——词汇手段

语篇衔接使用词汇手段可以有多种形式，这里仅比较重复手段在不同媒介新闻语篇中的使用情况。

重复手段是词汇衔接手段中的重要内容。综观所有的新闻语篇，几乎都使用词汇重复这一衔接手段。在具体的新闻语篇中，重复词汇衔接的语篇功能类别、重复词语使用的多少、重复词语使用的次数以及重复词语衔接辖区的范围，固然与新闻体裁、题材有关，但也与新闻信息的不同传输媒介有关。以下我们分别展开论述。

一、重复词语衔接的语篇功能类别

新闻语篇及其组成部分均可视为话语片段，其中具有衔接作用的重复词语常常是全篇或者局部成分的话语中心，我们称之为话语话题或者是话题的组成成分，"话题的组成成分"也叫做关键词。有的语篇中，话语话题直接成为语篇叙述的出发点，我们称之为结构话题。根据话语话题是否兼做结构话题，可以将重复词语的语篇衔接功能分为结构功能类和非结构功能类。例如：

(1)　肯尼迪遇刺丧命

约翰逊继任美国总统

路透社达拉斯（1963）11月22日电　急电：肯尼迪总统今天在这里遭到刺客枪击身死。

总统与夫人同乘一辆车中，刺客发3弹，命中总统头部。

总统被紧急送入医院，并经输血，但不久身死。

官方消息说，总统下午1时逝世。

副总统约翰逊继任总统。

（引自马胜荣、薛群《描述世界》，新华出版社，2004年）

(2)　中美知识产权磋商进行时

6月8日本应是中美就知识产权争端在世贸组织总部举行磋商的最后一天，但到记者发稿时，双方都未公布有关磋商的进展情况……

磋商进行时按照预定安排，从当地时间6月5日开始，中美双方就中国知识产权保护和出版物市场准入问题在日内瓦世贸组织总部举行为期三天的磋商……

（《在线国际商报》2007年6月11日）

上述前一例中加下划线的“总统”是话语话题，也是新闻语篇叙述的起点，兼做结构话题。后一例的话语话题之一为“知识产权”，但不兼有结构话题的功能。结构话题是“中美双方”，两者并不一致。下面分别论述重复词语的话题功能在四种媒介新闻语篇中的差异。

（一）重复词语的衔接构成结构话题的延续

新闻语篇的全篇、个别段落或多个句子，若是在叙述同一个话题，均可以利用同一词语重复构成衔接，这是最为常见的词汇衔接，它们可以充当或部分充当结构话题，以保证该话题的延续性。报纸、广播电视以及网络新闻都有这样的例子，但后两者占有更高的比例。

1. 充当全篇的结构话题

我们先看例子：

(3) 八闽“茶老大”上网卖乌龙

目前，在福建省内享有“茶王”美誉的何锦能，在平和县电信局申请了一个163上网账号和一个E-mail地址，成为该县第一位拥有Internet账户的私营企业主，也成为该省首位上网卖茶的“茶老大”。

何锦能是乌龙茶佳茗——白芽奇兰茶的发现者和“白芽奇兰”商标的注册人。多年来，他重视产品质量、市场营销、品质创建。他对记者自信地称:"不久后我将在网上卖乌龙佳茗——白芽奇兰茶,让全世界的茶友都分享到闽茶之王的珍贵。"

(《中国商报》2000 年 3 月 27 日)

例 (3) 中的短新闻首段是新闻事实,第二段是新闻背景,两次在段落开头使用"何锦能"这个词构成衔接,以保证全篇对新闻人物叙述的连贯性。

2. 构成语段中的结构话题

在特定的语段文字中,重复词语可以使该段的话题一以贯之,而且多个语段还可以各自重复自己的词语,相互之间各不相同。例如:

(4)　香港新增一宗猪链球菌病例 患者为 84 岁老翁

香港卫生防护中心 30 日接获 1 宗猪链球菌感染的本地个案报告,这使去年 5 月至今的猪链球菌感染个案增至 11 宗。

据介绍,这宗个案的患者为 84 岁老翁,居于秀茂坪,他 6 月 16 日出现发烧及右膝痛等病症,同日入住联合医院,现在情况稳定。患者近期没有离港外游记录,也没有到过猪场。据介绍,患者在家中协助煮食,但记不起病发前有否接触生猪肉,他的家人没有出现病症。

卫护中心人员及时向病人、其家人及医院人员了解情况,并向病人及其家人提供健康忠告。卫护中心与医院管理局正计划分析过去两年的入院病例,了解这种疾病在香港的流行情况。

……

(东方网 2005 年 7 月 31 日)

上例结构话题分别为"香港卫生防护中心"和"患者",第一和第三段以“卫护中心”为话题展开，第二段以“患者”为话题展开。

（二）多组重复词语连锁充当结构话题

这类重复词语一般是指两组及其以上的不同词语组各自重复，蝉联相接连锁充当结构话题，使相关的结构话题连贯起来，推动新闻语篇的发展。报纸语篇中要多一些。例如：

（5） 美海军陆战队司令来访

今天下午两时半，海军机关办公室楼前先后响起《星条旗》和《义勇军进行曲》的乐曲声。统率19.8万陆军队员（比英国陆军多3万）的美国海军陆战队司令凯利上将，微笑着和刘华清司令员握手。刘华清司令员用他略带湖北口音的普通话对凯利说：“欢迎阁下来访！”

（《人民海军报》1987年3月17日）

上例中的新闻对“凯利”在中国访问期间的情况通过两组重复词语作了交代，构成了一个完整的事件。

广播、电视新闻语篇也有这样衔接的例子：

（6） 牧民斯拉木曝光滥砍滥伐者

昨天（8月8日），牧民斯拉木在他的家乡——奇台县五场乡看到了自治区林业局派来的调查组。这个调查组是由他拍摄的反映奇台林场滥砍滥伐问题的录像带引来的。

奇台林场是自治区林业系统先进单位。从1998年起，他们把国家下达的天然林采伐任务承包给私人老板。天然林随即遭到大规模的滥砍滥伐。斯拉木看在眼里，急在心上。于是，他出资3000块钱，请人用摄像机拍下了违法分子滥砍滥伐的现场。【出录音，略】

斯拉木的录像带被送到了自治区人大常委会。看完长

达3个小时的录像，自治区人大农业经济委员会主任艾山·哈木拜提十分震惊。【出录音，略】

作为重要证据，自治区人大把录像带转交给自治区林业局，要求林业局部门对滥砍滥伐责任人进行严肃查处。

（新疆电台2000年8月9日）

本例从“斯拉木”到“调查组”、“奇台林场”、“天然林”、“斯拉木”、“自治区人大常委会”、“林业局”，构成了相关话题链的衔接。

有时，各组重复的词语既蝉联又迂回重叠出现，构成更为复杂的连锁话题链，推动语篇的发展。

（三）充当话语话题

这类充当话语话题的重复词语，统摄或辅佐形式上类同或意义上相关的结构话题，使之连贯延续。

1. 统领形式上类同的结构话题贯穿全篇。这种衔接方式常常借助于形式上的相同点，如连接包含相同语素的同素词、包含相同词语的词组，使得话语话题引申出多个结构话题。例如：

(7)　**萨达姆**在特别法庭遭不明身份男子袭击发生拳斗

伊拉克前总统**萨达姆**的律师30日透露，**萨达姆**28日在离开特别法庭时遭到不明身份男子袭击，双方均用拳头击打对方。

萨达姆律师团发布声明说，特别法庭官员没有采取任何措施阻止斗殴。声明没有透露**萨达姆**是否在斗殴中受伤。

萨达姆28日就1991年镇压什叶派穆斯林起义一案接受法庭质询。特别法庭主审法官朱希29日说，审判**萨达**

姆的日期将在几天内宣布。 （新华网 2005 年 7 月 30 日）

上例中的画线部分为结构话题，以萨达姆为话语话题，引出相关的结构话题“萨达姆的律师”、“特别法庭主审法官”、“审判萨达姆的日期”等。

2. 重复名词作为话语话题，统领在意义上与其相关的结构主话题或次话题，即被重复的名词是全篇大小话题或各个分话题的总话题。字面上两种话题不一定有相同部分。例如：

（8） **农机**下乡了

省机械部门今天举行送**农机**下乡**活动**。

【同期】省机械厅厅长刘柏常：“这次**活动**目的就是要把最好的**农机**送到农民家中。”

上午 8 点，下乡车队从省政府门前出发，令人意外的是车队并没有直奔宾县白桦村，而是在省直各大机关和商业闹市区转起了圈子，两个小时后车队又转向省政府，人们情绪更加高涨，锣鼓也敲得更响了。上午 11 点，浩浩荡荡的车队开出了城，正常 40 分钟的出城路，走了三个小时……

中午 12 点，车队到达宾县，场面也更加热闹，在警车的引导下，车队又在宾县的大街转起圈子，最后驶进宾馆用餐，下午两点车队终于到达此行目的地宾县白桦村，听到消息的农民们一拥而上，细细打量起这馋人的宝贝。

在组织者指点下，记者找到了一位正在点钱买车的农民。【同期采访】

在组织者的指点下，记者又找到了一位正在点钱买车的农民。【同期采访】

下午 3 点，浩浩荡荡的车队匆匆离开了白桦村。

这次**活动**历时8个小时，与农民见面的时间不足1小时，整个**活动**耗资1.8万元，工作人员260多人，除组织者特别安排的外，没有卖出一台**农机**。

这是本台报道的。　（黑龙江电视台1998年3月9日）

此例中的“农机”、“活动”是全文的话语话题，统领下面的结构话题“车队”。

二、重复词语衔接的语篇功能类别的比例

无论是哪种媒介的新闻语篇，使用重复词语作为衔接手段，都存在上述功能类别，但各种媒介新闻语篇功能类别所占的比例不尽相同。我们以重复词语是否充当全篇的结构话题为标准，比较它们在不同媒介新闻语篇中的使用情况。

据考察，重复词语充当全篇结构话题的新闻，多为篇幅短小的简明新闻、人物新闻等。在媒介差异上，多见于广播、电视和网络新闻中。我们统计了报纸新闻27篇，广播、电视新闻分别18和15篇，网络新闻15篇，[1]具体数据如下：

---

[1]　本章采用的统计语料出处是：报纸新闻消息，采用的文本是严介生等编著的《消息精品选评》（中国广播电视出版社，1996年）；广播、电视新闻消息，采用的文本是江欧利等编著的《中国广播电视新闻奖2000年度新闻佳作赏析》（新华出版社，2002年）、孟建等编著的《广播电视新闻范文评析》（新华出版社，2001年）和江苏省新闻工作者协会编的《江苏新闻五十年精品选》（广播电视卷）（江苏人民出版社，1999年），以及从中国广播网、中央电视台网站，以及中央人民广播电台下载或实况收录、听写整理的文本稿；网络新闻消息，采用的文本是网易、新浪、搜狐等商业网站和东方、人民、中新等新闻网站中的新闻。

媒介类别	报纸		广播电视		网络	
结构类别	结构话题	非结构话题	结构话题	非结构话题	结构话题	非结构话题
篇数	5	22	13	20	7	8
占百分比	19%	81%	39%	61%	47%	53%

上表的统计表明，不同媒介新闻语篇中，重复词语充当全篇结构话题的篇数依次为：

广播电视＞网络＞报纸

广播电视、网络新闻中重复词语充当结构话题的比例比较高，分别为39%和47%。其原因是这类新闻篇幅较短，它们常使用重复词语作为全篇的结构话题，以便于受众接收信息。一般来说，话题作为新信息时，常以名词形式出现，而不使用指称手段。受电子媒介（包括广播、电视和网络）信道接收时间的限制，在较短的时间内接收处理稍微复杂一些的新闻信息时，宁可将后续的老话题（旧信息）当做新话题（新信息）再交代一次，使这个词语重现。如此既可以方便随时参与接收新闻信息的受众，降低接收难度；又可以使正在接收新闻信息的受众减轻上溯搜索有关词语或调动记忆的负担，提高解读速度。这就是学者们通常所说的广播、电视新闻多用重复词语、少用代词的原因。但值得注意的是，并非报纸新闻和长新闻不使用重复词语这种衔接方式，因为所有的新闻语篇在交代新信息时，都有一个话语话题，不管它是否兼做结构话题，重复使用作为话语话题的某些词语都不可避免。因而我们要重视不同媒介新闻语篇使用重复词语这一方式的差异，研究其使用规律，使得语篇衔接中词汇手段的使用效率得以提高。

三、语篇中重复词语组的使用数量和重复次数的多少

我们先看报纸、广播电视、网络新闻语篇各自使用重复词语组的个数和次数的情况：

媒介类别	篇目数	每篇重复词语组个数	每篇每组词语重复次数	平均每篇重复词语出现总数
报纸	35	2.97	4.11	13.2
广播电视	33	2.89	4.5	12.79
网络	15	2.2	3.87	11.53
总平均	27.7	2.69	4.16	12.51

重复词语组个数和重复次数的多少分别涉及新闻语篇话题更换的频率和衔接环的长短。

上文已经指出，每一组重复词语中的个体皆引出一个话语片段，其中起始词语代表新话题的开端。以后每接一次重复词语，即可视为前一个话语片段又开始延续为一个更大的片段，依次类推。每一对重复词语之间可以看做一个衔接环，随着多个环节的连锁，话语片段可以不断扩大。根据接收新闻语篇者的认知能力，可以将小的话语片段合并为大的片段，也可以仍然维持基本的最小的话语片段。而如果又有新的其他词语作为话题，或者有新的重复词语组中的起始词语出现，话题转换就开始了。例如：

(9) 十龄童考取天津工程师范学院 学校初定施教方法

29 日，全国最小的考生、辽宁省盘锦市 10 岁神童①张炘炀以 505 分的高考成绩被天津工程师范学院数学与应用数学专业录取。

2000年秋，②张炘炀进入小学读一年级，③张炘炀只用了两年时间读完小学，两年读完初中，2004年9月，④张炘炀直接读高三，并在今年以应届生的身份参加了高考。

张炘炀的父亲张会祥很兴奋地告诉记者，张炘炀的成绩比辽宁省高考本科二批录取分数线458分要高出47分。天津工程师范学院表示，如果孩子的分数能够合格，将对其优先录取。

为此，张炘炀一家已经从盘锦市举家搬迁至河北省廊坊市。张炘炀的母亲吴慧娟已在廊坊市联系了一家学校，开学后，将由父亲张会祥前往天津陪读。

天津工程师范学院招生办主任黄银忠说，学校将为张炘炀的就读提供一些方便条件，今后会根据他的特点因材施教。⑤张炘炀则说，他下一个理想是争取早日考研，并在考研时考出自己满意的成绩。（搜狐网2005年7月31日）

此例重复词语为“张炘炀”，①—②—③—④形成了三个衔接环，也就是四个较小的话语片段，经综合可以合并为一个较大的片段。但下文出现其他词语“张炘炀的父亲”、“张炘炀一家”、“天津工程师范学院招生办主任黄银忠”等，就是转换了话题。但“张炘炀”第五次出现，又把原来的主话题衔接了起来，可以视为与前面的“张炘炀”话题合为一个更大的话题，直至全文的结束。因此这个语篇从大的方面说，谈了“张炘炀”一个话题；小的方面说，谈了有关“张炘炀”的五个小话题；再往小里说，还有“他父亲”、“他一家”、“录取学校领导”等话题。

我们再来看不同媒介的新闻语篇中话题转换频率和衔接环的大小。就转换频率来说，某个语篇中重复词语组的个数多，就意味着话题转换次数多（这里仅考虑重复词语转换作为话题转换的方法）。这样，根据上表的数据，我们就可以得出结论，不同媒介新闻语篇中话题转换频率的大小依次为：

报纸＞广播电视＞网络

就话语片段的衔接环来说，语篇中某个充当话题的词语重复次数多，就表示该话题内部的次话题片段比较多，一定的篇幅内的衔接环比较短。上表数据显示了衔接环的长度由长到短依次是：

网络＞报纸＞广播电视

而每篇重复词语使用的数量总计由大到小依次是：

报纸＞广播电视＞网络

以上现象表明，重复词语这种衔接方式在新闻语篇的连贯上有着不可替代的作用，我们不能忽视。报纸新闻语篇使用重复词语组的个数和重复词语的次数都较高，广播、电视新闻则较低一些。这是由于报纸新闻倾向于报道较为复杂的新闻事实，转换话题的次数频繁；而网络和广播、电视转换话题相对要少，重复词语组的平均重复次数相对较低。这说明为了受众解读的方便，新闻语篇的编码者将衔接环有意设计得短一些，即尽量避免统辖零指称分句，不让话语片段太长，这就是所谓"关键的词语必须多重复几次"的根源。而网络新闻虽脱胎于报纸新闻，但倾向于话语信息片段小巧易读，如自然段都比较小，整个篇幅也较短。所以无论是重复词语组的个数，还是平均重复次数和总的重复次数，都处于最低水平。

四、重复词语衔接范围的大小

所谓衔接范围，是指一组重复词语充当结构话题时，起始（或接应）词语（以下简称起始词语）可以统辖数个分句。起始句的后续分句的话题，因跟前面的话题相同而可以承前省略，也可以在话题位置用代词来复指。前者学术界一般称之为零指称，后者称为代词指称。起始词语分句后能跟上省略话题（或称零指称）的分句数量，就是这个起始词语的衔接范围。这些后续分句的数量多少，就是衔接范围的大小，也视为起始词语衔接能力的强弱。例如：

(10) 今年“三夏”开始，何俊英又同户县、周至、咸阳等地10多家收割机户相约在眉县一带集中，Ø上宝鸡，Ø下甘肃，Ø到宁夏，Ø搞割麦会战。何俊英说：……

（《西安晚报》1991年6月7日）

上例始发名词“何俊英”辖4个后续的承前省略话题的分句。

在不同媒介的新闻语篇中，重复词语的衔接范围各不一样。据统计，这些词语最少可以统辖1个分句，最多不超过4个分句。具体的考察数据如下：

媒介类别	篇目数	辖1分句词语（所有篇目总数/每篇平均）	辖2分句词语（所有篇目总数/每篇平均）	辖3分句词语（所有篇目总数/每篇平均）	辖4分句词语（所有篇目总数/每篇平均）	辖分句的词语总数/每篇平均词语数
报纸	35	28/0.8	14/0.4	5/0.15	3/0.09	50/1.43
广播电视	33	11/0.67	2.5/0.15	0	0	13.5/0.82
网络	15	11/0 .73	4/0.27	1/0.07	0	16/1.07

上述数字表明了新闻语篇重复词语的衔接特点如下：

1. 新闻语篇重复词语的衔接范围多在1—2句之间，其中广播电视新闻只能统辖1—2句。四种媒体统辖1句的词语比2句的多出1倍甚至更多，而衔接4句的只在报纸新闻语言中存在。

2. 从不同媒介语篇每篇衔接词语的总数目看，由大到小依次是：

报纸＞网络＞广播电视

这样的统计结果，深层次的原因是：

1. 重复词语衔接后续零指称分句的现象，首先在新闻语篇中不是常见的，尤其是广播、电视和网络这样的电子媒介新闻。若此现象频繁出现，势必影响受众接收信息、解码的连贯性，尤其是电子媒介的新闻语篇不便于受众随时加入接收信息。而报纸语篇由于它的平面解读的便利，不会有太大的困难，因为受众可以迂回反复阅读。

2. 重复词语的这种衔接手段的衔接范围不能太大。虽然新闻语篇中通过重复词语进行衔接的话语片段可长可短（长到整个新闻全篇，短到一个自然段），但是一般都是以重复词语中的起始词语为开端，以后旧的话题重复出现，或者以另一个新的结构话题的出现而结束。人们解读新闻语篇的话语，无论是哪种媒介，即使是报纸，其片段的大小也不能超出受众接受能力的范围，违背认知规律。一般说来，当这种重复词语中起始词语的衔接超出两句，就必须重复使用原有的话题，即重现该词语；或使用语法上的指称手段，如人称或指示代词，以保持语篇中话语片段内部衔接的连贯性。但是太密的词语重复也会使受众产生啰唆厌烦的情绪。因此，就报纸语篇来说，重复词语要么使用较少，要么统辖零指称的分句限制在3个以内。而广播、电视语篇中的起始词语衔接零指称的分句在两个以上的，多为同期声中的人物对话语言，真正的叙述、解说语言中比较少见。

第二节　不同媒介的新闻语篇共有的衔接方式——语法手段

新闻语篇采用的语法衔接手段通常有指称、替代等，本节我们讨论不同媒介新闻语篇指称手段的使用情况。

所谓指称实际上是语法上的"词语重复"，是指新闻语篇内部通过代词与它指代对象之间前后呼应而体现的一种语意上的联系。语篇中的指称代词都有一定的所指对象，这些对象通常可以在上下文中找到，新闻编码者正是通过这些词语保证了同一话题的延续性。例如：

(11) 在这堆凌乱的椅套中，记者找出了印有"CHINA"字号的椅套。这时，①一位WTO的工作人员走过来，当得知记者来自中国时，②这位名叫哈里发的工作人员主动上前与记者握手，口中还不断说"恭喜，恭喜"。当记者提出能否将中国入世时印有中国席位标志的椅套作为纪念物带回中国时，③他干脆地说，"没问题"。

（《北京晚报》2001年11月15日）

上述文字里，②中的"这"是指示代词，指代①中所叙述的"一位WTO的工作人员"；③中的"他"是人称代词，指代②中的"这位名叫哈里发的工作人员"。"这"、"他"是指称关系的标记。

指称衔接手段可以从指称词语的性质角度分为三类：人称

指称、指示指称和零形式指称。我们的比较也从这三个方面展开。

一、人称指称

新闻语篇中的人称指称一般采用第三人称及其复数，但也有不少采用第一人称的，少数用第二人称。下面是我们对报纸、广播电视和网络新闻语篇使用代词的情况进行统计的数字：

媒介类别	篇目数	每篇平均使用代词个数			总计
		第一人称	第二人称	第三人称	
报纸	35	1.23	0.07	4.25	5.55
广播电视	33	1.96	0.41	1.45	3.82
网络	15	0.33	0	1.8	2.13
平均	27.7	1.17	0.16	2.5	3.83

通过对上述统计作进一步的分析，我们把新闻语篇使用人称指称的情况总结如下：

（一）人称指称词语总的使用数量，报纸、广播电视、网络语篇依次递减，其主要原因是传播通道和受众认知解读条件的制约。指称衔接的解读必须回溯上文的相关词语，这种有赖于记忆的手段很费时间。报纸新闻提供给受众的接收方式是平面型的视觉方式，时间的宽裕使受众的解读比较从容；而广播、电视新闻的接收方式是一维型的线形方式，信息传播稍纵即逝；网络新闻的接收方式虽然也是平面型的，但接收信息时常常求快求省，容易产生不耐烦的干扰情绪。语篇信息传递凭借介质的不同也造成了人称指称这种衔接方式的差异：报纸语篇借助于纸质文本，可以前后阅读反复揣摩，同时使用代词也为了避免过多的名词重复;广播、电视借助于声音、图像传播信息,一般不可能长久保存供受众慢慢品味;网络借助于屏幕,强烈的光亮刺激不便于长时间迂回阅读。

(二)使用的人称方面的差异,各媒介新闻语篇都是第二人称最少,报纸、网络新闻第三人称较多,而广播、电视新闻第一人称最多。它们各自的使用情况我们可以简述如下:

第二人称代词用于面称,新闻语篇只出现在直接引语中,或者出现在同期声的采访录音中。前者我们搜到的 3 个代词都在报纸新闻语篇的引语中,后者搜到广播、电视新闻中的用例 14 个。其中除了两个"您"用于记者招呼听众或观众外,其余 12 个都出现在同期声人物的语言中。有学者认为,人称代词的使用可以增加人情味。我们认为,广播、电视新闻的特征正是给人们传播直观形象的新闻事实,应该让新闻事实直接来说话。在新闻中较多地使用第二人称代词,确实是记者拉近与新闻人物的距离、提高人情味的最好方式。而报纸新闻信息的编码借助于文字,即使使用人物引语形式对受众来说也是间接的形象,而非直接的现场采访或直播,故使用较少。

第一人称代词用于人称指称的频率居中,平均总数只有第三人称的一半。不同媒介中,以广播、电视最多,报纸次之,网络最少。第一人称作为指称手段,必须排除两种情况:一是记者自称,例如"我是记者××";二是随从受众的叙述角度。例如为了与受众取得情感上的认同、缩小相互间的距离,编码者尽可能叙述与他们一致的信息。如中央台常说"我国什么什么",地方台常说"我市什么什么"。其余的第一人称的用法是真正的指称手段,与上述第二人称相同。就报纸、网络新闻来说,第一人称主要用于引语之中;广播、电视新闻中,主要用于人物同期声。不同媒介相互之间第一人称使用频率数字悬殊的原因是:广播、电视语言较少发表议论,传播者的观点常借助于直接引语通过第一人称表达,而不直接出面议论;报纸、网络新闻则没有这样的特殊要求。

二、指示指称

指示指称的考察我们限于指示代词充当定语,与其后的中心语一起指称先行词的情况,即不考虑指示代词单独指称的例子。考察的词语为"这"类近指、"那"类远指词语,外加"该"、"此"等书面类词语。我们对不同媒介新闻语篇使用近指和远指代词的情况进行了考察,统计数字如下:

媒介类别	篇目数	每篇使用代词平均数量		总计
		近指	远指	
报纸	35	3.91	0.3	4.21
广播电视	33	2.77	0.23	3
网络	15	1	0.2	1.2
平均		2.56	0.24	2.8

从上表数据可以看出新闻语篇使用指示指称的特点:

(一) 基本使用近指指称"这"类词语,很少使用远指指称"那"类词语。

(二) 使用指示指称的数量按照报纸、广播电视、网络顺序依次递减,报纸和广播电视新闻较为接近。

在统计过程中,我们还发现远指指称一般仅用于指称时间或方式,而近指使用没有什么限制。另外,在指称词语的语体色彩上，报纸书面性最强，网络其次，广播、电视口语性较明显。如指示词语“该”、“此”，其书面性均较强，它们在新闻语篇中出现的频率差异较大。具体统计结果见下表：

媒介类别	篇目数	平均使用词语次数	
		该	此
报纸	35	7	8
广播	18	0	1
电视	15	0	4
网络	15	1	5

上表数据表明，广播、电视新闻中使用书面词语比报纸和网络新闻要少得多。

三、零形式指称

零形式指称是指新闻语篇中本该出现的指称词语有了缺省的现象。例如：

(12) 今年43岁的何俊英，前年自筹资金3.5万元从桂林买回一台收割机。她联络户县、周至等地5家收割机户联合作业，Ø除在本地割麦外，还转战省内和甘肃20多个县，Ø一天割麦五六百亩。 （《西安晚报》1991年6月7日）

上文Ø处本该有一个代词，但都省去了。新闻语篇中零形式指称很常见。

据考察，新闻语篇的零形式指称的特征有如下几点：

（一）零指称词语逆向后指的较少，只出现在报纸新闻中。例如：

(13) Ø仰望五星红旗，地质学家刘嘉麒激动地说……

（《人民日报》2002年7月31日）

省略的零指称词语，当为后续的“地质学家刘嘉麒”。零指称词语绝大多数是正向前指。

（二）零指称词语在零指称连环句中的分布概率各不相同。

零指称词语所在的句子谓之零指称句，一般由复句中的分句构成，也可以由句群或语段中的单句构成。零指称句子可以聚集成链，成为链接环，接续在其所指称的先行词语所在句子的后面，构成连环句。这种链接环可以是一个分句、两个分句乃至五个分句不等，我们可以分别称之为一环零指称句，二环零指称句、五环零指称句，等等。例如：

(14) 12 点 10 分，维珍航的一架A340－300 客机钻出云层，①Ø 翩然而降，②Ø 向登机桥缓缓靠来。在场的几家媒体的记者纷纷围在登机桥口，③Ø 等待客机舱门打开……

（《文汇报》2002 年 8 月 10 日）

上文①②两分句位于先行词“客机”后面，含有两个零指称词语，该词语所在的两个分句构成二环零指称句。③分句在先行词“记者”后出现，也含有一个零指称词语，该词语所在的分句构成一环零指称句。

不同的新闻媒介中，各类零指称连环句分布概率各不相同。先行词为重复词语的零指称句子的情况，我们在上文已经讨论过，这里全面考察所有先行词语后面的零指称连环句的分布情况。

1. 报纸新闻

报纸新闻内部零指称词语在连环句中的分布差异较大。考察数据表明，一般动态新闻连环句较短，其他题材的，包括解释类、综合类、评述类等较长，短新闻最短。看来偏于复杂、带有议论性的语篇中,零指称连环句倾向于长一些。我们从报纸新闻中选择了不同题材的消息语篇 30 个,统计了平均每个语篇中各类连环句数量的情况,具体数据见下表:

媒介类别	篇目数	一环句	二环句	三环句	四环句	五环句	总计
动态新闻	10	3.39	0.61	0.28	0.056	0	4.34
其他新闻	10	4.88	2	0.67	0.33	0.11	7.99
短新闻	10	1.38	0.75	0	0	0	2.13
平均		3.21	1.12	0.32	0.13	0.03	4.81

2. 广播、电视新闻

广播、电视新闻内部连环句多为一环句,电视语篇中的数量多于广播,不过差距不大。我们选择了广播、电视语篇各 10 篇,统计了平均每个语篇中各类连环句的数量,具体情况如下:

媒介类别	篇目数	一环句	二环句	三环句	总计
广播	10	2.61	0.11	0.11	2.83
电视	10	2.93	0.33	0	3.26
平均		2.77	0.22	0.06	3.05

3. 网络新闻

网络新闻我们选择了各网站的首页新闻 10 篇,统计各语篇平均使用各类连环句的情况,发现其中的零指称词语用得较少,而且连环句也多为一环句。具体考察的数据如下:

类　　别	篇目数	一环句	二环句	三环句	四环句	总计
每个语篇中各类连环句平均数	10	1.33	0.67	0.07	0.07	2.14

综合上述对四种媒介新闻语篇内部连环句情况的考察,我们将每个语篇中各类连环句的平均分布数量汇总如下:

媒介类别	篇目数	一环句	二环句	三环句	四环句	五环句	总计
报纸	30	3.21	1.12	0.32	0.13	0.03	4.81
广播电视	20	2.77	0.22	0.06	0	0	3.05
网络	10	1.33	0.67	0.07	0.07	0	2.14
平均		2.44	0.67	0.15	0.07	0.01	3.33

分析上述表格的数据，可以得出零指称词语在连环句中的分布规律：

（1）从总计数量看，零指称句的使用，以报纸新闻为最多，分别约为广播电视新闻的1.5倍、网络新闻的两倍。

（2）从连环句的类别上看，报纸、网络新闻语篇的连环句以一到二环为多，广播电视以一环句为多。后者口语色彩浓厚，尤其是语篇中常常使用现场采访，直接以同期声人物语言切入语篇，使得连环句在一定程度上得到运用，这也是其在数量上超过网络的原因。不过从总体上看，新闻语篇的零指称句的衔接环不长，零指称词语使用较少。目的在于方便受众解读新闻信息，免除搜索先行词语的烦恼。

第三节　电子媒介的新闻语篇特殊的衔接方式

新闻语篇由于其传播通道的差异，以及传播介质和组合结构方式的不同，必定存在独特的衔接方式。我们选择电子媒介的新闻语篇，即广播、电视新闻语篇的言外衔接方式，以及网络新闻的超语篇衔接方式，即语篇与语篇之间的衔接方式进行探讨。

一、语篇的特殊衔接方式之一:语言与情景的相互衔接

广播、电视新闻与报纸、网络新闻的差异就在于广播、电视新闻具有现场、直观、形象的特点,这就使得其新闻语篇的语境成了一种现实的立体的语境,让受众有了身临其境的感觉。而报纸等新闻的语境是一种平面语境,仅仅局限于上下文,虽然有时也有一些观念、认知形态的语境。广播、电视新闻的这种特殊语境给语篇的衔接带来了特殊的方式——言外衔接。当然这种言外衔接主要存在于广播新闻中的现场新闻和录音新闻,以及电视新闻中的语言与影像同步一致,即通常所说的声画同一的新闻语篇中。

言外衔接是指语言与情景(包括广播、电视中的音响及画面)的相互衔接。这类衔接具体采用的方式有:语法方面的指称手段、语义方面的逻辑手段、语用方面的以境代言的手段。下面我们从语言衔接情景、情景衔接语言两个角度进行讨论。

(一) 语言衔接情景

1. 指称手段

广播、电视新闻中使用代词来指称音响和画面中的人物、事物以及场所等,以构成画面与语言之间的衔接关系。这类代词包括指示代词"这",以及人称代词。例如:

(15)【画面:山东省临沭县,厂房、小沟、工人、车间】

各位观众,这里是山东省临沭县的南古工业开发区,这条沟叫做牛腿沟,12 月 16 日下午,记者看到大概有几十名工人在清理河的漂浮污染物和黑色淤泥,还有一些工作人

员正在用新土把岸边的黑色污染物覆盖起来……

（中央电视台 1997 年 12 月 20 日）

上例中的“这里”用在一段的开头，指称处所，与画面呼应，构成衔接关系。“这”与画面中的“小沟”也构成呼应关系。

2. 逻辑手段

将语言与情景中的音响和画面等所表达的意义自然地衔接起来，可以构成多种语义逻辑关系，常见的有顺承、解说等。下面依次介绍。

（1）顺承关系

用语言顺接情景中的音响（包括同期声）和画面，表达一个前后相接的连续意义。这种衔接较多地出现在广播新闻中。例如：

（16）【录音】

李鹏：现在，我宣布大江截流合龙开始！

记者播报：上午 9 点，随着李鹏总理一声令下，三颗红色信号弹腾空而起，大江截流龙口合龙之战打响了。

（湖北人民广播电台 1997 年 11 月 8 日）

此例广播新闻用语言衔接同期声，把语言和情景合为一体，增加了新闻的现场感。

（2）解说关系

解说关系仅仅限于情景与语言的相互说明处在同步关系的新闻里。情景提供听觉和视觉形象，而语言则对情景表达的意义进行点拨，作相关的解说。例如：

（17）【出警笛声】

观众朋友，就在半小时前，天刚蒙蒙亮，一阵警笛声划破了哈尔滨市城郊清晨的宁静。一辆大型吉普车冲出哈尔滨市内,直奔阎家岗机场,一次紧急跨国救援正在争分夺秒地进行着……

(黑龙江人民广播电台《早餐前后》1996年12月14日)

此例是广播现场新闻开场白常用的方法——先引出音响,接着进行解说,以引出具体的新闻事件。

3. 语用手段

“以境代言”是广播、电视新闻比较常见的语用手段。广播、电视新闻常常用音响、画面等形象手段现身“说”新闻,给人以生动直观的印象。而复述事实的语言紧随其后,就可以构成双重的强调效果。语言的主要作用是:介引话题和印证事实。例如:

(18) 请听录音报道:令农民生厌的“双亿元村”。

【录音】

村民:这不是扒瞎吗? 亿元村,配吗? 也不嫌砢碜,欠了一屁股饥荒都没有着落呢。还亿元村呢! 那是吃柳条拉粪筐——肚子里编出来的,哪有那出事儿?

记者:讲话的农民叫孙国友,有40多岁,他很激动,在黝黑的脸上,也能看到涨红的血色。

(黑龙江电视台2000年3月12日)

(19)【录音】请江泽民主席启动点火器,点燃中华圣火!

【欢呼声】

记者:现在是公元2000年1月1号零点整,江泽民总书记在中华世纪坛中央平台,按动电钮,点燃了中华圣火,与此同时,中华世纪钟敲响了迎接2000年的钟声。

(北京电台2000年1月1日)

上一例是通过同期声引出新闻的话题“讲话的农民”；下一例是重复同期声的内容，以印证同期声表述的新闻事实。

（二）情景衔接语言

与上文的讨论正好相反，情景衔接语言是先有语言，再跟上具体的情景，两者构成衔接关系。这种衔接方式分为语义和语用两种手段。前者包括逻辑手段，后者包括语境证实和提示引导两类。

1. 语义手段

语义手段是使用逻辑关系手段，主要有：顺承、解说、因果、总分等关系。

(1) 顺承关系

这是广播、电视新闻中比较常见的语义关系。一般直接用现场的录音、图像切入语篇，让（画面）同期声与语言天衣无缝地焊接在一起：

(20) 在组织者的指点下，记者找到了一位正在点钱买车的农民。

【同期】农民：事先告诉我一下就好了，买大件得凑钱。

在组织者的指点下，记者又找到了一位正在点钱买车的农民。

【同期】农民：我是半月前买的，这次他们特意让我来参加一下这次活动。 （黑龙江电视台 1998 年 3 月 9 日）

上文画线的是同期声，直接进入新闻语篇，与先行的语言衔接为一个整体。

(2) 解说关系

解说关系也是限于情景与语言的相互说明处于同步关系的

新闻中。语言先扼要简述新闻事实，情景以同期声（加图像）的听觉（和视觉）形象再进行具体的解说，细化了语言的内容，给受众以真实可感的印象。例如：

(21) 各位听众，下午3点36分，出席截流仪式的江泽民总书记发表了重要讲话，对三峡工程大江截流给予了高度评价。

【音响】

江泽民："今天，举世瞩目的三峡水利枢纽工程胜利实现了截流。这是我国现代化建设的一件大事，也是人类改造和利用自然史上的一个壮举。这必然给正在满怀信心地进行改革开放和现代化建设的全国各族人民以巨大的鼓舞。"（湖北人民广播电台1997年11月8日）

上例音响同期声解说了江泽民总书记对三峡大江截流工程的具体评价。

(3) 因果关系

因果关系是语言表述提供（或隐含着）疑问，同期声内容进行回答说明，两者形成因果衔接。例如：

(22) 致富是农民的心愿，但是村民却为什么对种枣树不买账呢？

【出农民何丙山的录音】

我们以前也种过枣树，就这事我们专门问过这方面的技术员，人家说我们村的山沟和别的村的山沟地形不一样，根本不适合种枣树。【录音止】（河北电台2000年8月7日）

(23) 改革开放以来，南浦村人人入股，村里经济突飞猛进，光是村办企业就办了十几个。今年，南浦村人均收入可望超过3000元，这个数字相当于南源村的三十几倍。

【同期】

南浦村民：我们村为什么能发生翻天覆地的变化，为什么富了呢？就是有个好支部，就是有几个好的书记。

（中央电视台、山西电视台1994年12月11日）

上例中语言直接提供疑问，下例隐含着疑问。两例后续的同期声都予以回答。

2. 语用手段

(1) 语境证实

语境证实衔接是指语言先行，交代某个事实，而后通过情景画面、音响或同期声进行证实，达到强化突出某种信息的效果。这是广播、电视新闻加强新闻报道真实性，凸显现场性的主要手段。例如：

(24)【记者出镜】

各位观众，第五十六届联合国人权大会以22票赞成、18票反对、12票弃权，通过了中国代表团提出的对美国有关“中国人权状况”决议草案不采取行动的动议。

【同期字幕】本届会议主席尼泊尔大使辛喀达

“（中国的动议）22票赞成，18票反对，12票弃权。”

（中央电视台2000年4月18日）

(25) 陶璐娜今年26岁，这位来自上海一个普通工人家庭的孩子，今天终于登上了奥运会金牌领奖台。

【音响：宣布升中华人民共和国国旗、奏国歌】

（中央人民广播电台2000年9月17日）

上文首例是通过语言和同期声的同语反复对“联合国否决美国

提出的草案”的真实性予以强调，后例是通过音响对“陶璐娜获得金牌”的事实予以证实。

(2) 提示引导

为了拉近传播者跟受众的距离，通常记者在新闻的开头部分会使用一些“提示引导”的言语，提醒受众观看或关注什么画面或音响等。通过这些言语行为跟情景的紧密配合，构成衔接关系。例如：

(26) 各位观众，现在是正午 12 点，现在的气温是摄氏 33 度……我们拍摄了济南市 15 个路口的 40 多名交警的警姿。观众朋友，您可以先来看一下我们抓拍的这一组镜头：

……

济南交警清晨集体训练的场面

交警规范的指挥手势

济南街头车水马龙的场面

交警纠正违章

(中央、山东、济南电视台 1995 年 7 月 1 日)

上例是电视新闻。记者用祈使句的形式引起下文，给人以亲切的感觉。

二、语篇的特殊衔接方式之二：语篇之间的逻辑衔接

现代语用学对语篇衔接的关注一般限于语篇内部的范围。然而随着网络新闻的兴起，出现了超链接（超链接是指通过一个新闻文本中的某个词语或句子打开另一个新闻文本，使得两个文本紧密联系起来）、多层面的立体化超语篇层面的组合，语篇之间的衔接手段自然进入了语篇衔接的研究范围。就现阶段

的网络新闻来看，这类衔接手段主要采用重复的关键词语（如某个话题，或重要的词语等）、关键句子等手段，将一个新闻语篇跟另一个新闻语篇（或相关图像）衔接起来，包括用配合新闻语篇的一个图像衔接另一个新闻文本、新闻图像。衔接方式是在主文本新闻语篇（被衔接的语篇我们称之为主文本新闻语篇）中的关键词语、句子或图像上加上手形、下划线等，由受众单击有标注的成分予以实现。这是一种动态的操作衔接行为。衔接的两个文本语篇（或图像和文本）之间的逻辑关系有解说、总分、并列等。我们从逻辑关系入手，简要论述消息类网络新闻两个语篇之间的衔接关系。

（一）解说关系

对主文本新闻语篇中的某个重要的词、短语或句子（涉及人物、事件、时间、地点等）进行解说，这些主文本中的关键词句与链接后出现的另一个新闻语篇之间构成解说关系。例如：

(27) AOL 邮件系统错将哈佛录取通知书当“垃圾邮件”

上月，美国哈佛大学向入学申请者发出的数十份录取通知书邮件被美国在线公司（AOL）的邮件系统当做垃圾邮件退回，这使得哈佛大学不得不重新通过传统邮件的方式向申请者发出通知。

自炭疽热病毒恐慌在美国范围内传播以来，哈佛大学开始改用电子邮件向入学申请者发去有关录取情况的通知。到目前为止，该校已经向几乎所有 6000 名申请提前录取的学生发出了电子通知书。（新浪网 2002 年 1 月 2 日）

新闻网站的编辑为了方便受众了解有关情况，在画线的词语上都设计了超链接标志，使之与另一个解说型语篇衔接起来。

（二）总分（或整体与局部的）关系

总分关系的产生源于网络新闻特有的发布结构方式。一个网络新闻作品通常可以分解为以下几个层次：

层次一：标题新闻

层次二：提要新闻

层次三：新闻正文

层次四：由关键词、句或背景链接的新闻语篇

层次五：相关文章或延伸性阅读

实际的网络新闻当然不一定都有这五个层次，但常常有一到四个层次。对于时日略有积淀的新闻来说，有的新闻没有第二层，但每一篇新闻至少必须有第一和第三两个层次。

从衔接方式看，多级层面的新闻语篇通过超链接的手段形成连贯的结构方式可以分为两种形式：纵向和横向。前者是指一到三层的语篇衔接，后者是指三到四层甚至五层的语篇衔接。纵向的衔接限于同一新闻事件的相关新闻的链接，横向的衔接是指类似主文本新闻语篇的相关专题的新闻链接。我们分别将两者的衔接关系称之为总分关系和并列关系。这里先讨论总分关系。

总分关系又可以分为单线式和多线式。单线式是指一到三层的语篇衔接，构成鱼贯式的链接。这是网络新闻必备的衔接方式。例如一、三两层的衔接：

首页面

(28) 出租车司机酒后驾车 北京一交警工作时被撞牺牲

次页面

(29) 出租车司机酒后驾车 北京一交警工作时被撞牺牲

北京市公安局交通管理局民警蒋革清近日在一起交通事故现场执行任务时被一违章车辆撞成重伤，送医院抢救无效因公殉职。

北京市公安局交通管理局昨天在新闻发布会上指出，经勘察检测，肇事司机系酒后驾车超速违章行驶。

事件发生于12月18日凌晨。当时在北京海淀区西三环主路航天桥由北向南上桥处发生一起交通事故。1时20分，正在担负巡逻任务的海淀交通支队公主坟队民警蒋革清接到122报警后冒着严寒驾车赶赴事故现场。

到达现场后，蒋革清将警灯闪烁的警车停好，身着反光背心，开始进行现场勘察。

此时，北京市出租汽车公司第二分公司四队司机巩俊衡驾驶夏利出租车，由北向南从快车道高速驶来。由于巩俊衡酒后驾车，发现情况后采取措施不及，将正在执行勘察任务的蒋革清撞出，造成蒋革清头部受重伤，经医院抢救无效牺牲。

经对肇事司机检测，其每百毫升血液中酒精含量为178毫克。目前，巩俊衡已被公安机关拘留。

（中新网2002年12月26日）

多线式是三到四层的衔接。这种衔接是通过超链接方式把主文本新闻语篇中的一个或一组句子与跟其相关的另一篇或一组新闻语篇衔接起来，使单条主文本新闻语篇由一个事件的表述，拓展为以主事件为中心，涉及多个相关事件的立体报道。主语篇与拓展开来的分语篇之间构成总分关系。例如：

(30) 广州公安局澄清：目前市民市内搬家仍须迁户口

新快报讯 昨日有市民对媒体关于广州市民在市内搬家不用迁户口的报道提出疑问，记者就此向广州公安局户政部门了解到，目前市民在市内搬家仍须办理户口迁移手续。（新浪网2001年11月25日）

上面的语篇中画线部分链接了前一天11月24日的具体报道《广州即将开放户籍制度 市民在市区搬迁无需迁户口》，对相关的内容进行了详细解说。

再如：

(31) 美驾机撞高楼高中生在遗书中表示：他是拉登支持者

新华网消息 据法新社报道，美国年仅15岁的高中生查尔斯·J.毕晓普5日驾驶一架塞斯纳2000 172R型飞机，撞进了位于佛罗里达州坦帕市的美洲银行大楼。

美国调查人员6日在飞机残骸中发现了毕晓普的遗书。毕晓普在遗书中表示，他同情和支持"9·11"事件头号嫌犯本·拉登。警方认为毕晓普驾机撞楼是单独行动，没有任何同谋的帮助。美国白宫发言人也称：高中生驾机撞楼不是恐怖袭击。

……

事故发生在美国时间周六下午约5点，一个学习驾驶飞机但未符合单独飞行的15岁少年毕晓普，在未得到机场允许的情况下，擅自驾驶一架单引擎飞机升空。

……

（引自张虎生等《互联网新闻编辑实务》，新华出版社，2002年）

上述第三层面主文本新闻语篇中画线的词句均作了超链接处理，按顺序依次链接即可出现第四层面的分列新闻：

(32) 驾机撞楼肇事者身份查明：驾驶员是一15岁高中生

美国一架飞机强行起飞 撞入一幢40层大楼

美国白宫发言人称：高中生驾机撞楼不是恐怖袭击

佛州撞楼事件追踪：飞机是偷自一所飞行培训学校

（引自张虎生等《互联网新闻编辑实务》，新华出版社，2002年）

也有新闻网站在主文本新闻语篇中不标示链接的词句，只是在其篇尾集中罗列解释性新闻。例如：

(33) 美国宇航局延长一天“发现”号太空行程

……

相关报道

快讯：美宇航局决定将“发现”号太空行程延长1天 2005-07-31 09:17:22

快讯：“发现”号绝热系统共有25处损伤 2005-07-31 08:41:50

发现号严查自身外部伤痕 准备首次太空行走(图) 2005-07-30 15:22:41

初诊：“发现”号没有致命伤 能够安全返回地面 2005-07-30 08:36:53

组图：“发现号”机组成员通过镜头向大家致意 2005-07-27 12:21:11　　（千龙网2005年7月31日）

这组超链接的新闻语篇都是围绕“发现”号及其太空行程这个事件编排的，是对主文本新闻语篇有关方面的解说。

(三) 并列关系

这类衔接关系，一般不采用链接词的衔接方式，而是将跟主文本新闻语篇某个话题有关联的多条新闻连续排成一个方阵，集中放在主文本新闻语篇的篇末，便于受众集中解读。方阵内的新闻与主文本新闻语篇的关联有紧有松。例如：

（34） 温家宝看望季羡林钱学森 强调人才培养

……

相关专题

温家宝出访南亚四国 2005-04-05 08:52:29

温家宝出席中欧领导人会晤并访荷 2004-12-08 07:29:43

温家宝出席东盟会议并访问老挝 2004-11-29 08:06:33

温家宝访问越南出席亚欧首脑会议 2004-10-08 10:21:28

温家宝访问俄罗斯和吉尔吉斯斯坦 2004-09-22 08:27:58

相关报道

亲切的交谈——温家宝看望季羡林、钱学森侧记 2005-07-30 16:01:17

温家宝会见印尼总统 望双方扩大能源资源等合作 2005-07-28 13:48:09

温家宝主持国务院会议 部署审计提出问题的整改 2005-07-27 17:51:17

温家宝总理批示要求加强税务系统的干部队伍建设 2005-07-25 16:40:22

温家宝强调全面履行政府职能 建设管理应急体系 2005-07-24 20:28:13

温家宝与西班牙首相举行会谈 签署 12 项文本文件

2005-07-21 21:37:24

温家宝与到访的西班牙首相萨帕特罗举行会谈

2005-07-21 19:11:39

温家宝总理主持国务院会议 听取对央企监检情况汇报 2005-07-20 18:36:58

温家宝强调:要高度重视和大力推进自主创新

2005-07-19 19:20:09

面向基层面向西部 温家宝对大学生来信作出批示

2005-07-18 21:23:35　　（千龙网 2005 年 7 月 31 日）

两类相关的新闻都是有关温家宝总理的国事活动,其中有的与主文本新闻语篇的关联比较近一些,有的较远一些。

这里我们仅考察了新闻消息语篇之间的衔接手段,至于网络新闻专题和深度报道的语篇衔接,还有待今后的深入研究。

第三章　新闻语言的语境和言语交际

引　言

一、言语交际和语境

（一）言语交际

交际就是用某种已经建立的符号体系有意识地传递信息。社会交际是社会集团内部个体之间发生的行为，可以凭借多种工具或手段进行，其中最重要的工具就是语言。人与人之间利用语言做工具而进行的彼此间的联系和交往就是言语交际，这是人际间相互交往的一种最重要的形式。言语交际包括下列六要素：言语交际的施动者和受动者；言语交际的环境和方式；言语交际的目的和话语。

在日常交际中，语言是最重要的交际手段。除此之外，人们还使用其他非语言手段，如身势、手势、面部表情等作为辅助交际手段。

一次具体的言语交际，至少有两个人参与。这两个人在交际中的地位和作用是不同的：一个是交际的施动者，一个是交际的受动者。言语交际的施动者是言语交际的启动者，言语交际中的信息是由施动者加工制作而成的。

格赖斯认为，普通的言语交际是交谈。在交谈中，言语交际由一个个话轮构成，施动者和受动者并不是始终固定的。在交谈中，施动者或受动者常常不是固定在某个人身上的，而是可以转换的。

任何言语交际总是在一定的环境中进行的，言语交际的环境就是语境。

（二）语境

语境是对言语交际进行时所处环境的泛指，包括上下文语境、情景语境、社会文化语境。

言语交际中的语句处于一个前后连贯的言语流中，这些语句前后衔接，互相影响。对于言语流中的一句话或一段语句来说，其他的语句就是它们所处的环境，称为上下文语境。

一个言语交际总在一定的时间、地点、场合中发生，围绕着一定的话题进行，这些因素构成了情景语境。

除了上下文语境和情景语境之外，语境还包括另外一层，即社会文化语境。言语交际发生在一定的社会背景中，包括一定的国家或民族、一定的时代、一定的社会政治和经济制度、一定的社会规范和习俗以及一定的价值观，这些因素构成了社会文化语境。

二、新闻语言中的言语交际和语境

言语交际在社会生活中进行，有时在两个人之间，有时在群体之中。这些都只是外在形式上的多样化，如果将这些交际抽象化，其最基本的形式是“一个说一个听”。

新闻不是最典型的言语交际，最典型的言语交际是以对话形式在时间上呈循环式延续的，比如日常生活中的对话。日常生活对话中，言语交际的施动者或受动者不是固定在某个对话人身上，而常常会发生交替转变。在新闻语言中，施动者和受动者往往是固定的，发布新信息的人或机构常常为记者、编辑或某个新闻单位。与普通的言语交际相比，新闻语言中的言语交际的参与者角色相对固定。

新闻言语交际发生的环境叫新闻语境，也包括上下文语境、情景语境、社会文化语境。

新闻言语交际和普通言语交际、新闻语境和日常生活对话中的语境各有哪些特点？报纸、广播、电视、网络这四种媒体的言语交际和语境又有何异同？下面我们将从新闻语言的情景语境、新闻语言语境的复合性、新闻语言的背景信息、新闻信息的传播者和受众几个方面来探讨以上问题。

第一节 新闻语言的语境

一、新闻语言的情景语境

言语交际是人与人之间利用语言做工具而进行的彼此间的联系和交往，是人际间相互交往的一种最主要的形式。谈心、辩论、演讲、打电话、书信、报纸、广告，等等都是言语交际的具体方式。

言语交际基本的、具体的形式是会话，即两个人之间用语言符号进行联系和交往，是动态的、活动的。会话是互动的，说和听、表述和理解循环往复、交替变化。会话是在一定的具体场合下进行的，它包括交际者周围的自然环境和社会环境、一定的景物或场景、一定的事物和人物以及周围正在发生的事件，等等。这些因素构成了会话的情景语境。

新闻言语交际是言语交际的一种形式，它的情景语境不同于会话，有其自身的独特性。独特性在同他物的比较中显示出来，下文我们通过比较会话与新闻语言的语境来解读新闻语言语境的特征。

（一）言语链：循环与单向

1. 会话言语链：循环

言语交际形式各异，但其基本形式都是“我说你听”，话语在时间轴上呈持续性的单向排列，“你”与“我”在此过程中不断换位。言语链是这条时间轴上的基本模式，从发话人的编码、发话，经过传递，到受话人的感知、解码，构成了一条完整的言语链。言语链由一对话轮构成，前半段是发话人编码、发话、传递的过程，叫刺激话轮；后半段是受话人经过传递、感知、解码的过程，叫反应话轮。传递把刺激话轮和反应话轮连接成一条言语链，完成一个最小的会话单位。会话中的发话人和受话人角色不断变换，形成循环式的言语链运行形式。

A：外边下雨了，你带伞来了吗？

B：没有。

A：这把伞给你用吧。

B：那你呢？

A：我还有一把。

B：谢谢。

A 和 B 并没有固定在发话人与受话人的角色上，而是交换着发话，使言语链循环延续下去。会话言语链的基本特征是循环。

2.新闻语言的言语链：单向与循环

新闻传播中包括传播者、接受者或受众，这种角色的固定化是由大众传播工具对信息的大量复制和单向大规模发送造成的。“大众传播指职业的传播者利用报纸、广播、电视、网络等传播媒介将大量的信息向未组织起来的大量个体和群体传递信息的过程。”[1]受众的角色显示了其作为信息接受一方而存在。虽然今天互联网高举交互性大旗作为其显著特征，但新闻传播工作由于高度专门化、组织化、体制化的社会分工使得个体的传播行为微小、单薄，无法与专业化的传播行为相提并论。信息从传播者流向受众，单向而没有直接反馈。与会话言语链的循环性相对，一次成功的新闻言语交际的言语链是单向性的。传播者发出信息，受众经过传递接受信息，一个话轮完成，新闻言语交际也相应结束。

与会话言语链的循环性相比，新闻语言言语链的单向性有其局限性。会话中，交际双方会充分调动感官的作用使信息传递更完整、更有效；而新闻传播媒介限制了感官的参与，从而降低了信息传播的效果。新闻语言言语链的单向性使传播者无法及时获得反馈，从而无法及时对信息作出修整、解释或答复。

会话言语链循环性的优势使新闻传播者着力把这种优势嫁接到新闻传播中来：报纸、广播、电视媒体设立读者热线，网络媒体建立论坛或留言板，及时获得受众反馈，以修整自己的方法，

[1] 童之侠《国际传播语言学》，中国传媒大学出版社，2005，37页。

丰富内容，调整格局，以期建立和谐稳定的传受关系，取得良好的传播效果。

“语言只有在对话里才显示出真正的存在。”[1]会话的双向性，即言语链的循环性充分实现了语言符号及对话中非语言符号的表意功能，有效地实现了交际目的。报纸、广播、电视、网络媒体越来越多地创造出一种双向交流的对话情景。如报纸的对话体新闻，记者就受众关注的焦点采访受访对象。但这种对话体的新闻不是采访过程的直录，同其他新闻一样，也是高度综合的结果。这是对话体新闻不同于日常对话的地方。如：

(1)《时代》：你们为何决定把大部分财富返还给世界？

梅琳达：有一点很清楚，我们不想把钱留给我们的孩子们……

《时代》：世上有如此多的不公正。你们如何决定资助哪一方面？

比尔：我们关注那些缺乏关注的疾病。我们找出全世界最不受重视的前20种疑难杂症……

《时代》：哪一种责任让你们感到更具挑战性，把钱挣来还是把钱送走？

比尔：这个……两者都负有巨大的责任，但都是令人愉快的过程。其中最大的快乐在于……

梅琳达：看着比尔在微软工作一直是我的享受。他热爱挣钱，但当我们着手把钱送走时……

（《上海壹周》2005年11月9日）

---

[1]　王冬竹《语境与话语》，黑龙江人民出版社，2004，146页。

广播、电视的热线电话节目、信箱节目、对话节目、访谈节目等，都是有意营造会话语境。通过话轮的增加和话语主动权的让与来减少信息的不确定性，满足个体信息获得者的需求。从微观具体的角度来看，新闻语言言语链又是循环的过程，但由于新闻传播活动的高度技术化、专业化，受众的参与还是有限的，传播者与受众的角色定位就意味着他们在传播活动中的不平等。从宏观上看，信息流从传播者流向受众，传播者在新闻言语交际中占据绝对的主导地位。

（二）场景：具体与虚拟

1. 会话场景：具体

日常会话活动中，人是最活跃的传播媒介，不需要其他中间传播工具传递信息，言语交际双方面对面地直接传播信息。言语交际双方常占据同一时间和空间：上午或下午，休闲时或工作时，长时间或短时间……；办公室、家、商店、课堂……。周围的器具、事件、其他参与者等也都是交际双方共知共享的。这些因素构成了会话的场景，具体可感。

2. 新闻言语交际的场景：虚拟

新闻言语交际中，传受双方不是面对面地传播信息，中间媒介成了必不可少的传播工具。先进的传播工具大量地复制信息，跨越了时间和空间的限制传播信息，受众利用传播工具选择、接收与自己有关的、无关的，重要的、不重要的信息。传播者和受众对对方都缺乏确实的了解，时间上交错，空间上相异，没有直接的交流，传受两端的语境是虚拟的。在会话语境中，话语接收方可根据现实的场景有选择地理解发话人话语，场景对话语起着限定、调节、补充等作用。而在新闻语境中，场景对新闻语言理解的辅助作用微乎其微,传受双方被隔绝在媒介两端,通过媒介的延伸建立起一种虚拟的言语交流环境。传播和接收在时间上的断层、空间上的跨越性使新闻语言传播效果与会话交际效果相去甚远。情景语境不能共享是两种交际活动差距形成的原因之一。

（三）交际范围:开放与封闭

1.会话的交际范围:封闭

参与会话的交际者可能是两个人,也可以是二十个人、两百个人,甚至更多。无论数量多大,都可以计算出来,人数是限定的。参与者的身份、年龄、地位、职业、受教育程度等因素也都是交际双方可以把握的。这样发话人能比较容易地有针对性地选择话题,组织信息,有意识地操纵传受双方的“共有知识”,构建有利于成功实现自己交际意图的交际活动,最大限度地减少受话人理解时付出的努力。从受话人数量,受话人的身份、地位、职业、受教育程度等因素的可知性角度来看,会话的交际范围是封闭的。

2.新闻传播活动的交际范围:开放

新闻受众是一个模糊的集合概念,是与传播媒介单向传播、大规模发送相应而生的群体。传播学学者丹尼斯·麦奎尔在他的《大众传播理论》的引论中概括受众的特点为:

① 人数众多;

② 十分分散,互相间不了解;

③ 缺乏自觉意识和认同,没有能力为某一目标组织起来行动;

④ 立场摇摆不定,缺乏主见;

⑤ 不能为自己行动却经常受别人影响；

⑥ 来自社会各个方面，然而在选择某一感兴趣的物件的行为上和对企图操纵他们的控制者的理解认识上，却基本相同。

数量众多、分散、异质是受众的特征，受众的外延不能确定，那么受众自身的主观因素——身份、地位、职业、受教育程度等更是模糊杂乱的。以这些受众作为交际对象的新闻传播活动的交际范围是开放的。

二、新闻言语交际的语境：复合语境

不管是发生在两个人之间的一对一的交谈，还是一对多的演讲，其中的情景语境都是单层的。所谓复合语境，指语境是叠套的，大语境中包含着小语境。复合语境在报纸、广播、电视、网络四种媒体中都存在，在广播、电视中出现率较高。

（一）电视

根据信息传播媒介的区别，信息传播可分为人际传播和大众传播两种。人际传播即人与人之间传递信息的活动，人是人际传播的媒介，人与人之间无须借助其他中间媒介而可以面对面的直接交流。大众传播是指专业的传播者利用报纸、广播、电视、网络等信息传播媒介向大量的、分散的、异质的个人或群体传递信息的活动。二者相比，各自突出的特点是：

人际传播除了可以运用语言符号外，还可以充分运用表情、身势、手势等非语言符号，充分、准确地表达传播者的意图；人际传播参与者不受时空限制，面对面的交流使交际双方可以不断、及时地从自己的外显行为和对方的各种外显行为反应中得到反馈信息，从中判断传播效果，及时调整、补充、修正，完成传播活动。

大众传播由职业传播人员大量复制信息后传递出去，其突出特点是信息加工的专门化、专业化和传播范围的广泛性。微观上，大众传播的信息效果不能与人际传播同日而语；但从宏观上看，大众传播的信息效率要高得多。

电视作为一种大众传播媒介，全方位地引入人际传播，取人际传播和大众传播二者所长。电视新闻也是对新近发生的事实的报道，其形式多种多样。可以是播音员面对观众诵读新闻稿，也可以利用图像由新闻涉及人物真切地展现新闻事件，还可以是记者或主持人与新闻人物或嘉宾等的面对面交流。传播活动的外层是大众媒体与广大受众构成的大众传播语境，内层是新闻人物与新闻人物、记者或主持人与新闻人物或嘉宾等构成的人际传播语境。内层和外层语境构成一种复合式的语境。

电视新闻类节目中的影像播放伴随着同步的音响，这是对真实人际传播活动的极相似的记录，记录下来的人际传播语境与真实生活中的人际传播语境有直接的对应关系。其目的都是为了服务于外层语境——大众传播语境，把影响范围很小的人际传播活动通过先进的电子技术广泛传播，产生一定的社会影响。访谈类和对话类节目中，主持人与主持人之间，主持人与新闻人物、嘉宾等之间的交流活动构成人际传播语境，主持人从预设的受众群的角度出发，针对受众可能关心的普遍性问题与交际对象进行交谈，为异质的受众提供外延更广的选择面。

（二）广播

电视是所有大众媒体中最便于展现人际交流的媒介，电视传播凭借先进而灵便的电子技术最大限度地再现了受众对外部世界的认知和感受体验。广播同电视一样也能创造出一种“远在天边，近在眼前”的环境，让受众对远方发生的事件产生亲近感。与电视传播语境为广大受众创造出来的“旁观者”身份不同的是，广播传播语境为广大受众创造出了“旁听者”的信息接收身份。电视传播语境中，受众的视觉、听觉感官系统兼用，虽会产生一定的剩余信息，但这保证了对信息损耗的弥补。广播受众只能凭借听觉系统来接收信息，而这种局限使广播受众无法再现现实人际传播活动。人际传播活动中的交际双方言谈中可能还掺杂着方言、用语不规范、发音不标准等负面因素。电视传播语境中也存在这些问题，但是电视成功地凭借文字、图像符号把这些问题的消极影响降低到了最小。所以，在广播传播语境中，很少用人际传播中的大量直录的方式，而只是有必要地穿插一些人际传播活动以实现附加效果——真实性、权威性等。广播传播语境中主持人与主持人之间展开的人际传播活动由于可以排除以上的不利因素，在广播传播活动中得到普遍运用。广播传播活动中虽然也存在两种传播语境——大众传播语境和人际传播语境，但人际传播语境只是有限地运用。

（三）报纸和网络

报纸新闻报道中多采用倒金字塔式的信息结构形式，也会使用对话式的结构形式。倒金字塔式可让受众瞬间抓住重要信息，符合人类对信息的需求顺序，可缓解受众的焦躁感；对话式则由于对人际传播语境的模仿而减少了人为加工的痕迹，尊重了受众的自主选择和信息处理的权力。电视、广播传播活动中，大众传播语境和人际传播语境构成复合传播语境。由于媒介把内部的人际传播语境延伸至受众眼前，使受众成为人际传播语境中的第三方——潜在交际对象。报纸媒介的这种延伸作用有限。文字传播形式会延长解码过程，增加解码难度，这些与人际传播的特质相反，所以报纸传播活动内部的人际传播活动只是种形似的人际传播。网络虽称为多媒体，但其承载信息的主要符号仍然是文字，与报纸媒体相同，其内部的人际传播语境只是种仿人际传播语境。由于网络与报纸受众群不同，且网络更追求时效性，网络媒体更多地把筛选、加工信息的权力还给了受众，把信息以原初形态展示。而仿人际传播语境则是这种传播理念很好的外在形式。如：

(2)　孔泉：为战犯鸣冤令人质疑日本想扮何种角色

问：上周日法国全民公决未能通过《欧盟宪法条约》，中方对此有何评论？对中国来说，这是个好消息还是个坏消息？

答：法国对《欧盟宪法条约》公投的结果大家都看到了，我们也注意到法国领导人、法国政府和欧盟成员国以及欧盟领导人对此发表的看法……

问：中俄印三国外长非正式会晤将于6月2日在符拉迪沃斯托克举行。中方对此持何立场，将提出哪些议题？

答：中国、俄罗斯和印度外长即将在符拉迪沃斯托克举行的会晤是一次很重要的会晤。

……　　（人民网2005年5月31日）

这是一则网络新闻，以记者和新闻人物孔泉一问一答的形式展开行文。编辑经过初步筛选，选择了这些内容作为新闻报道的内容，保持了这则新闻事件的人际传播的形式。相对于倒金字塔式的信息结构形式，仿人际传播的对话式信息结构形式把重点信息平均分散到新闻结构的前后，而不像倒金字塔式的信息结构形式，新闻从前到后信息重要性递减。新闻采取对话式的信息结构形式对受众来说有一个益处：在新闻信息处理过程中，记者、编辑一般充当信息把关人的角色；在对话式新闻中，把关人的权力部分转移到了受众手中，受众不完全是信息的接收者，同时也运用自己的观察、判断等能力对信息进行选择和加工，对自己要接收的信息进行把关。

第二节　背景信息的结构形式

宇宙中任何事物都不是孤立存在的，而是普遍联系着的。每一个新闻事实，都有一个动态性网络体系孕育着它的发生、存在和发展。一个新闻的产生有一定的历史条件、环境因素，这些叫做新闻事实产生的背景材料，它起着丰富、突出、深化、明晰新闻事实的作用。

背景材料是新闻事实内容的一部分，它可能是新闻事实的起因，也可能是作为新闻事实明白易懂的另一种说法，还可作为新闻事实的纵横发展、变化及联系。它们不能脱离新闻事实的整体而独立存在，在新闻结构中或处于前，或处于后，或处于左右，也可穿插于其中。下面我们来具体分析。

一、链接形式

这种形式的背景材料结构设置最早见于网络新闻，如今仍是在网络新闻中应用最广泛的形式。如：

(3)　李政道等盛赞苏绣艺术创新成果如“超弦”

新华网苏州10月21日电（记者李灿）苏绣艺术创新论坛21日在苏州举行。诺贝尔物理学奖获得者李政道、知名画家常沙娜、美国著名生态环境摄影家罗伯特·柯秋慕等中外专家对苏州刺绣研究所的艺术创新成果给予了高度赞誉。

……

随着改革开放的展开，苏州刺绣研究所与国内外艺术家进行密切合作，成功地研制了一批新一代苏绣艺术品。如与美国著名生态环境摄影家罗伯特·柯秋慕合作的《冒气的池塘》、《晨曦红枫》、《雾中湖石》，体现了东西方艺术的完美结合，使传统的苏绣在题材、形式、色彩观念上得到了新的突破。

相关新闻/图片

"毛泽东在庐山"送往韶山 苏绣再现伟人风采

（新华网2001年10月21日）

(4) 睽违56年后李敖有望重回故里 可能在北大演讲

中新社香港六月一日电 台北消息：一九四九年从大陆去台后双脚即未离开台湾的知名人士李敖，近期可望重回睽违五十六年的故里。据《中国时报》今天报道，李敖的返乡行程中，将安排到大陆第一学府北京大学演讲。

……

相关报道

李敖要建"万水党"对亲民党"立委"拉帮立派

(2005-05-18)

该叫李敖投个巨额"个人意外险"(2005-04-20)

李敖又出招：带长长抗议标语抗议自身权利被剥夺(2005-04-20)

先后搬家5次 李敖之女李文又告园艺师索偿千元(2005-04-10)

图：台湾"名嘴"李敖声援罗大佑(2005-04-02)

揶揄中见"真义"——李敖的台海观(2005-03-30)

李敖讽陈水扁："326游行"裸奔宣传效果会更好(2005-03-24)

质询三大军购 李敖要李杰率将领割LP"明志"(2005-03-18)

李敖称台是美"看门狗"应"免费提供武器给台"(2005-03-10)

李敖痛批"周侯恋" 侯佩岑笑言大师很可爱(图)(2005-03-03)

(中新网2005年6月1日)

在上面这两则消息下面分别是以关键词或主题"苏绣"、"李敖"作为链接的"相关新闻/图片"、"相关报道"，这些内容都是与新闻正文主题相关的历史事件。前面的正文是事件某一时间断面的即时情况，后面的相关报道则提供了与事件相关的整个动态体系的更全面的情况。例(4)后的"相关报道"都是围绕关键词"李敖"展开的，均是关键词的历史记录，使李敖的形象更为饱满，受众可自由选择来丰富自己有关"李敖"的信息积累。如果受众点击这些包含着关键词、主题的标题，就会指向另外的网页。这改变了传统文本线性的组织方式，而成为一种网状的结构，使信息的存在方式多样化和复合化。这种背景设置方式是互联网特有的信息存在方式。下面是同一新闻事件的报纸、网络两种形式。

(5)　温家宝在广东考察时指出

东部沿海地区率先发展

视野要宽 思路要新 起点要高

新华社广州9月13日电(记者贺劲松、李四清) 中共中央政治局常委、国务院总理温家宝近日在广东考察时指出,东部沿海地区充分发挥优势,在全面建设小康社会的基础上,率先基本实现现代化,具有关系全局的重大战略意义。东部沿海地区率先发展视野要宽、思路要新、起点要高,落实科学发展观要走在前面,建设和谐社会要走在前面,改革开放和制度创新要走在前面。

……　(《人民日报》2005年9月14日)

(6) 温家宝:东部沿海地区建设和谐社会要走在前面

(正文与例(5)相同)

相关专题

温家宝活动报道集

相关新闻

温家宝主持国务院会议 部署深化改革四大重点 2005年08月24日

温家宝主持国务院会议 总结经济体制改革工作 2005年08月24日

温家宝分别会见爱沙尼亚总统和泰国外长 2005年08月25日

温家宝总理复信鼓励农大学子情系乡土回报乡亲 2005年08月30日

胡锦涛温家宝:大力扶持人口较少民族加快发展 2005

年08月30日

国务院通过预防矿难规定 推五项更严厉措施 2005年08月31日

吴邦国温家宝分别会见斯里兰卡总统 2005年08月31日

温家宝主持国务院常务会议 通过预防矿难规定 2005年09月01日

温家宝总理教师节前夕考察京郊乡村中小学纪实 2005年09月10日

温家宝回良玉对防御台风“卡努”作出重要批示 2005年09月12日

（人民网2005年9月13日）

例（5）、例（6）相比，例（6）提供了更大的信息量。例（5）是某一新闻事件在一个时间点上情况的呈现，而例（6）则是以当前的事件为基点，在时间轴上向纵深扩展的一个立体的多维空间。

链接形式在形式上独立于主体新闻之外，却又能提供丰富的信息，使主体新闻更为饱满。但同时这种形式也要求媒介有足够的信息存储空间，在这一点上，网络无疑具有明显的优势。其海量的信息存储空间为主体新闻配备了相当完善的背景，受众可依据自己的信息积累情况自主选择背景材料来丰富自己对主体新闻的认知。

链接形式在信息传播上的优势影响了其他媒体。目前，报纸不再局限于提供当前的偶然性事件，而对一些重大新闻及连续性事件采取多板块有机组合，以新闻套餐的形式提供更全面的新闻。报纸会在同一版面提供最新新闻事件的一些历史材料，让受众找到其发展脉络。另外，有些报纸还会在主体新闻下面以“链接”字样提醒主体新闻与附加信息的结构独立性和内容相关性。"链接"字样受网络影响的痕迹明显。但报纸的链接与网络的链接有很大的区别：信息量的大小不同。由于媒介在技术处理上的不同，报纸的新闻只能在同一版面上单一地展开，因而传播的信息量就会受到限制。而网络可以通过增加页面的层次来节省重要页面的空间，从而传播更丰富的信息。

报纸和网络新闻在链接结构形式上也有相同之处，不管网络和报纸在传播的信息量上有多大差异，但它们的目的是相同的：即提供更多的背景信息，丰富主体新闻的信息量；都在形式上与主体新闻区别开来，既减轻了受众阅读新闻时的负担，又扩大了受众自由选择的空间。

链接信息结构形式在广播、电视中很少见。[1]这主要是因为：我们在判断背景信息的处置方式时主要以形式为判断依据。广播、电视主要以声音、图像为传播介质，而不是用文字来传播信息。文字在空间上铺排，方便对整体进行结构划分，受众可轻而易举地在形式上分别出材料的地位并作出取舍；声音、图像在时间上以线条形展开，广播、电视新闻在时间上的限制使其很难借助其他辅助手段引导受众辨识材料的性质，也不可能让受众在某一新闻事件的范围上作出自由选择。

二、补充式的独立结构

这种形式的背景材料处理方法主要是先集中报道新闻事实，随后再集中介绍有关的新闻背景。例如：

---

[1] 在个别新闻节目中，如中央电视台《晚间新闻》对连续性新闻事件的专题报道中用到"相关链接"字样，可见当今新闻报道对规模和深度的一致追求倾向。

(7)　　中国地铁列车今天穿过天安门广场

本报北京天安门9月28日15时15分讯（记者李丹 雷风行）5分钟前，一列银灰色的地铁列车，在仅距地面2.8米的地下，首次穿过世界最大的广场——天安门广场。

……

30年前的国庆节，北京建成了从苹果园到北京站全长23.6公里的地铁一号线，结束了中国无地铁的历史。

15年前的国庆节前夕，北京又开通运营了16.1公里的地铁第二期环线。

早在5年前，北京地铁的年客运量就已突破5亿，而现在，平均每天乘坐地铁的旅客已达140万。

北京地铁虽然在当今世界43个国家117个有地铁的城市中，开通年代和运营里程均排在30位以后，但却创下了满载率和单车运营公里两项“世界之最”。

投资75.7亿人民币的地铁“复八段”的今日开通，使北京地铁通车总里程由原来的41.6公里增加到55.1公里，超过了香港的43.2公里，成为中国六个城市地铁之最。同时也使中国城市地铁的总里程逼近150公里。

目前，中国除北京、天津、香港、台北、上海、广州已开通地铁外，青岛、南京、重庆、深圳、高雄等城市也正在或计划建设地铁。

自1863年伦敦建成世界上第一条地铁到136年后的今天，全世界的地铁长度已接近6000公里。

（《人民铁道报》1999年9月29日）

从“30年前的国庆节”开始到新闻最后，都是补充的背景材料，这部分背景材料包括四部分内容：北京地铁的发展历史、北京地铁在世界上的地位、中国其他城市的地铁建设情况以及世界地铁概况。基本上能满足受众对未知信息的追问。

以补充式的独立结构形式出现的新闻背景在报纸和网络消息中出现频率比较高，在广播和电视消息中很少见。相比较而言，报纸、网络消息比广播、电视消息提供的信息更丰富。广播、电视由于受时间限制，每次节目所提供的新闻数目有限，而且“一个节目中（听众）大约可以把20条新闻记得清楚并很少出错误；如果他们把每条消息缩短以增加条数，听众能记住的条数很少增加，而如果播出的消息超过40条，实际上比播送40条以下的消息传送的信息要少，因为听众对更多条会听得不准确”[1]。听众接收渠道的信息容量有限，听众在一段时间内集中获取的信息量也是一定的，提供更多的信息量会削弱新闻提供行为的有效性。

补充式的新闻背景常出现在倒金字塔式的新闻结构中，最重要的信息最先报道，越到最后信息的重要性和必要性越弱。在新闻结尾出现的新闻背景在新鲜性上比不上前面的内容，它不具备“新闻是新近发生的事件的报道”的特征，不是真正意义上的新闻，但它可以提供更丰富的信息。由于受众分布广泛，从事职业、受教育程度、兴趣爱好等参差不齐，某些背景材料对有些受众来说是已经了解了的旧信息，而对有些受众来说却是从

---

[1]　威尔伯·施拉姆、威廉·波特著，陈亮译《传播学概论》，新华出版社，1984，245页。

未接触过的新信息，受众可根据自己的情况自由选择。

这种形式的背景材料和新闻主体部分在形式上可分为分明的两块。由于文字易保存，可倒检索，背景材料可以说既提供了更丰富的信息，又对提高新闻价值起到了辅助作用。因而报纸、网络消息常使用此类形式。如果广播、电视消息也在最后补充大量的背景材料，由于声音转瞬即逝，不易倒检索，这样添加在后面的背景材料在结构上就会和新闻主体部分脱离，也就很难通过解释功能辅助提高新闻价值。如果不能提高新闻价值，那么广播和电视新闻后的独立式背景材料只会单纯地增加信息量，这无疑会加重受众的负担。因而广播、电视消息很少采用此类形式。

三、穿插结构

这种写法的背景材料多和新闻事实交叉着出现，背景材料出现在新闻事实中间，对新闻事实及时作出解释和补充，是新闻主体的一部分。受众接收新闻时往往不会跳过这部分内容，因为这部分内容是他们理解新闻的必要信息。下面是报纸、广播电视、网络消息，这几则消息的背景材料的写法都是穿插结构。

（8） 上海家化公司好气魄 1200 万元买回美加净

曾经是中国化妆品第一品牌的“美加净”化妆品牌号，4年前曾“卖”给一家著名合资企业经营，现在又被原主——上海家化联合公司以每年支付 1200 万元人民币的代价“买”了回来。到昨天为止，重归上海家化的“美加净”销售额已突破 1.2 亿元。

……

（《解放日报》1995 年 4 月 27 日）

这是一则消息的导语，在导语里介绍了“美加净”被“卖”出去的历史，然后再展开它被“买”回的现状，一“卖”一“买”的两个过程，展现了中国企业的气魄和思想及实力的转变。

(9)　　　　　上海：垃圾堆上建“棉仓”

在垃圾填埋场种棉花，听起来似乎不可思议，可是却在50公顷填埋复垦滩地上试种棉花并获得了丰收。

……

老港垃圾处置场承担着上海三分之二生活垃圾的填埋处置任务，1986年建场初期，【资料】当时任上海市市长的江泽民同志视察这里时就提出……几年来，科技人员在复垦实验场试种了麦子、玉米、大豆等作物，最终选择了抗旱、抗病能力较强的棉花进行大面积种植。

……

上海老港垃圾处置场占地333.5公顷，日处理垃圾能力8000吨，是目前最大的一座现代化垃圾处置场。据了解，今年试种的50公顷棉花总产达112.5吨，相当于平均亩产皮棉50公斤，总产值超过80万元，照此推算，全场333.5公顷填埋场在完成几千万吨垃圾的无害化处理后，全部复垦种植棉花，将可获得可观的经济效益。这项科研项目的成功，给全国近百座大、中城市垃圾堆场的土地复垦、更有效地实现垃圾无害化处理提供了经验。

（上海有线电视台1997年12月26日）

“老港垃圾处置场承担着上海三分之二生活垃圾的填埋处置任务……最终选择了抗旱、抗病能力较强的棉花进行大面积种植”、“上海老港垃圾处置场占地333.5公顷，日处理垃圾能力

8000吨，是目前最大的一座现代化垃圾处置场”这两部分，前者是阐明意义交代前因的历史背景，后者是详细介绍的现实背景。

(10) 放中国虎回山林 中国虎野化放归计划协议签署

中新网11月27日电 记者从“拯救中国虎”国际基金会了解到，该基金会及南非中国虎项目中心与我国国家林业局全国野生动植物研究与发展中心就开展中国虎野化放归项目合作一事达成共识，并于今日在北京签署了框架协议……

中国虎(又称华南虎)是我国特有的虎种，目前野外中国虎种群数量和分布情况不详，被列为世界十大濒危物种之首。目前人工饲养的中国虎约60只，都是五六十年代从野外捕获的6只野生中国虎的后代，近亲繁殖和近交衰退明显……但由于野外中国虎数量稀少，采取野化放归人工个体繁育的方法、扩大野外自然种群已成为拯救中国虎的必然选择。

……

(中新网2002年11月27日)

“中国虎(又称华南虎)是我国特有的虎种……成为拯救中国虎的必然选择”是对新闻涉及对象的详尽说明和介绍，阐明了其生存状况、生物学的价值和国家已经采取的保护措施。在向受众提供新闻事实的同时也提供了能显示新闻价值的判断依据。

穿插结构的背景材料设置在报纸、广播、电视和网络消息中都得到了普遍采用。因为任何偶然事件的发生都有其必然性，对必然因素的追寻——提供知识背景、社会状况，交代历史背景是更全面、更准确地理解当前新闻事实的一条途径。

以上我们考察的是报纸、电视、网络三种媒体的消息中背景材料的使用情况，下面我们来考察背景材料在通讯、评论中的应用情况。

通讯和消息相比具有完整性。通讯是消息的深入和补充，或者说是消息的延伸和扩展。消息常常简要地报道一个事实的梗概或片段；通讯则常常要详细地展示所报道人物和事件的具体情况，有时要反映事件的“全过程”，因而具有完整性。在消息中作为背景材料处理的内容在通讯中可看做是新闻事件的构成要素，是完整事件的有机组成部分。通讯在处置背景材料时常使用穿插结构，背景材料和新闻事实穿插在一起为读者便捷地提供理解主要事实的知识，使新闻价值大幅增加，也能调动读者的阅读兴趣。

新闻评论是针对现实生活中新近发生的、具有普遍意义的新闻事件或迫切需要解决的问题而发议论、讲道理，直接发表意见的文体。

在大部分新闻评论中也会运用背景材料，把材料作为论题，由材料到观点。这些材料是证明作者观点的强有力的证据，是新闻评论不可或缺的组成部分。例如：

(11)　　帮助农民少生孩子

根深蒂固的“多子多福”观念，在中国农村的落后地区很流行。但事与愿违，导致了“越穷越生，越生越穷”的恶性循环。孩子过多造成的家庭负担过重使得很多农村孩子受不到良好的教育。然而，“三结合”的新观念为解决计划生育这一农村工作的头号难题带来了转机。

……

以旺仓县为例。

旺仓县有一百三十万人口，却只有三十万亩耕地。致富无门的农民一直把希望寄托在多生孩子身上。

……

四川是全国人口状况的一个缩影。1979年来的十多年间，全国每年净增人口一千四百万左右，到2000年，全国人口将达到十三亿，要使这么多人吃饱，粮食生产必须增加一倍。

……

（《中国日报》1995年11月11日）

这是一则报纸评论，文中列出旺仓县和四川省的情况，其目的不在于增加受众的信息量，而是为了证明作者的观点。这样运用背景材料来证明自己论点的评论在其他三种媒体中也常见。

第三节 新闻信息的传播者和受众

传播者和接收者是交际活动的参与者。传播者是言语交际的主动者，没有主动者就不会有言语交际的发生，信息是由主动者掌握或由其加工制作并发出的。接收者是言语交际的受动者，在大众传播中叫做受众。大众传播工具对信息的大量复制和单向大规模发送，造就了“受众”这样一个特殊群体。与大众传播媒体单向传播、大规模发送的方式相适应，他们表现出广泛性、混杂性、分散性、隐匿性等诸多特征。受众在言语交际中并不是完全被动的，对传播者的信息传播行为具有制约作用。

在言语交际开始之前，传播者要进行言语编码。这要考虑到交际对象的身份、地位、同自己的关系、教育程度、接受能力，等等，并据此对自己的言语进行适当的调整。这是普通的言语交际中的情况。在大众传播中，传播者在编码前也会考虑受众的情况并据此来编辑信息，以达到最佳的传播效果。人际传播中的受动者多是固定的个人或群体。不同于人际传播的是，大众传播中的受众群体则不确定，所以传播者在编码前要预设受众群。

在人际传播进行当中，传播者陆续发出言语，也可以通过身势、手势、面部表情等传递信息；受动者对传播者的话语边接收边理解，同时作出一定的反应。传播者的传播行为和受众的接收及反馈行为之间间隔时间短，传播者还可以根据反馈信息对自己传播的信息及时进行纠正、解释或答复。在大众传播中，传播者的传播行为和受众的接收及反馈行为是分离的，传播者在受众对信息作出反馈以前已经完成了传播行为。在大众传播中，传播者也可以利用言语、身势、手势、面部表情等传达信息；但在报纸、广播、电视、网络这四种媒体中，由于信息所依赖的传播载体的局限性，受众对信息作出反馈时所能依赖的手段也受到了很大的限制。

以上是人际传播和大众传播中的传播者和受动者的基本特点，下面我们来比较报纸、广播、电视、网络四种媒体的新闻中传播者和受众的特点。

一、传播者借助的传情达意的媒介不同

报纸、广播、电视、网络四种媒体的信息传播者传情达意借助的最主要的工具或媒介都是语言符号。在这四种媒体中，语言符号或者以文字的形式，或者以声音的形式承载着传递信息的任务。四种媒体在语言符号运用上的共性和个性特征我们在

前文都有过详细论述，此处我们主要探讨一下四种媒体新闻在非语言符号运用上各自的特征。

（一）报纸

报纸主要以语言符号为媒介传递信息。除此之外，报纸新闻还借助版面语言作为辅助工具更明确地表达出传播者所要传达的信息。

版面语言是由版面空间、编排手段以及布局结构等构成的，其中最重要的是在编排中报纸编辑对于字符（字体、字号）、图片、刊头、标题、线条、色彩等的综合运用。版面语言的运用使每条新闻不再以单纯的个体形式存在，而是和别的新闻构成了一个整体。在这个整体中，每条新闻不是平等的，而有主次之分。

“在版面语言中，强势是个很重要的概念，它指版面吸引读者注意力的方式或能力。”[1]

在报纸的版面语言中，主要通过以下两种方式来表现强势：

1. 字符的选择

字符包括字体的变化和字号的大小。新闻常用字体的变化来区别不同的报道内容，通过字号的大小来突出报道的重点。字号的变化在标题中应用得很广泛，在相同版区内标题字号越大越醒目，能让读者在最短的时间内获得最重要的信息，从而充分地调动读者的阅读兴趣。

2. 版面空间的排列

头版头条的位置醒目、重要，位于此位置的新闻的重要性是不言而喻的。其他版面位置的重要性也不是等同的，有的版面

---

[1] 张海鹰、滕谦《网络传播概论》，复旦大学出版社，2001，181 页。

位置相对于其他位置能凝聚更多的注意力。处于重要版面位置的新闻显然具有强势。

同样,图片的选择和编排也能突出新闻的强势,配以图片的新闻无疑更能吸引读者的注意力。图片的有无、多少、大小、在版面中的位置等因素都会影响新闻的受关注度。由于图片的重要作用,大图、多图正成为现代报纸的发展走向。

（二）广播

广播新闻以声音为主要的信息传递媒介,但广播新闻传递的信息远比它的语言符号负载的信息量要大得多。这多出来的信息量是由下列媒介传达出来的:声调、语调、语气、停顿、背景声音及音乐等。这些因素本身并没有意义,但它们可以辅助语言符号传达出更丰富、更明确的意义。处理不同性质的新闻时,传播者的声音或庄重、或轻松、或严肃、或悲痛,为受众营造了一个整体的氛围,方便其对新闻信息的理解。在传播重要信息前停顿一下可提醒受众多重视接下来的信息。在新闻传播前或进行时配以其他声音,如庆祝的锣鼓声、战争的枪炮声、热闹而嘈杂的人声等,不仅可抓住受众的注意力,同时还能帮助受众缩小认知对象的搜索范围。如:

(12)【出掌声,几秒钟后隐去】鲜花、笑脸,伴随着热烈的掌声。今天下午,刚刚被评上浙江省劳动模范的12名私营业主与来自全省各条战线的省劳模一起披红戴花,站在省人民大会堂领奖台上接受省委、省政府的隆重表彰。当他们从省委书记张德江、省长柴松岳等领导手里接过劳模证书时,一个个脸上绽开了笑容。

（浙江人民广播电台1999年9月30日）

（三）电视

电视新闻以声音和图像两种媒介传递信息，在单位时间内传递的信息要比单纯以声音作为媒介的广播丰富得多。电视新闻可以利用的工具也远比广播新闻丰富。除了广播可利用的辅助语言传情达意的声调、语调、语气、停顿、背景声音及音乐等，电视还可以利用人们看得见的神态、表情、眼色、手势、姿态等，包括记者或播音员的，还包括新闻事件当事人的。如中央电视台的《晚间新闻》栏目在播送下面两条新闻时播音员的表情是明显不同的：① 山西中阳发生煤矿爆炸事件 17 人遇难；② 新型发动机 环保新概念：轮胎发动机。播音员在播送第一条新闻时，表情是严肃庄重的。这不仅与新闻内容相一致，也能为受众营造一个氛围，为受众提供更多的环境信息。在播送第二条新闻时，播音员的表情是轻松愉快的，这也与新闻是比较轻松的软新闻有关。由于新闻播报的正式性，播音员、记者都不会有太多的眼色、手势、姿态等来辅助传达信息。但新闻事件中的人物的神态、表情、姿态则是丰富而真实的，回避、愤慨、振奋、期待……所有的心理状态都会溢于言表。这都有助于传达丰富的信息，证明信息的真实性，增强新闻的吸引力。

（四）网络

报纸新闻表现强势的方法在网络中也常见，但侧重点不同。

用字号大小的不同区别新闻的重要与否，是报纸新闻常用的方法。这种方法在网络新闻中也有，但由于网站首页空间有限，不同新闻标题都用字号的区别来展现重要性的大小，会使整个页面失去平衡的美感，反而会给阅读带来不便。网络新闻主要靠页面空间的排列和新闻题材的选择来凸显强势。网站一般会设置“要闻”、新闻标题栏，或在默认的传统重要位置设置标题，然后再分类提供更丰富的新闻标题，以满足不同信息需求量的受众。

施拉姆提出，媒介所传播的信息被受众注意和选择的可能性，与信息能够给受众的价值成正比，与受众获得它的费力程度成反比。受众想轻而易举地知道新闻的重要程度来决定是否阅读或阅读的先后顺序。在海量信息的网络世界里，对于每一个受众来说，重要性都是有区别的，受众并不按照新闻传播者所提供的新闻的重要性顺序依次阅读新闻。受众往往是先浏览网络新闻标题，而后决定是否进行深层次阅读。这时，网络新闻传播者常常会提供一些提示信息。如：

(13) 图文：中国中东问题特使王世杰谈中东之行(实录)(6月16日20:08) (中新网2004年6月16日)

图片信息可以给受众最直观的感受，增加生动形象的效果，其带来的现场感又能增强新闻的真实效果和说服力。所以网络新闻常在二级页面配备图片，在首页给以提示。

网络新闻页面的文字主要以浅蓝色为主，还辅以黑、红、绿色等起区别作用。这样能产生视觉冲击力，色彩丰富又不花哨。

二、受众接收感官刺激不同

报纸、网络、电视新闻的受众都运用视觉器官接收信息，其中又有区别：受众阅读报纸时，完全借助视觉器官获取信息；网络虽称为多媒体，但目前仍以文字和图片为承载信息的主要媒介;电视新闻的受众一边看图像、文字,一边听声音,视觉器官和听觉器官并用使电视新闻受众能获得并记住更多的新闻内容;广播新闻的受众则完全凭借听觉器官接收信息,听觉器官在接收信息上处于弱势,在单位时间内获得的信息量远少于通过视觉器官获得的信息量,也由于这个原因,广播新闻的受众数量日渐减少而局限于几个固定的群体。受众接收感官刺激不同是由传播者借助的媒介之间的差异造成的。

三、四种媒体受众群不同

报纸读者以 26 岁—45 岁为主,占读者总数的 75.4%;学历以高中至大专为主,占读者总数的 54.7%。[1]

电视的受众群最大,分布很广泛,我国电视观众 11 亿人,电视普及率为 86.2%;[2] 报纸的受众分布也很广泛,但报纸对受众的受教育程度、文化背景等还是有一定要求的;我国广播受众以初中及初中以下学历为主。

2000 年 5 月 15 日至 29 日,《人民日报》网络版国际频道以"发生重大国际新闻时,您一般是通过哪种媒体最先得知?"为题开展了网上调查活动,共有 1577 名网友参加了此次调查,结果如下:

电视 882 人(56%)

网络 534 人(34%)

[1] 喻国明《中国报业:面对结构性转换——1994 年全国报纸读者调查总体分析报告》,引自《中国报业总量结构效益调查》,新华出版社,1996,29 页。

[2] 时统宇《电视影响评析》,新华出版社,1999,44 页。

报纸 106 人（7%）

广播 55 人（3%）[1]

这个调查从一个方面反映了四种媒体受众群的数量差别很大。时至今日，电视作为最普及媒体的地位依然没有动摇。看电视、在固定时间收看新闻已成为很多人、很多家庭的生活习惯。随着网络技术的进步和网络的日渐普及，网络正在从其他媒体那里争取受众。“世界报业联合会说，1995—2003 年，美国的报纸销售量减少了 5%，欧洲减少了 3%，日本减少了 2%。在 20 世纪 60 年代，有 4/5 的美国人每天阅读一种报纸；如今，这样做的人减少了一半。”[2]旧媒体教父默多克说：“这也许标志着枯燥呆板的报纸行业终于开始正视因特网时代的新现实了。”[3]这是国外的情况，但基本上说明了四种媒体受众群的基本发展趋向：网络正从传统媒体那里吸引越来越多的年轻人。默多克还说：“如今的年轻人不想让一个高高在上的神一样的人物告诉他们什么是重要消息。他们当然也不喜欢制作得像福音一般的新闻。”[4]这一方面说明四种媒体的受众发生着日新月异的变化，同时也说明四种媒体受众，尤其是网络的受众，有其鲜明的群体特征。具体统计数字如下：

据中国互联网络信息中心（CNNIC）报告，截止到 2005 年 6月30日，我国上网用户总数突破1亿，为1.03亿；在网民中，18岁—30岁的年轻网民占55.1%；在受教育程度分布上，

[1]　金梦玉《网络新闻实务》，北京广播学院出版社，2001，371 页。

[2]　《报纸如何应对“电媒”挑战》，《参考消息》2005 年 5 月 5 日。转引自《新闻的未来》，[英]《经济学家》周刊 2005 年 4 月 23 日。

[3]　同上。

[4]　同上。

大专及以上学历的占54.5%。

与四种媒体受众群体特征相对应的是受众对信息需求的差异。求“知”是四种媒体受众共同的需求，但现代社会日益扩大，远远超过人们自身感知和把握能力所能掌控的范围；而全球化的发展又让世界的各个部分空前紧密地联系起来，这使我们不得不依赖于媒介所提供给我们的拷贝世界获知信息。但是，在获知信息时，受众对四种媒体的期望值是不同的，其差异表现在以下几个方面：

（一）信息真实性方面

媒体传播给我们的信息都应该是客观真实的，而受众对各媒体真实性的要求和对各媒体新闻真实性的接受度不同：广播、电视的新闻真实性高，受众容易接受并依据获得的信息作出决策；网络新闻并不能完全确保信息的真实性，这也导致受众对网络新闻的真实性的期望值最低。

（二）信息获得的“新”、“快”方面

由于新闻是对新近发生的事件的报道，受众在“新”、“快”方面对各媒体的期望值也不同。广播由于自身的局限，竞争力不强。除了广播之外，报纸、电视、网络三种媒体之间，受众对网络在“新”、“快”方面的期望值最高。这是因为报纸和电视的新闻传送要受到时间的限制，而网络在时间上则是自由的，能满足受众的需求并在形式上作出标示（在版面空间安排上标明，或以文字标明等），让受众尽快获知信息。

（三）对信息的求“易”心理方面

由于报纸新闻通过纸质媒介传播的特性，使得受众可以在边阅读边消化的情况下接收解码难度比较高的新闻信息。而网络新闻受众则表现出对新闻信息不求甚解、浅尝辄止的群体特性，生活节奏加快和信息过载等原因促使网络新闻受众多进行碎片式的快餐阅读。广播和电视新闻的内容在时间的线性流程上展开，受众主要靠听觉（及视觉）接收信息，要求浅显易懂。由于电视新闻还有画面辅助受众理解，所以与广播新闻相比，电视新闻受众在求“易”方面的期望值要低一些。

报纸、广播、电视、网络四种媒体的新闻相比较，在求“易”方面，受众对广播的期望值最高，希望广播新闻浅显易懂，对报纸的期望值最低。

（四）在求“近”心理方面

人们总是对与自己相关的信息比较感兴趣，报纸、广播、电视新闻，尤其是地方媒体在相关性方面做得很突出，满足了受众对新闻信息求“近”的心理需求。网络，由于其海量存储的优势而在相关性上表现平平。但今天的网络媒体正在努力改变这一现状：很多网站在首页设置地方新闻栏目，点击相关链接即可进入下层页面，阅读跟自己相关相近的新闻信息。这种分层传播信息的方式可提高信息传播的有效性。

四、新闻语境中的受众与时间因素

时间是新闻的重要因素。新闻是对新近发生、发现或变动着的有价值的事实的及时报道。新闻是新鲜报道，而非历史事实的记载；是“新闻”，不是“旧闻”。不管是哪种媒体，都希望自己的新闻具有时效性，能在最短的时间内更新自己的新闻信息。因为通常新闻时效性越强，新闻价值越大。在报纸、广播、电视、网络四种媒体中，网络新闻在新闻的时效性上做得最好。网络新闻及时更新，滚动播出，不受时间的限制；而报纸、广播、电视由于有固定的发行时间或新闻播出时间，在时效性上比不上网络。报纸、广播、电视新闻所报道的都是新近发生或发现的新鲜事，今天的事情到了明天就成了明日黄花，失去了新闻价值，昨天的报纸也就成了废旧报纸。

在交际对话中，发话人向受话人传递的信息流以信息单元的形式组成一定的结构。发话人将不同单元负载的信息划分为新信息与旧信息，划分标准是受话人对不同信息的了解与熟悉程度。在四种媒体新闻的实际传播活动中，广播、电视新闻受众分布相当广泛，而受众对信息的了解和熟悉程度处于不同的水平，对信息的需求也不同，这要求媒体不能对新旧信息进行一刀切，而应针对不同的受众分别提供相应的信息；但广播、电视，包括报纸由于自身的局限性，不能向受众提供个性化服务，而只能传播一些共同信息。媒介特性使网络在这一点上有无与伦比的优越性：网络新闻的受众具有更多的共性特征，但由于互联网的无地域性，使得信息全世界共享，因此受众的数量具有不可预测性。与报纸、广播、电视新闻受众一样，网络新闻的受众对新闻信息的占有量、熟悉程度也处于不同水平。某些新闻信息在时间上是“旧闻”，而对于某些受众来说却是“新闻”。西方新闻界流行过这样的说法：死的不能再死的是昨天的报纸，或是一小时以前的广播电视新闻。而网络是一个庞大的资料库，可以向受众提供海量信息。在网络世界里，没有绝对的旧信息，这里没有“明日黄花”，也没有“废旧报纸”。受众可以根据自己对新闻的实际需要而利用链接、搜索等功能，选择适当的信息。那么在个体受众那里，那些在时间上已经成为过去的信息仍然可能是活跃的，受众仍可获得更多的知识。

社会语言学中，“权势量”和“共聚量”是一对反映说话人和听话人之间社会关系的概念。“权势量”是指说话人和听话人之间地位差别的大小，地位高的人权势大；“共聚量”是指说话人和听话人在各种社会条件方面有多少共同点，共聚量大说明两人之间的社会差距小，反之则社会差距大。[1]网络媒体发展至今，传受双方已形成良好的相对平等的沟通关系。而报纸、广播、电视等传统媒体当前一个迫切的任务就是转变传播者的说教和指导者的身份，降低自己的身份，与受众平等交流——缩小传受双方的权势量，增大传受双方的共聚量。无论是报纸在媒介物理特性不匹配的情况下运用链接形式的背景信息结构形式，还是网络新闻最大量地考虑到受众的个体性差异而赋予新闻以新的时间概念的方式，或是新闻言语交际语境的复合性等都反映了新闻传播者在缩小传受双方权势量和增大传受双方共聚量问题上的努力。

---

[1] 徐大明、陶红印、谢天蔚《当代社会语言学》，中国社会科学出版社，1997，98页。

第四章　新闻语言的冗余信息[1]

引　言

一、冗余与新闻语言

“冗余”是外来词“redundancy”的翻译，也有人译为“羡余性”[2]、“羡余现象”[3]、“多余或剩余信息”[4]。R. R. K. 哈特曼和 F. C. 斯托克在《语言与语言学词典》中认为，“冗余”是“超过传递最少需要量的信息量”[5]。

一切自然语言都具有冗余现象。但就新闻语言来说，本质上是不允许或者是限制出现冗余成分的，因为冗余成分会增加受众接收新闻信息的代价。这就要求新闻语言必须经济、简明。

---

[1]　新闻语言有广狭两义：广义的是指能传达新闻信息的所有符号系统的集合，例如报刊新闻的文字，以及部分形象性的语言，包括编辑手段、照片、图画、图表等；广播新闻中的有声语言，以及音响、音乐等；电视新闻中的有声语言、音响、音乐和视觉形象（包括屏幕文字）的综合。狭义的是仅指传达新闻信息的语言符号。本文限指后者，必要时具体指明新闻信息的类属。

[2]　参见《中国语文》1983，(2)。

[3]　参见《国外语言学》1981，(1)。

[4]　R. R. K. 哈特曼、F. C. 斯托克著，黄长著等译《语言与语言学词典》，上海辞书出版社，1981，293 页。

[5]　同[2]。

然而，出于传播效果的需求，新闻语言又必须、也必然具有一定的冗余度。

二、冗余与新闻传播环节

从信息传播的角度看，新闻传播也是一种信息的传输转换过程，需要经过信源、编码、译码、解码、信宿等过程的信息系统。客观世界发生的事物的存在方式和变动状态，构成新闻的一级信源[1]；新闻机构及其专职人员充当了主要的传播者，通过他们对信息的收集和加工处理，进行编码，制成新闻，才能投入传播；报纸、广播、电视和网络等传播媒介构成信道，其所传播的各种消息、音响、图片、画面等都包含着一定的信息量；而接收信息的人（读者、听众和观众）就是充当受众的信宿，他们需要对传播者的编码进行解码，才能理解信息的内容和意义。

冗余与新闻传播的信源（编码）、信道和信宿（解码）都有一定的关系。新闻信息中的冗余成分主要存在于编码中，也有部分存在于特殊的信道中，信宿解码中有时也会产生。

三、冗余在新闻传播中存在的缘由

新闻语言中的冗余，不是语用学上格赖斯会话信息量原则的运用，即不会因信息量的多余而产生言外之意，它所承载的意义只含有规约（实在）的字面意义。新闻信息冗余现象的存在满足了新闻传播的目的和意图，具体包括以下几点：

---

[1]　就新闻传播过程来说，实际存在着多级信源。一级信源是客观事物，二级信源是传播者，三级信源是新闻媒介。具体参见李元授、陈扬明《新闻传播学》，新华出版社，2001，62—63页。

（一）信源估算的冗余

作为信源的传播者对受众接受信息最低量的能力有一个估算，这种估量决定了其传播发出的信息量；而信宿在实际接收时也会得到一个信息量，这个量的多少取决于其特定的认知结构和认知规律。传播者的估算和接收者的获得之间必定存在一个差距。为保证接收效果，信源发出的信息量必须超过信宿实际接收到的信息量，两者的差额只能是正数，不能是负数。换言之，必须存在冗余信息。

（二）信源[1]功能性冗余

所谓功能性冗余，是指新闻传播者出于特殊的心理和情绪而产生的信息。其一是因害羞而饶舌，因兴奋而话多，因紧张慌乱而不由自主地多给信息，不得要领地多说话。如广播、电视新闻中的同期声信息，常常是不够精练的，总有冗词赘语。其二是应礼仪的需要，传播者也可能多给信息。如广播电视新闻中的主持人或现场记者寒暄、问候的言语。其三是议论性话语，提出传播者的主观意见，这种冗余，大多出现在报纸新闻中。

（三）信道损耗补偿的冗余

新闻信息传播必须通过信道，无论是视觉通道还是听觉通道，在传播中都有信道损耗。因为信道不可能处于封闭状态而受到保护，信道中各种可能的干扰都会耗掉一部分信息。作为新闻信源之一的新闻传播者就必须主动补偿，新闻传播中采用的方法就是使用一定容忍度的冗余信息。广播、电视新闻中，对于新闻事件中的关键词语，如主要人物、地点等，常常不厌其烦

---

[1] 这里仅指信息传播者。

地重复播报几次，就是为了让未听到新闻开头或前一部分的受众了解概况。R. R. K. 哈特曼和 F. C. 斯托克就说过，“剩余信息有助于排除噪音（noise）：音信中干扰越多，剩余信息也应越多”。[1]

（四）信宿要求的冗余

信宿，即信息的接收者。就是新闻传播过程中新闻信息的接收对象，一般统称为受众。新闻信息在传播中会产生受众要求编码人多给信息的现象，“可以说，语言就是利用剩余信息，因为在正常情况下，为了保证理解，总是给出比实际需要多得多的信息”。[2]新闻信息传播是一对多的特殊交际，保证信宿得到良好的传播效果，更是应该恰当地多给信息。例如在传播新闻主要事实的同时，对于新闻报道中所涉及的新出现的自然现象、科学术语等，必须解释明白。当然不同的新闻媒介决定了受众群体的差异，他们要求的冗余度不尽相同。例如广播、电视新闻必须老少皆宜，让文化层次较低的人也能听懂看懂，它们要求的冗余要多一些；报纸、网络新闻受众文化层次相对较高，信宿要求的冗余要少一些。

（五）信宿解码时产生的冗余

一定的受众群受其认知结构、知识背景的影响，在解码时会使某些新闻编码信息成为冗余信息。例如，某些专业知识，对一般人员来说是新传信息，但对于从事该专业的人员来说，就是冗余信息。再有，一定的新闻媒介所决定的时空条件和人们的认知规律限定了受众在特定条件下接受的信息总量，也使超出人

[1] R. R. K. 哈特曼、F. C. 斯托克著，黄长著等译《语言与语言学词典》，上海辞书出版社，1981，293 页。

[2] 同上。

们接受能力部分的信息转为冗余信息。

四、冗余对信息传播的影响

新闻信息的冗余对传播过程的影响是多方面的，既有利又有弊，兴利除弊的关键是要把握好冗余度。适切的冗余信息是必要的，也是必需的，它对信息传播的影响主要有：

（一）开通传播信道

问候、寒暄语就有这样的功能。例如广播、电视新闻节目主持人或现场（直播）报道的记者在播报新闻之前的礼仪性质的串联词，有助于建立富有亲情的人际关系，为传播理性信息铺路搭桥、创造条件。就像人们在讲话前清清嗓子一样，表示要开始发言了，请提高注意力，作好准备。这样可以拉近新闻传播者和受众之间的距离。

（二）决定传播效果

上文已经指出，恰当的冗余信息可以排除信道的干扰，保证信宿接收完整的新闻信息。但冗余信息一旦过量，就会带来弊端：

1. 增加传播噪音。过度的冗余信息会增加新闻信息的传播总量。这种冗余信息不但无助于有用信息的接收，反而会干扰正常信息的传播，进而转化为噪音，影响受众的接收情绪，降低接收效果；严重的甚至会堵塞信道，使正常的理性信息无法传播。如网络新闻中过多地链接背景信息，会使主文本新闻信息的接收迷失方向。

2. 减少信息总量。一定时空中的信道传播总量是固定的，冗余信息占有了太多的份额，正常的有用信息的比重就必然减少，从而降低了信道中的传播总量，增加了受众的接收代价。

五、冗余与信息量的关系

信息论的创始人申农认为：冗余度与信息量，即信息的不确定性（熵值）有关。信息的不确定性（熵值）越高，信息量就越大，冗余度就越小；反之，信息量越小，冗余度就越大。而冗余信息又跟该信息出现的概率有关，概率的大小也决定了信息冗余度的大小。

就语言代码信息来说，负载信息的词、句子及其组合方式，它们出现的频率关系到信息量的大小：频率越低，信息量越大，冗余度就越小；反之则信息量越小，冗余度就越大。R. R. K. 哈特曼和 F. C. 斯托克认为，剩余信息和出现率之间有联系，如陈词滥调这样共同的多余的项目提供的信息要少于不常用的项目所提供的信息。[1]

六、新闻媒介与语言冗余的关系

新闻媒介是新闻语言环境的重要组成部分，它制约了信宿对编码的特殊要求，也决定了信宿对新闻语言的解码方式。媒介的不同带来了各自新闻语言编码和解码中冗余度的差异。假如以同一个受众群体为标准，冗余信息在各媒介新闻中的比重由大到小大致是：广播电视、网络、报纸。即使这样，同样的新闻编码用于不同的新闻媒介，其结果必定是：或者是报纸读者嫌啰

[1]　R. R. K. 哈特曼、F. C. 斯托克著，黄长著等译《语言与语言学词典》，上海辞书出版社，1981，293 页。

唆，或者是网络、广播电视的受众嫌深奥。因为信息量太大，冗余度太小的信息解读比较困难；反之，则解读比较乏味，缺少新奇感。

七、冗余的分类及其研究方法

语言冗余分为语言要素的冗余和言语成分的冗余。前者是静态冗余，也叫质的冗余，涉及语言要素的成分性质，如不同类的词、短语、句子以及语篇组合方式等，这些语言要素本身的冗余度大小不一；后者是动态冗余，也叫量的冗余，涉及言语成分的数量，即冗余成分数量和频率的多少。包括语义上同类成分或相近成分出现数量的多少，表现为字面上相同、基本相同或不同的言语成分；非同类成分出现数量的多少，如新闻作品开头的问候语、串联词等。

冗余成分的分析可以采取不同的方法。质的冗余可以借助于概率统计的方法，通过一定文本中出现特定性质的语言单位（包括出现概率较高和较低的，也就是信息量较大和较小的，信息论中称之为熵值）的百分比率，了解文本中这类代表性语言成分的信息度，从而间接了解整个文本质的冗余度。国外所谓的新闻文本的易读性[1]正是冗余度高低的反映。信息度低，冗余度高，则易读性强；反之则较弱。

---

[1] 易读性，是指估量一位读者在阅读和理解一段文字时能否成功的一种测定方法。一般是测量文本句子的长度、人称和接词（affix）三个方面，美国弗雷奇曾提出过易读性的测定公式。具体参见[美]沃纳·赛佛林、[美]小詹姆斯·坦卡德著，郭镇之等译《传播理论：起源、方法与应用》，华夏出版社，2000，132页。转引自彭兰《网络传播概论》，中国人民大学出版社，2001，153页。

量的冗余采取数量统计法,统计同义类冗余成分和非同义类冗余成分在全篇信息总量中的比例,直接得出一定文本中的冗余率。

本章将从新闻传播环节中的信源编码、信道传输和信宿解码等三个方面比较不同媒介新闻语言中的冗余度,通过描写分析和量化统计两个部分展开。

第一节　新闻传播中的冗余分析

一、不同媒介新闻的信源(编码)中的冗余特点

(一) 信源编码中影响冗余度的因素

信源编码中影响冗余度的因素有客观和主观之分。客观因素来自信道,主观因素来自信源和信宿。

1. 客观信道的总量限定要求降低冗余度

任何特定信道范围内传输的信息量总是有限的,这种限制限定了信息量的冗余。无论是哪种新闻媒介,其信道时空的制约迫使新闻传播者采用简洁明白的语言,一般不允许出现冗词赘语。新闻语篇中除非特殊的要素(主要的人物、事件发生的地点等)必须重复出现外,通常不重复出现内容相同的信息。例如,报纸新闻的标题和导语,导语和主体之间不应出现字面完全相同的信息;多层面复合形成的信息也不能有重复,如广播、电视新闻中的同期声等背景信息和报道词的信息不能重复。即使是个别词语也要尽量避免这一点。早先中央人民广播电台新闻人物的同期声说话前,总要由播音员、节目主持人或记者加上

言说动词“××说、告诉、介绍说”等，现在一律省去了这些动词，变为仅仅点明说话人身份或名字的“××”予以介绍，随后直接播放同期声内容。因为新闻传播中的同期声等信息，本身就是一种言说行为，无须再用相关的动词对它进行介绍。新闻语篇中也绝对不允许出现陈词滥调，有人称之为“新闻腔”、“语言暴力”。“文革”期间，这类套话曾达到了登峰造极的地步；改革开放以后，虽然已经大大减少，但仍未绝迹。1985 年 5 月 14 日《报刊文摘》转载过《讽刺与幽默》上批评新闻语言中套话的文章：

万能表

> 在___以来的大好形势下，在___会议精神的鼓舞下，___厂党委认真贯彻执行___精神，组织党委一班人围绕___专题，反复认真学习了___文件。通过学习，深刻认识到___的重要性，进一步明确了开展___的重要意义，从而大大增强了贯彻执行___的自觉性。在提高认识的基础上，他们针对本单位___的特点，狠抓了___的工作，做到了___，从而有力地推动了厂里的生产。到___为止，全厂已超额完成___计划的百分之___，总产值达___，比去年增长百分之___。群众高兴地说：___。目前，___厂的干部群众正在成绩面前找差距，力争为___作出新的贡献。

这样的套话出现概率高，熵值低，信息量极小，甚至等于零。对于广播、电视新闻来说，尤其要杜绝这类文字编码。因为广播、电视新闻篇幅特别短，要求文字组合字字珠玑，具体形象，即信息量大，容许的冗余度极小。

新闻传播信道中容纳信息量的限制也限定了质的冗余，即传播信息总量的限制决定、影响了编码符号的性质和编码的具体方式，如语言要素（词类、音节、句法结构）的具体性质、语篇的组合方式等。信息总量的控制决定了文本的符号信息必须具有较高的信息度（熵值），高度浓缩的语言编码必然要求语言符号的质的冗余度维持在较低的水平上。

2. 主观信源的功能、意愿要求增加冗余度，而主观信宿的需求和容忍要求冗余度维持在一个适切的水平

本章引言部分已经提及，作为传播者的信源必定带有主观性。表达这种主观性的某种功能和意愿，包括礼仪类和议论类，必定要求增加冗余成分予以承载。作为受众的信宿，也具有主观性，这种主观因素影响冗余的情况就比较复杂。一般说来，受众认知能力的高下决定了冗余度的高低：认知水平较低的成员解码时要求新闻信息有较高的冗余度，而认知水平较高的受众对此又不满意——这类冗余度过低的新闻信息解读时令人腻烦乏味。

特定的新闻媒介，如报纸、广播、电视和网络等，各有其所定位的信宿，他们在认知理解能力和知识储备方面存在差异，各受众群体对信息编码的冗余性都有一定的容忍度，一般不能超出。假设同一条新闻通过不同的媒介播出，造成受众的错位，他们将会受不了。因为不同媒介新闻信息的冗余不在同一水平上，而且还有质和量之分。例如广播、电视允许的质的冗余要大，表现在量的方面冗余要小；网络、报纸无论是质还是量，冗余度都要小一些。这就要求传播者把握好新闻信息的冗余度，既不至于使部分受众产生解读困难，也不能超出其他受众的容忍限度。

总的说来，无论是信源还是信宿对于冗余度的要求都有增

加的需求，但信宿同时又有减少的需求，这就要求新闻传播者在信息编码时综合考虑，让冗余度维持在一个适切的水平。

信源冗余主要是在编码中产生的，考察不同媒介的新闻语言的冗余度，包括语言要素和言语成分两个部分。

（二）信源编码中调控冗余度的方式

信源编码中调控冗余度的方式有质的冗余和量的冗余两种方式。质的冗余调控是选定信息度适中的语言要素，如词语、句式等编码符号和方式，在宏观上增加（或降低）新闻文本的信息量，间接控制其质的冗余度。量的冗余调控则是直接取舍冗余成分：重复或避免重复同义或近义的言语成分，增减不同类型的言语成分（议论、寒暄语等），以及调控新闻语篇或其组成部分的长度，确定新闻文本的（总）信息量，直接控制量的冗余。下面分别论述。

1. 质的冗余调控

语言符号中不同性质的代码出现概率并不相同，如不同词类的成员、不同类别的句法结构等。根据申农的信息论，出现概率低的语言代码信息量（熵值）就高，相应的冗余度就低；[1]反之冗余度就高。据此我们可以统计分析语言要素中不同词类、句法结构在不同媒介新闻语言中的比例，得出各自的信息度，以此间接得出各自的冗余度。

（1）词汇

新闻语篇中词汇成员内部有统计价值的类别是，语法类别

[1] 有关信息度和冗余度的计算，可参见桂诗春《实验心理语言学纲要》(第2版)，湖南教育出版社，2001，168页。桂将“冗余度”称为“羡余度”。

中的实词和虚词、语音类别中的单音节词和双音节词，这些不同类别词的概率统计可作为研究新闻语言冗余度的重要手段。

A. 实词和虚词

a. 汉语中实词的数量远远大于虚词。常用实词约有一万个，而常用虚词只有二三百个，但虚词使用的概率却大大超过实词。因此实词的熵值，即信息量，比虚词要高得多。加上汉语组词造句的手段是不用虚词的意合多于使用虚词的形合，虚词的使用常常可有可无，更可以看出其具有较高的冗余度。

就报纸、网络新闻语言和广播、电视新闻语言来说，分别代表书面语体和口语语体，前者虚词的使用量要超过后者。

b. 再看实词和虚词的内部成员。先看实词。新闻用词中存在通用词与非通用词，动词、名词与数词、形容词及副词，母概念名词与子概念名词的对立。

几乎所有的新闻写作书都提出新闻语言要“通俗易懂、准确鲜明、具体生动”。所谓“通俗、易懂”即意味着主要使用实词中的高频词，它们是为广大受众所普遍接受的。这样的词信息度较低，冗余度较高。例如，通用词和专业词就存在着高频词和低频词的对立，而冷僻词则肯定是低频的。所谓“准确、鲜明”就是使用最恰当的实词。理论上说，这种词是叙说新闻事实时独一无二的选择，是无可替代的，具有低频的特点，熵值极高。所谓“具体、生动”意味着多使用带有个性的动词和名词，少使用模糊抽象的数词、形容词和副词。就名词来说，“具体”意味着多使用子概念词，少使用母概念词。母概念和子概念是逻辑专有名词，两者的外延有大小之分，使用的概率上也有大小之分。前者信息度较低，后者较高。一般报纸等书面语中质的冗余较小，广播、电视等口语中的质的冗余较大，以分别适应受众长时和及时、短时解读的需要。

再看虚词。不同媒介的新闻语言存在着不同词类成员的有无和多少的差异，例如语气词、感叹词等。这些成分的使用差异，使得整个语篇的熵值有了高低之分，也使它们的冗余度有了差异。报纸和广播、电视新闻中虚词的使用就是较为典型的可以对比的例子。

B. 单音节词和双音节词

单音节词一般是比较古老、比较常用的基本词汇。在现代汉语里，有的仍然是基本词汇，有的还可成为其他词语的构词语素；双音节词则可能是常用的基本词汇，也可能是非常用的一般词汇。相比之下，一方面，现代汉语中的双音节词使用频率一般要高于单音节词，前者的信息度小于后者，相应地，质的冗余前者要大于后者；而另一方面，双音节词由于前后两个字的相互引证和相互作用，信息上又有了量的冗余，量的冗余也是前者大于后者。因此，双音节词质、量的冗余都大于单音节词。

有关广播、电视新闻写作的著作都认为，必须多使用双音节词，而报纸新闻写作没有强调这一点。其原因在于：广播、电视新闻信息的接收和理解的时间较为短暂，语言单位的信息度不能太高，冗余度必须大一些；而报纸新闻的理解速度可以缓慢一些，冗余度可以也必须低一些，信息度要高，这才能满足受众对新闻信息求新求趣的解读要求。

(2) 句法

新闻语言是否简明也与句法结构有关。句法结构的复杂程度决定了这种结构出现的概率，概率的大小也决定了熵值的大小，这也可以作为测量新闻语言冗余度的手段。国外学者测量文章易读性的指标之一是句子的长度，某种程度上也就是简单句和复杂句的比例关系。

影响句法结构繁简的因素主要有：

A. 简单句和复杂句

语言结构复杂的因素之一是句子成分中的修饰成分。

一般认为，新闻语言不宜附加太多的修饰成分。对于广播、电视新闻语言来说，修饰语的使用限制更严格一些。不少有关的著作都认为，广播、电视语言最好不用或少用修饰语，否则受众理解起来困难；而报纸新闻在这一点上则没有特别的限制。其原因就在于简单句出现的频率高，冗余度高一些；复杂句出现的频率低，冗余度低一些。对于广播、电视新闻的受众来说，带有修饰成分的长句子一般难以接受。例如：

> 这个学院培养出来的十名德才兼备、才气横溢的硕士研究生的丰硕成果，受到了人们的高度重视。

这句话若作为广播、电视新闻，“丰硕成果”的定语就显得过长，使人们听起来吃力。应改为：

> 这个学院培养出来的十名硕士研究生，个个德才兼备、才气横溢。他们的丰硕成果，受到了人们的高度重视。

B. 意合句和形合句

汉语复句的形式有两类：意合句和形合句，前者不用关联词语连接，后者需借助于关联词语。形合句中的关联成分有不少可以省去，可见它们是一种冗余成分。两种不同的复句由于关联词语的有无，造成了冗余度的差异。口语中较多地出现意合句，较少使用形合句。书面语对意合和形合的复句类型没有特殊的要求，也是因为书面语的解读，其冗余度的大小对受众理解信息没有特殊的困难。就新闻语言来说，广播、电视和报纸分属口语语体和书面语体，广播、电视新闻中较多使用意合句。

（3）句类

陈述句一般直接贮存和负载理性信息，非陈述句总要依赖句群（上下文）才能负载，必定附带程度不等的冗余信息。冗余度后者大于前者。例如广播新闻常用设问句，带有较多的冗余成分。

（4）语篇结构

新闻语篇的结构常见的有倒金字塔式、金字塔式、散文式等。为报道不同类型的新闻事件，满足人们不同认知结构的需要，新闻语篇结构各种方式的出现概率也不一致，由此也会带来冗余度的差异。在不同的新闻媒介中，编码组合的结构方式会有所差异。一般说来，由电子媒介传播的广播、电视新闻的语篇结构多用顺序形式，符合人们常见的认知方式。顺序形式具体有两种：

A. 时间顺序。即按照新闻事件的发生、发展安排叙述顺序，不用倒序，具体的句子也不用倒装方式。

B. 逻辑顺序。即按照事物发展的逻辑联系安排材料。常见的逻辑关系有因果、并列、主次和点面等。这种顺序在广播、电视新闻中一般都不能倒装。

顺序和倒序这两种方式常合用于一种称为螺丝式的结构中，即将金字塔式与倒金字塔式组合起来的结构。这种形式，通常是开头提纲挈领地介绍全篇新闻的主要内容和中心事实，然后逐步展开具体的新闻事实。而倒金字塔式在国内新闻的口语语体（广播电视）中一般不怎么流行，这主要与我国读者和听众解读新闻语篇的认知结构有关。他们喜欢收听有头有尾、事件明确的新闻，而倒金字塔结构的新闻似乎秩序太乱，因而不受欢迎。

报纸新闻对结构的要求较为宽松，源于受众解读时间的宽松；而网络新闻一般采用倒金字塔结构，以满足不同受众获取详略不等的信息需求。

2. 量的冗余调控

量的冗余主要是一种语义冗余，这类冗余又可分为同义类和非同义类。同义类包括新闻语言中字面相同的少数词语重复出现，以及字面不相同但语义相同或相近的词语重复出现；非同义类是指超出受众需求的非同义的冗余成分。下面分别讨论。

(1) 同义类冗余成分

先说词语重复性冗余（字面相同）成分。

本章引言部分已经说过，新闻语言是十分忌讳重复累赘信息的。但由于信道的损耗，有时必须重复出现某些新闻信息，主要是为了交代某些新闻要素。广播新闻常常需要重复这类信息。例如，为了使听众获取清晰的新闻内容，广播新闻不能只在导语部分出现一次人名、单位名或地名，下文就用指代手法替代，而应该反复输入，不厌其烦。因为听众的随时加入是一个连续不断的过程，他们很可能会搞不清某个新闻报道的有关要素，弄不好还会产生误解。例如，1985 年 3 月 3 日，中央人民广播电台一个节目中播出了波兰食品涨价的消息。许多听众开头没有注意，没有听清是波兰发生的事，后来听到从第二天起许多食品要涨价，立即引起了注意，以为是讲我国的情况，于是他传你，你传我，都涌到街上去抢购。当时北京市崇文区金鱼池粮店库存的粮食，当天被抢购一空，这个粮店的职工打电话问中央人民广播电台，明天拿什么卖？这件事说明，听众收听广播，远没有报纸的读者那样留心，他们仅仅是按照个人的兴趣来理解。如果这条新闻稍微增加一些冗余信息，在介绍了波兰的农副产品涨价的幅度后，加入以下内容：

> 波兰政府宣布，从明天起，本国的食糖、植物油也要涨价。

听众听了就不会产生误解了。[1]

一般说来，广播新闻重复有关成分的次数必须根据其所在的新闻文本的长短决定。比如报道某个工厂，报纸上出现一次厂名就可以了。广播新闻中如果是一篇较短的新闻，应该在开头和最后一段各出现一次。如果新闻语篇比较长，则应在每个段落的开头都出现一次。

再看非重复性冗余（字面不同但意义相同）成分。

这类成分是指新闻语篇中某些字面不相同，但意义相同的成分重复出现，多出现在报纸语言中标题与导语、导语与正文之间某些需要强调的成分中。常见的非重复类冗余成分有：

A. 缩略语与全称语

报纸新闻中的缩略语较之广播和电视新闻中要多。缩略语跟全称语之间存在冗余性成分。例如：

---

[1] 该例引自程道才《广播新闻写作》，中国广播电视出版社，1999，115页。

(1) 1979 年 11 月 25 日凌晨 3 点 30 分左右，石油部海洋勘探局的渤海二号钻井船，在渤海湾迁往新井位的拖航中翻沉……

……

渤海二号是从国外引进的钻井船……在拖航前，“渤二”钻井船队长刘学为了拖航安全，曾三次从海上打电报给局里，要求派船给“渤二”卸载……

（《工人日报》1980 年 7 月 22 日）

上文的“渤海二号钻井船”与“渤海二号”、“渤二”等是对同一事物的指称，但分别采用了全称语与缩略语，后者是冗余成分。

B. 指代词与先行词

报纸新闻中指代词的使用比较自由，它与先行词的语义重复构成了冗余信息。例如：

(2) 在津巴布韦东北偏远山村的小河边，16 岁的穆昆正在洗衣服。正当她拧干衣服的时候，一道雷电打到她脚下的砂石上，使她成为雨季里遭雷击的第 93 个人。

（《参考消息》1990 年 5 月 13 日）

上文中的“她”指代“16 岁的穆昆”，构成了冗余成分。

C. 概括语与详述语

这类冗余主要存在于标题与导语之间。例如：

(3) 平民百姓赢了政府机关

一场民与官相较量的马拉松官司近日得到裁决：原告——个体户王淑芹，得到被告——醴陵市政府 8 万元的赔偿损失费……

（《株洲日报》1987 年 10 月 30 日）

上文“平民百姓”对应于“个体户王淑芹”，“政府机关”对应于“澧陵市政府”,“赢”对应“得到……赔偿损失费”。两两相对,后者都含有冗余成分。

(2) 非同义类冗余成分

这类冗余成分主要是指新闻语篇及其组成部分的标题、导语、主体等的信息量,在时空、长度等方面超过受众接收能力的部分,以及信源表达的具有特殊功能性的成分。

A. 语篇成分中一定信息总量外的冗余成分

新闻信道的容量就是允许通行的信息总量,这个数量具有一定的界限。一方面虽然信道容量可以在一定的条件下予以扩大,例如,作为新闻媒介的报纸可以增加版面,广播、电视可能增加发射台、节目频道和节目套数,但终究不可能达到无限;另一方面,在给定的信道中,它所容纳的信息代码的数量总是有一定限度的。而受众在一定时间内,受生理、认知等因素的制约,不可能无限量地接收信息,超出他们接收能力的新闻信息可视为无用信息,等同于冗余信息。

不同媒介的新闻语篇成分的信息量从受众接收的角度看,都有一定的客观标准,这个标准构成了语篇信息数量是否冗余的临界线。我们可以划定这个界限,判定新闻语篇在信息总量上的冗余度。

据新闻从业人员的研究,综合新闻信息传播的规律,我们认为,调控新闻信息量的具体标准有如下几个方面:

a. 句子长度

不同媒介新闻语篇中的句子长度可以不一样。一般认为,广播、电视新闻的句长限定要严格一些。美国学者罗伯特·M.奈特认为，广播新闻每句不超出 20 个词。[1]就汉语来说，句子的长度应该少于这个数字。网络新闻的句子也许控制在 20 个字以内是合适的。[2]报纸新闻的句子似乎可以自由一些，但也不应超过受众认知能力的限度。这个度还有待研究。

b. 标题字数

不同媒介新闻语篇中的标题长度还没有系统的研究。有学者认为，网络新闻标题也不应超过 20 个字。电视屏幕的字幕标题，受制于字幕机，一行限定为 13 个字。[3]

c. 语篇字数

广播新闻通常几十字、三五百个字。[4]广播消息，一般认为，300—500 字的算长消息，100—300 字的是短消息，100 字以下的是简明新闻。[5]美国的广播新闻还要短，平均每条半分钟时间。目前中国大陆广播、电视新闻奖的评奖标准为：广播短新闻限制在 1 分半以内，300 字左右；长新闻限制在 4 分钟以内，800 字左右。黄匡宇认为，电视新闻报道 1 分钟左右，[6]按每分钟 200—220 个字计算，[7]约 200 字长。最长不超过 3 分钟。[8]

报纸新闻的长度没有明确规定。早在延安《解放日报》时期，胡乔木同志曾建议，新闻（按，指消息）要五分之四是 500 字

---

[1] 罗伯特·M. 奈特（Robert M. Knight）著，方辉盛译《最佳写作要领》，新华出版社，1999，184 页。

[2] 彭兰《网络传播概论》，中国人民大学出版社，2001，154 页。

[3] 严三九《应用电视新闻学》，暨南大学出版社，2002，275 页。

[4] 陈莉等《广播电视学》，南京师范大学出版社，1998，171 页。

[5] 同上，176 页。

[6] 黄匡宇《广播电视学概论》，暨南大学出版社，1999，341 页。

[7] 郭镇之《广播电视新闻概论》，人民日报出版社，1992，70 页。

[8] 孔德明《电视文本写作》，北京广播学院出版社，2002，64 页。

左右，通讯和副刊稿件是2000字左右。[1]

网络新闻更是讲究篇幅的短小，一般认为的“太长”是以秒来计算的，不是分钟，也不是字数。读者花在一篇报道上，甚至是报道的首页上超过60秒的可能性极小。有学者认为，网络新闻单个语篇以不超过一屏为宜，我们估计为600字左右。

B. 信源带有功能性质的冗余成分

这类成分主要有问候、寒暄语和议论性话语。

问候类词语相对于新闻理性信息来说，是纯粹的冗余信息，其功能是出于礼节、关心，以及打通信道的需要。这种亲切的话语，便于营造良好的传播气氛，主要出现于广播电视新闻的开头和结尾语中。广播新闻开头常有问候祝愿语，例如中央人民广播电台的《全国新闻联播》节目的开始就是这样：

> 各位听众，晚上好，欢迎收听《全国新闻联播》，以下是这次节目的主要内容……

广播新闻的结尾有沟通传播者和听众相互联系的回播，再介绍一次内容提要，以及编辑和播音员等。

议论性话语成分，主要是指传播者出面对新闻事件进行评判的议论成分，常见于报纸，较少出现在广播电视新闻中。

二、信道中的冗余度分析

信道中产生的冗余主要是由信道内部特殊的组合结构带来的。具体情况有两种：

（一）纵向多层面（立体）的动态冗余

---

[1] 李元授、白丁《新闻语言学》，新华出版社，2001，19页。

这种冗余由单通道多层面的语言信息的立体复合而产生。多个层面可以视为多个语篇，受众就单个语篇看没有冗余，就多个语篇看却有冗余成分。其中的单通道有视觉和听觉两种。

视觉类多层面动态冗余存在于报纸新闻和网络新闻中。就报纸新闻来说，新闻语篇的长度影响其结构组合的方式。当篇幅超过一定的限度时，必须另加提要，以满足不同受众接收繁简不等的新闻信息的要求。受网络新闻形式的影响，加上报纸扩版增加信息量的需求，报纸要闻采用多层面复合结构报道的“视窗化”趋势日渐增多。传播者通常在头版为这类新闻设立“导读”专栏，让该报的主要新闻用一级层面的标题形式聚集在一起，成为固定栏目，相当于标题新闻，透露出该期报纸的精华和亮点。同时在每条新闻标题后标明第二层面详细报道的位置，便于读者随时进入浏览。例如 2001 年 7 月 4 日《人民日报》主要新闻第一层面的《今日导读》专栏是：

(4) 纪念建党八十周年理论研讨会综述（第二版）
越南媒体突出报道江泽民重要讲话（第三版）
奋斗业绩：坚不可摧的钢铁长城（第五版）
评大型文献专题片《使命》（第六版）
国家批准新建十六处国家级自然保护区（第九版）
大中专学生“三个代表”实践服务团出征（第十版）

后来居上的网络新闻，将信息相互关联的多层面语篇结构的叠加冗余推向顶峰。其中网络新闻的专题报道，其第一层面的标题与后面的第二及更高层面的文本都是分层语篇结构。这种多层面的文字信息，就理论上来说，可以无限地进行下去，形成语篇间的信息复合冗余。

有学者认为，网络新闻最关键的新闻事实构成第一层面，或称为骨干层面；相关的新闻事实，如背景、细节以及新闻事实的详细展开，作为第二、第三甚至第四层面，亦即枝叶层面。例如2005年7月31日上海东方网首页新闻《高温暴雨大风冰雹昨上海碰头 11级狂风吹颤南浦大桥》，第一层面，只出现上述一级标题；第二层面出现二级标题及概要性的导语：

(5) 狂风暴雨突袭 申城从容应对秩序井然

高温、狂风、大雨、冰雹，昨日老天大变脸——狂风暴雨突袭，申城从容应对秩序井然。

同时预先出现三级层面的提要题：

(6) 高温暴雨狂风冰雹昨日申城“四碰头”

在第三层面，出现详细的新闻语篇：

(7) 11级狂风吹颤南浦大桥 大桥交通“停滞”十分钟

疾风劲雨、烈日高温，这两种看似水火不相容的天气，却在昨天一天内先后上演。从上午10时04分中心气象台发布红色高温预警信号开始，直至16时13分发布暴雨黄色预警信号，申城接连遭到38℃高温、雷暴雨、冰雹以及11级狂风侵袭。在11级大风考验下，南浦大桥桥面出现晃动，大桥交通“停滞”8—10分钟。而来自上海中心气象台的消息称，在未来的夏日里，如此极端的恶劣天气还有可能再次出现。

专家也没有料到，昨天的最高气温竟然一鼓作气，冲到了38.2℃之高。

……

对于昨天的天气，首席预报员戴新甫分析，主要是强对流惹的祸。按气象资料分析，目前本市始终处于副热带高压边缘影响中，持续高温日为申城的空气“充满”了能量，而北方一股弱冷空气犹如一把利刃，顷刻间戳破了这只“球”导致风云突变。

戴新甫表示，由于在未来一段时间里，这一天气系统不会有太大变化，因此午后到夜里局部地区仍有可能出现强对流天气。此外，由于这段时间申城“多雷”，市民出行应注意防范，尽量避免在空旷地区、树下以及高塔、广告牌等雷击事故多发区域行走。　　（东方网 2005 年 7 月 31 日）

听觉类广播、电视新闻的内容提要，与后面的正文也是分层语篇结构。广播、电视常常在新闻节目的开头，挑选大约一半的重要新闻先行播出内容提要，作为第一层面的信息，便于听众选择收听，满足他们获取简明信息的需要。随后播出第二层面的全篇新闻的详细信息。例如 2005 年 10 月 2 日《新闻和报纸摘要》节目一级层面的内容提要如下：

(8) 第一届两岸民间精英论坛举行，贾庆林、宋楚瑜出席并发表演讲

吴官正应邀出访欧洲四国

庆祝新疆维吾尔自治区成立 50 周年专场文艺晚会举行，罗干观看演出

为期四个月的“公安大接访”工作告一段落，各级公安机关共接待上访 20 万 4 千起，信访人表示停访息诉的 19 万 2 千起

全国工会维权机制建设经验交流会举行

我们以其中画线的三篇的正文为例，可以看出第二层面的信息

与第一层面重合的冗余情况：

(9) 新华社消息：应马耳他、瑞典、芬兰和白俄罗斯政府的邀请，中共中央政治局常委、中央纪委书记吴官正昨天离开北京，前往上述四国进行友好访问。

(10) 中央台记者张华杰报道：为庆祝新疆维吾尔自治区成立50周年，由国家民委和新疆维吾尔自治区党委、政府联合主办的专场文艺晚会昨天在京上演。中共中央政治局常委罗干等观看了演出。演出开始前，罗干等会见了曾经在新疆工作过的老同志及部分新疆籍在京工作的代表。

(11) 中央台记者赵九骁、徐冰报道：中共中央政治局委员、全国人大常委会副委员长、中华全国总工会主席王兆国15日在义乌全国工会维权机制建设经验交流会上强调，要立足党和国家的工作大局，有效整合工会内外资源，充分运用法律手段，坚持结合实际，不断创新工会维权机制。要把维权关口前移，帮助、指导职工与用人单位签订劳动合同，代表职工与企业签订集体合同，加大源头参与力度，推动职工群众实际困难和问题的解决。

（此三例引自《解放日报》2005年9月16日）

以上画线部分与内容提要大多重复冗余，对于以时间先后的一维性为顺序的传播方式来说，这种复合冗余是十分必要的，可以满足听众随时参与收听的需要。

总之，纵向的复合冗余是传播者为了满足不同知识背景的受众随时接收信息的需要而特意设计的，是一种服务于信宿的、开放的、可以调整适切度的冗余。

（二）横向单层面（平面）的静态冗余

这种冗余是并列的多通道（或单通道）传播的信息在单层面上的复合而产生的冗余。根据并列传播的信息位于多通道还是单通道可以分为两类：

1. 多通道各自传播的信息复合而产生的冗余。例如，网络新闻传播的信息是音频通道信息、视频图画以及文字信息并列复合而成；电视新闻传播的信息是音频通道信息、视频通道信息，即声画信息并列复合而形成。这两类新闻信息因含有并列的复合成分而产生冗余。

2. 单通道内并列信息的复合产生的冗余。例如，报纸新闻中图文并茂，在视觉通道中复合而成的信息；广播新闻中同期声与主持人或现场记者、播音员传播的信息，在声频通道中复合而成的信息，都可能产生冗余。

就传播效果来说，这种单层面的静态冗余应该尽可能避免。或者说，这种性质的新闻信息冗余度应该严格控制在一定范围之内。

我们说静态的多通道并列复合的新闻信息不能有冗余，是因为受众在共时解读的情况下不能容忍。这与上述第一种动态冗余不同：动态的单通道多层面的信息虽然客观存在，但只有读者开始解读并横跨两个层面时才产生部分的冗余。单层面解读时不存在冗余，也就是说，这种冗余存在于历时的多个层面，而不是共时的单个层面中。或者说，这种冗余度是因不同受众对新闻语篇组合的不同选择而产生的不同结果，这正是不同的信宿所要求的。但静态的复合冗余是必须严格控制的。例如，不少新闻写作著作都提及，电视新闻中的声画信息不能简单地重复，画面本身会“说话”，一般无须再来一段报道词。譬如，画面上有一头牛在吃草，就没有必要再报道"那是一头牛在吃草"。除非画面信息有歧解，文字才必须给予适当的补充。报道词与画面要保持距离，就是为了防止声画信息的叠加，出现冗余信息。

就单通道的新闻传播来说，并列复合的信息也不能有冗余。例如传统的报纸新闻的图文复合报道、广播新闻中的同期声和主持人或记者现场播音信息不应简单重复。当我们对同一新闻事件进行图文并行的报道时，如果文字报道已经讲清新闻事件了，就不必再给图片配上文字说明，或者要简化文字说明；而当图片中反映的新闻事件的信息已经很明了时，就不必再作详细的解说，要补充的只是图片形象的某些不足之处。

综上所述，信道中产生的新闻信息冗余有两种：横向单层面（平面）的静态冗余和纵向多层面（立体）的动态冗余。前者是多（单）通道中的复合冗余，是共时解读中的静态冗余；后者是历时解读中的动态冗余。为方便受众解读信息，我们应适当增加动态的冗余，而尽量减少静态的冗余。

三、不同媒介新闻的信宿冗余特点

艾丰在《新闻写作方法论》中指出，新闻语言要做到简明的关键是：必须考虑读者的关切度和理解度。其中在读者的理解度这个问题上，容易出现的毛病有：一是没有意识到这个问题；二是过高地估计了读者的理解力；三是过低地估计了读者的理解力，于是在报道中加入了许多本来可以不说的内容。[1]胡乔木

---

[1] 艾丰《新闻写作方法论》，人民日报出版社，1999，35—37页。

同志曾指出，你把你的读者每一次都当做对你的知识一无所知，准没有错。[1]胡乔木同志的观点是从尽可能照顾低层次受众的知识水平着眼的，他的看法和艾丰提出的两个度均涉及受众认知理解的语言知识的冗余问题。面向受众的冗余度把握不好，冗余失当，就会对受众的信息接收效果产生很大影响。受众的文化素质不同，对新闻文本的解码过程中产生的冗余度会有直接的影响。

桂诗春指出，信宿解码会产生冗余，因为信宿利用自身的语言知识可以弥补信息传播中的不确定性，[2]也就是说可以产生冗余信息。就同一个新闻信源编码集合——新闻文本来说，不同的接收者解码效果可能不相同，信息中的一部分有可能成为冗余信息。这是因为受众在解码中会激活储存的语言知识，它们与新闻文本中帮助理解的部分背景信息，甚至新传信息等重复了。究其因，主要与受众的认知背景和作品所处的社会背景有关：

（一）认知背景　指信宿的文化层次、社会职业、个人爱好、专业知识等。

（二）社会背景　指特定社会、时代的政治、经济、文化等因素的总和。它可以制约、决定新闻语篇中的某些语言成分是新传信息还是冗余成分。例如"文革"期间的政治背景几乎天天强调，有关政治新闻的报道冗余度极大，而换到今天，政治新闻同普通新闻一样，冗余度不会很大。

一般说来，报纸、网络新闻的受众文化层次较高，广播电视

---

[1]　胡乔木《人人要学会写新闻》，《解放日报》1946年9月1日。转引自程道才《广播新闻写作》，中国广播电视出版社，1999，157、158页。

[2]　桂诗春《实验心理语言学》，湖南教育出版社，1991，169页。

层次不限，这就要求新闻语篇的编码者在新闻背景信息的详略、语言要素的选择（包括挑选负载信息的具体代码，如确定难易适中的文字符号、表达方式）等方面区别对待。如果编码水准和受众定位产生了错位，其后果必定是：或者冗余度过高，缺少新奇感，解读乏味；或者是信息度过高，冗余度太低，易读性差，理解困难。

如何把握不同媒介新闻语言的冗余度，使之适应不同受众的需要，最大限度地提高接收解读的效果，关键还在于对新闻信息的受众进行专题调查，了解他们的语言知识结构和社会背景。这方面的研究还有待加强。

第二节　不同媒介新闻语言冗余度的量化比较

为集中揭示不同媒介中新闻语言的差异，我们以消息为例，比较报纸、广播电视、网络新闻的词汇、标题、导语等语篇成分的质的冗余度和量的冗余度。

本节采用的统计语料如下：

报纸新闻消息，采用的文本是严介生等编著的《消息精品选评》（中国广播电视出版社，1996 年）；广播、电视新闻消息，采用的文本是江欧利等编著的《中国广播电视新闻奖 2000 年度新闻佳作赏析》（新华出版社，2002 年）、孟建等编著的《广播电视新闻范文评析》（新华出版社，2001 年）和江苏省新闻工作者协会编的《江苏新闻五十年精品选》（广播电视卷）（江苏人民出版社，1999 年），以及从中国广播网、中央电视台网站和中央人民广播电台中下载或实况收录、听写整理的文本稿；网络新闻消息，采用的文本是网易、新浪、搜狐等商业网站和东方、人民、中新等新闻网站中的新闻。

一、信源编码冗余度比较

（一）质的冗余比较

质的冗余比较包括词汇、句子、语篇等几个方面。

1. 词汇

词汇的冗余度包括一定新闻文本中实词、虚词的数量比例，实词内部某些词类成员的数量比例。

本章第一节我们曾经指出，实词的出现概率比虚词低，信息度较高，而质的冗余度较低。实词内部又是动词的信息度较高，质的冗余度较低；形容词正好相反，质的冗余度较高。下文我们对不同新闻文本中的实词和虚词、动词和形容词的出现数量进行统计，以此间接测算不同新闻语言的冗余度。

（1）实词、虚词在报纸、广播电视、网络新闻文本中的数量比例

统计中，我们将副词划归虚词，并按标题、导语以及整个语篇（含导语，不含标题）为单位，对其中的实词、虚词数量进行对比。

报纸新闻消息，我们统计了 12 篇作品。为保证所选的语料能覆盖各类题材的消息，我们特意选用了动态新闻 4 篇、综合消息 1 篇、解释性消息 2 篇、评述性消息 2 篇、特写性消息 1 篇、人物消息 1 篇、批评性消息 1 篇。统计数据如下：

类别	标　题		导　语		语　篇	
	实词	虚词	实词	虚词	实词	虚词
总词数	218	25	1029	499	3952	1029
百分比	89.71%	10.29%	67.34%	32.66%	79.34%	20.66%

广播、电视新闻消息，我们统计了 10 篇作品，广播、电视各半，内含现场新闻和口播新闻。导语和语篇的具体数据如下：

类别	导　语		语　篇	
	实词	虚词	实词	虚词
总词数	425	94	2542	692
百分比	81.89%	18.11%	78.6%	21.4%

需要说明的是，广播、电视新闻标题的书面（纸质记载、屏幕出现）形式常常只是为了称说、使用的便利，不是实际存在的口语形式的标题。为真实比较不同媒介新闻语言的标题特点，我们通过录音工具记载了中央权威媒体机构中央人民广播电台和中央电视台的新闻节目，收集了《新闻和报纸摘要》、《新闻联播》中消息语篇的内容提要（我们称之为提要题），选取了这类提要题各 26 条，现将统计情况归总如下：

类别	广播电视标题	
	实词	虚词
总词数	642	63
百分比	91.03%	8.97%

网络新闻，我们统计了 15 篇、其中东方 4 篇、千龙 2 篇、人民 2 篇、搜狐 1 篇、网易 2 篇、新浪 1 篇、中新 3 篇。具体的实、虚词比例如下：

类别	标　题		导　语		语　篇	
	实词	虚词	实词	虚词	实词	虚词
总词数	163	13	561	105	2687	628
百分比	92.62%	7.38%	84.23%	15.77%	81.06%	18.94%

综合四种媒介的新闻词汇数据，现将标题、导语、语篇的实、虚词数量百分比对照如下：

媒介类别	标　题	导　语	语　篇
报纸	89.71%:10.29%	67.34%:32.66%	79.34%:20.66%
广播电视	91.03%:8.97%	81.89%:18.11%	78.6%:21.4%
网络	92.62%:7.38%	84.23%:15.77%	81.06%:18.94%

上表数字标明，四种媒介的新闻语言中，网络新闻的虚词所占比例最小。因而其整个文本的信息量最大，冗余度最小。其次是广播电视，最后是报纸。按冗余度由大到小的次序排列为：报纸＞广播电视＞网络；同样，就新闻语篇及其组成部分来说，由虚词的多少而带来的信息量由多到少的顺序依次是：标题＞导语＞语篇，而相应的冗余度由多到少正好相反：语篇＞导语＞标题。

(2) 实词内部成员动词和形容词的比例

实词内部成员的考察，我们选取了导语和语篇中的动词和形容词，通过它们出现的数量比例观察新闻语篇中的冗余度。

我们同样选取了消息语篇报纸类 12 篇、广播电视类 10 篇、网络类 15 篇进行统计。具体数据如下：

类别		导语		语篇	
		动词	形容词	动词	形容词
报纸	每篇平均	7.25	0.92	53.67	8.67
	平均占全篇词语总数百分比	12.93%	1.63%	62.59%	10.11%
广播电视	每篇平均	8	1.4	29.3	4.4
	平均占全篇词语总数百分比	2.47%	0.43%	56.45%	8.48%
网络	每篇平均	7.33	0.6	46.2	4.67
	平均占全篇词语总数百分比	16.51%	1.35%	20.9%	2.11%

上述数据表明：

A. 就不同媒介来看，导语部分的动词与形容词的占比数量由大到小依次是：网络（16.51%:1.35%=12.22:1）>报纸（12.93%:1.63%=7.93:1）>广播电视（2.47%:0.43%=5.74:1），即动词与形容词相比的倍数分别是12.22倍、7.93倍和5.74倍。

B. 就整个语篇来看，动词与形容词的占比情况由大到小依次是：网络（20.9%:2.11%=9.89:1）>广播电视（56.45%:8.48%=6.66:1）>报纸（62.59%:10.11%=6.19:1），即动词与形容词相比的倍数分别是9.89倍、6.66倍和6.19倍。

就导语和整个语篇中的动形倍数比较来看，报纸、网络新闻中都是导语大于语篇，数据分别是：

报纸 导语7.93:1>语篇6.19:1

网络 导语12.22:1>语篇9.89:1

而广播电视中却是语篇大于导语：

语篇6.66:1>导语5.74:1

上面已经指出，动词的信息量大于形容词，相应的质的冗余度却是动词小于形容词。这是因为动词家庭的内部成员数量众多，在语言中出现的频率低于形容词。出现频率高的词语，人们比较熟悉，其中就包含了部分冗余信息，人们获取的信息量就少。换言之，动词数量大于形容词的语篇，其中的信息量就大，冗余度就小。据此，我们可以就动词和形容词的占比情况得出结论。

就不同媒介来说，导语部分的信息量由大到小依次是网络＞报纸＞广播电视，而质的冗余度的大小正好倒过来：广播电视＞报纸＞网络；整个语篇的信息量由大到小是网络＞广播电视＞报纸，而质的冗余度反过来就是报纸＞广播电视＞网络。

值得注意的是，广播电视的导语中的动词占比数量要小于整个语篇。即导语的信息量小于整个语篇，而冗余度大于整个语篇。广播电视导语部分动词占比数量较小，形容词占比数量较大，如此安排冗余度较大、信息度较低的导语，可能是出于吸引、方便受众接收信息的需要。

2. 句子

句子的冗余度可以通过测算新闻语篇中不同类型句子的比例间接获取。这种可供测算的句子为单句中的简单句和复杂句、复句中的形合句和意合句。本章第一节我们曾指出，简单句和形合句是冗余度较高的句子，复杂句和意合句是冗余度较小的句子，统计它们的出现数量可以作为测算句子冗余度的手段。对于复杂句，我们主要统计语篇句子中定语和状语等修饰成分的数量；对于形合句，主要统计语篇句子中作为形合句标志的关联成分的数量。

（1）句子中定语和状语的出现数量，我们分导语和语篇两个部分统计，语料的选取同上文的词汇统计一样。四种不同媒介新闻语篇中每篇拥有定语、状语的平均数量（单位：个）如下：

媒介类别	篇目数	导语		语篇		语篇平均修饰语数量
		定语	状语	定语	状语	
报纸	12	2.42	5.5	13.08	17.83	30.91
广播电视	10	2.3	5.2	12.7	21.3	34
网络	15	2.4	3.07	10.07	22.93	33

统计数据表明，报纸新闻导语中的定语、状语均略高于广播电视，报纸语篇中的定语也是如此，但语篇中的状语则是广播电视新闻超过了报纸新闻；网络新闻语篇定语少于报纸和广播电视，但语篇状语却要超出。不过就修饰语的平均情况来看，四类新闻的数量相差不多，由多到少依次是：

广播电视＞网络＞报纸

这种排列顺序表明：首先，广播、电视由于信道容量的限制，必须加大为数有限的语言代码的信息度，使用十分经济的句法手段，构成复杂的句子，因而免不了使用修饰语；另外，通过修饰语也可以用来衔接语篇，起到语意连贯的作用。看来以往新闻著作中一味强调少用修饰语的说法也不尽确切，只是要避免使用太长的修饰语。其次，网络新闻的修饰语也跟报纸不相上下，这是由于其脱胎于报纸新闻，尚未形成真正意义上的网络特性的新闻，它的特征还有待进一步探索。就目前来说，还是十分接近报纸的。

（2）句子中关联词语的出现数量。对句子中的关联词语进行统计，即可知道各自形合句的出现比例。我们统计了不同媒介新闻消息语言，有关关联词语的数量统计如下：

媒介类别	报纸	广播电视	网络
篇目数	12	10	15
关联词语总计	73	49	65
平均每篇数量（个）	6.1	4.9	4.33

上表数据表明，四种媒介中的新闻语篇使用关联手段的形合句的平均数量依次是：

报纸＞广播电视＞网络

这种排列次序一定程度上说明了关联手段这种结构性冗余成分在不同媒介中的比例，间接反映了句子所在语篇的冗余度：报纸最高，广播电视次之，网络最低。

3. 语篇

语篇组合的冗余度，我们主要考察结构顺序的方式。学术界通常认为，以逻辑顺序和时间顺序组合的语篇比较符合一般人解读新闻编码的认知心理；而倒金字塔结构，或者说倒序结构较为新奇，是一种高熵顺序，信息度较高，但冗余度却是前者高于后者。我们统计了四种媒介的新闻语篇中顺序结构与倒金字塔结构的具体数据。

报纸新闻语篇结构类型的比例是：

结构类型	倒金字塔结构	顺序结构
篇数	12	10
百分比	54.55%	45.45%

广播、电视新闻语篇结构类型的比例是：

媒介类别	广　播		电　视	
结构类型	倒金字塔结构	顺序结构	倒金字塔结构	顺序结构
篇数	11	18	5	17
百分比	37.93%	62.07%	22.73%	77.27%

网络新闻语篇结构较为复杂，各网站具体语篇结构差异较大。中新网 2002 年 12 月 16 日部分新闻和 2005 年 7 月 31 日东方、人民、千龙、搜狐、网易、新浪首页新闻消息语篇结构的情况如下：

网站	倒金字塔结构篇数	顺序结构篇数
中新	6	7
东方	4	3
人民	1	2
千龙	2	4
搜狐	2	4
网易	3	2
新浪	2	2
总计	20	24
百分比	45.45%	54.55%

综合上述对四种媒介所作的分析，我们可以列出它们的结构类型对照表：

媒介类别	倒金字塔结构篇数	顺序结构篇数	倒、顺之百分比
报纸	12	10	54.55%:45.45%
广播电视	16	35	31.37%:68.63%
网络	20	24	45.45%:54.55%

顺序结构是一种高冗余度的结构，因而四种媒介中，顺序结构占百分比的数量由大到小的排列次序就是不同媒介新闻语篇结构的冗余度差异：

广播电视（68.63%）＞网络（54.55%）＞报纸（45.45%）

（二）量的冗余

量的冗余分为宏观冗余和微观冗余两类。宏观冗余包括标题、导语和语篇信息总量的限值，超过这个限度的信息，即视为冗余信息。由于信息总量限值的划定涉及的因素较多，严格地说，应从信源编码和受众解码两个角度综合考虑。限于篇幅，这里只从实际的编码角度进行考察，下文第二大部分我们再通过受众解码冗余度的调查作一些补充分析。但总的说来我们的考察还只是一个初步的统计，可继续研究的内容还有很多。

1. 宏观冗余

(1) 标题冗余

A. 报纸消息

我们选取了88篇新闻作品进行统计，其标题包括引题、主题和副题。从报纸新闻不同题材的角度考虑，这些标题的字数尚有一定的差异。具体情况是：

动态新闻24条，平均30.42个字。

综合消息6条，平均20.5个字。

解释性消息6条，平均30.33个字。

评述性消息9条，平均45.33个字。

特写性消息18条，平均13.22个字。

人物消息12条，平均28.83个字。

批评性消息11条，平均38.45个字。

外事和国际消息2条，平均23.5个字。

上述不同题材的标题字数由多到少，先后次序分别是：

评述（45.33）＞批评（38.45）＞动态（30.42）＞解释（30.33）＞人物（28.83）＞外事（23.5）＞综合（20.5）＞特写（13.22）

综合考虑报纸新闻，88篇消息标题的平均字数是28.38个。可见，报纸消息标题的长度限值定为30个字为宜，超出此限即为冗余成分。

B. 广播和电视新闻消息

广播、电视新闻一般以内容提要作为标题。我们分别以中央人民广播电台、中央电视台的《新闻和报纸摘要》和《新闻联播》的内容提要为统计对象。

广播新闻我们收集了2005年8月16日到10月2日共18天的《新闻和报纸摘要》118条消息的标题，统计得到的平均字数是27.4个。另外，我们还统计了地方广播电台——江苏省南通人民广播电台《新闻时空》节目2005年7月3日到8月1日共21天的109条消息的标题，得到的平均字数是16.4个。

从上面的统计数据可以看出，地方台和中央台的提要题的字数有一定的差异，南通电台平均每条新闻提要题比中央电台少11个字。

电视新闻，我们统计了2005年9月21日到10月6日共15天的《新闻联播》节目的消息类内容提要57条，得出平均每条新闻的提要题为28个字。

总体来看，广播、电视新闻标题的长度基本持平。但地方台和中央台有差异，地方台要求标题尽量短一些。我们认为，一般的广播、电视标题以不超过20字为宜，超出即为冗余成分。

C. 网络新闻

网络新闻，除了专题以外，我们把普通的新闻都算作消息类作品，抽样统计了 2005 年 7 月 24 日这一天各网站首页新闻（中心）的例子。

就现行的网络新闻看，一条新闻的标题，在第一层面中常见的是通行题，也有少量的半行题，其中通行题又分为单句题和双句题。我们先看通行题的例子：

（12）胡锦涛致电祝贺宋楚瑜当选连任亲民党主席 评

（13）人民币汇率改革正当时 周小川谈方针原则影响

（此两例引自人民网 2005 年 7 月 24 日）

上例首行标题是单句题；第二行是双句题，由左右两部分组成，中间用空格隔开。再看半行题的例子：

（14）龙卷风袭击安徽 15 人死亡 内含 11 学生 北京突发痢疾

（人民网 2005 年 7 月 24 日）

此例一行标题中有三个句子，包含两条新闻，前两个句子为一条新闻，末一句为另一条新闻，均是半行题。目前商业和新闻网站中的新闻标题的体例各不相同，但多为通行题。基本是双句题的有网易、搜狐、人民网等，有单句题也有双句题的是东方、中新网等。

考察网络新闻标题的冗余情况，若忽略单、双句题，都以反映单个新闻的标题进行统计，各网站标题的平均字数为：

网站	标题平均字数
网易	20.43
搜狐	17.17
人民	19.35
平均	18.98

若以通行标题为标准，不考虑内部是否为同一条新闻，将双句题和单句题分开统计，各网站中的统计结果是：

a. 双句题平均每句字数 10.1 个。其中左题 10.576 个，右题 9.625 个。

b. 单句题平均字数 18.45 个。

看来，网络新闻标题中通行题（含单句题和双句题）的限值约为 20 个字，双句题中的左行题或右行题，以及半行题的限值约为 10 个字，两者平均为 15 个字。超出此限，即视为冗余成分。

综合三个媒介的标题限值，由大到小依次是：

报纸（30 个字）＞广播电视（20 个字）＞网络（15 个字）

超出这个限值的成分视为冗余信息，不同媒介的新闻标题的冗余度大小也就是按这个顺序排列的。

（2）导语冗余

导语的冗余限值，就报纸来说，各类型的差异较大。不同题材的报纸新闻导语字数统计情况如下：

新闻类型	篇数	平均字数
动态新闻	4	72.25
综合新闻	12	102
解释新闻	6	82.8
评述新闻	8	87.1
特写新闻	19	89.16
人物新闻	15	104.4
批评新闻	14	112.5
时政新闻	2	115
总计	80	86.62

广播新闻消息中导语的冗余限值，同样存在着中央台和地方台的差异。我们的统计结果是，中央人民广播电台《新闻和报纸摘要》的 52 条消息导语的平均字数为 92.06 个，而江苏南通人民广播电台的早新闻《新闻时空》中 78 条导语的平均字数为 82.49 个。前后相比两者基本相差 10 个字。电视新闻消息中的导语，我们统计了《新闻联播》中的消息 50 条，平均字数为 77.75 个。广播、电视新闻的导语字数合计平均为 82.51 个字。

网络新闻我们选取了商业和新闻网站（出处同上文的标题统计一样）的首页新闻 15 条，统计了它们的导语字数，平均为 78 个。

综合四种媒介新闻消息类导语的平均字数，它们的差异见下表：

媒介类别	篇目数量	导语平均字数
报纸	80	86.62
广播电视	180	82.51
网络	15	78

以上数字表明，不同媒介的新闻消息导语字数由多到少的等级序列是：

报纸＞广播电视＞网络

可见新闻语篇中的导语长度的冗余限值大致是，报纸不超过百字，广播电视在 80 个字左右，网络不超过 80 个字。

（3）语篇冗余

语篇的信息总量，我们统计的语料是本节开头所列举的新闻作品专集等。语篇的范围限定为，除了标题以外的整个新闻文本。根据统计的语篇信息总量，我们同样可以划定一个语篇信息数量限值，超出此值可以判定为冗余成分。

报纸新闻语篇，我们详细统计了不同题材的新闻消息。具体的信息总量统计如下：

新闻类型	篇数	平均字数
动态新闻	11	543.64
综合新闻	6	832
解释新闻	6	866.67
评述新闻	9	1014
特写新闻	18	585
人物新闻	26	778.14
批评新闻	26	988
时政新闻	1	286
总计	103	736.68

全部作品的语篇总量平均限值为 736.68。其中时政类最短，评述类最长。

广播、电视新闻我们统计了三部作品集中的典型消息 109 篇，语篇的平均信息总量是 661.88 个字。具体数据如下：

作　品　集		篇数	平均字数
《中国广播电视新闻奖 2000 年度新闻佳作赏析》	短消息	7	442.17
	长消息	7	872.2
《广播电视新闻范文评析》		19	684.45
《江苏新闻五十年精品选》（广播电视卷）		76	648.68
总计		109	661.88

网络新闻语篇统计选取了各网站的代表作品 15 篇，平均字数 449.4 个。

综合上述数据，四种不同媒介的新闻作品语篇字数差异是：

媒介类别	篇数	平均字数
报纸	103	736.68
广播电视	109	661.88
网络	15	449.4

表中的数据表明，报纸、广播电视和网络的语篇信息量的冗余限值可以分别确定为700、650、450个字。当然报纸的语篇信息量的冗余限值尚有较大的余地，不同的题材，如评述类和解释类等消息可能有所出入。这里的数字仅仅反映了一种宏观的倾向，更为细致的考察还有待继续进行。

2. 微观冗余

微观冗余包括多层面的立体复合冗余和单层面的平面冗余，两者都包括同义类的冗余和非同义类的冗余。其中前者还可以分为重复性冗余和非重复性冗余两类。限于篇幅，我们只统计立体的复合冗余，按重复和非重复分开统计。

本章第一节，我们曾对信道中的冗余度进行过分析。所谓立体复合的冗余是指不同的语篇层面通过历时解读而产生的冗余。不同媒介的新闻在多个语篇层面的组合方式上不尽相同，报纸和网络新闻中的标题和正文可以视为不同的语篇。广播、电视新闻中间隔播出的内容提要和详细内容同样分别属于不同的语篇。我们将以标题为代表考察不同媒介中的新闻语篇的微观冗余度，重点研究标题在多层面立体复合信息中的冗余度。统计语料的出处与上面宏观统计的语料一样，统计单位是单个字。具体的统计内容有：

报纸类 标题和正文部分的重复性和非重复性冗余；

广播、电视类 内容提要和正文的重复性和非重复性冗余；

网络类 第一层面标题和第二层面标题的重复性冗余，以及第二层面标题跟其正文内容的重复性和非重复性冗余。

我们的考察情况简述如下：

（1）报纸新闻的标题较为复杂，所有的引题、主题和副题，均视为标题的成员，我们一并统计它们的字数。统计的语篇共13篇，每篇标题平均总字数33.75个，与正文字面相同的平均字数为24.92个，与正文字面不同但意义相同的平均字数为3.75个，由此得出标题的平均冗余率为84.95%。

（2）广播新闻的内容提要，与详细内容（正文）的重复率即是我们统计的冗余率。我们统计的语篇为10篇，标题的平均总字数为23.9个，与详细内容重复的平均字数为20.6个，字面不重复但意义相同的平均字数为1.7个，得到的标题平均冗余率为93.31%。

（3）电视新闻标题与正文重复情况的分析同广播一样。我们统计的语篇有6篇，标题平均总字数为28.17字，与详细内容（正文）字面重复的平均字数为27.83个，字面不重复而意义相同的为0.33个，得出的标题平均冗余率为99.96%。

综合广播、电视的提要题，得出广播电视标题的平均冗余率为：(93.31%+99.96%)÷2=96.64%。

（4）网络新闻标题的复合冗余信息包括两个方面：一是多层面的标题重复，主要是第一层面与第二层面的重复；二是第二层面的标题与同层面正文的重复。统计的具体数字如下：

文本编目	标题总字数		第一层面标题在第二层面标题中的复合冗余		第一/第二层面标题的冗余度	第二层面标题在正文部分的复合冗余	
	第一层面	第二层面	重复	非重复		重复	非重复
1	10	11	10	0	100%/100%	8	3
2	13	21	13	0	100%/100%	17	4
3	18	22	5	7	66.6%/90.91%	16	4
4	6	22	5	1	100%/95.45%	14	7
5	18	18	18	0	100%/100%	18	0
6	19	22	19	0	100%/100%	13	9
7	20	21	20	0	100%/100%	20	1
8	20	21	20	0	100%/100%	14	7
9	21	21	21	0	100%/100%	18	3
10	19	21	17	0	89.47%/100%	19	2
平均	16.4	20	14.8	0.8	95.61%/98.64%	15.7	4

综合网络新闻一、二层面的标题冗余度，平均为：(95.61%+98.64%)÷2=97.13%。

从上面的数据分析，可以得出新闻标题的立体复合冗余率在不同媒介中的等级序列是：

网络(97.13%)>广播、电视(96.64%)>报纸(84.95%)

这个等级序列的形成，源于不同媒介的新闻传播方式的差异：广播、电视新闻的接收方式是时间上的线性形态，解读中的一维性特征是不可逆转的，为帮助记忆，复合冗余必须具有一定的量度。而报纸新闻虽然也有一维性的解读因素，但纸质平面的二维性，可以使解读行为前后反复多次进行，所以复合的冗余度可以也必须小一些。而网络新闻处于两者的中间，虽说也有类似报纸平面的二维性，但此种二维性是虚拟的，正是这种非真实的平面型屏幕常常使解读者容易疲乏，迫使其解读方式近似于广播电视的一维性，因而复合冗余度也必然与广播电视相同，甚至超出。总体来说，广播、电视和网络新闻均属电子媒介新闻，它们共有的质的属性决定了其拥有较高程度且几乎相同的冗余率。

二、信宿解码的冗余度比较

信宿对新闻作品进行解码时的冗余度涉及质和量两个方面。前者包括对不同冗余度的新闻作品所赖以生存的媒介（报纸、广播电视和网络）的选择、对语言要素（词汇、句法结构、句式等）的选择、对不同性质的语言信息代码（实词、虚词，动词、形容词等）的选择以及语篇组合方式（金字塔和非金字塔结构）的选择；后者包括对新闻语篇信息总量（篇幅长短）的选择，以及对冗余度不等的语篇组成成分（如背景）的选择。

我们在南通大学本科二年级学生中随机选取了100名作了问卷调查，设计的问题涉及以上冗余的质和量的相关内容。现结合不同专题对调查结果如实客观地作如下整理分析，更进一步的理论探讨还有待今后的深入研究。

（一）质的冗余

1. 对不同冗余度的媒介的选择

问题A：你获取新闻信息通过哪一种途径？

* 只看报纸，占2%

* 只上网，占2%

* 只听广播，占2%

* 只看电视，占0%

* 同时看或听上面的两种媒介的新闻，占 42%

* 同时看或听上面的四种或四种以上的新闻，占 52%

2. 语篇要素的选择

(1) 对负载语言信息的不同性质代码的选择，例如对形合句和复杂句的选择

问题 B：你是否喜欢新闻中使用关联词语的句子？

* 喜欢，占 20%

* 不喜欢，占 22%

* 看情况而定，占 58%

问题 C：你对新闻作品长句子中使用定语和状语持什么态度？

* 讨厌，占 36%

* 喜欢，占 14%

* 看情况而定，占 50%

(2) 对结构方式的选择，包括对单层面和多层面组合方式的选择。如对倒序和顺序结构的选择，对单层面口播新闻和录音、声像符号多层面组合新闻的选择

问题 D：你认为新闻结构形式应该是

* 倒序结构，占 14%

* 顺序结构，占 42%

* 无所谓，占 44%

问题 E：以下不同形式的新闻，你喜欢收听或收看哪一种？

* 录音新闻或图像新闻，占 90%

* 无当事人录音或图像的口播新闻，占 10%

（二）量的冗余

1. 宏观层面

对新闻语篇长度的选择以及寒暄议论类信息的选择

问题 F：你个人认为新闻的长度应该是多少？

* 报纸新闻消息一般应是（1）100 字（2）500 字（3）500 字以上
* 广播新闻消息一般应是（1）一分钟（2）两分钟（3）五分钟以上
* 电视新闻消息一般应是（1）一分钟（2）两分钟（3）五分钟以上
* 网络新闻消息一般应是（1）不超过一屏（2）不超过两屏（3）三屏及其以上

调查占比情况如下：

媒介类别	报纸			广播			电视			网络		
长度	100字	500字	500以上	一分钟	两分钟	五分钟以上	一分钟	两分钟	五分钟以上	不超过一屏	不超过两屏	三屏及其以上
百分比	36%	60%	4%	24%	66%	10%	10%	55%	35%	20%	64%	16%

问题 G：你认为新闻消息要不要在其中发议论？

* 要，占 17%
* 不要，占 35%
* 看是否需要，占 48%

问题 H：你认为新闻消息中要不要插入一些问候、寒暄关心之类的情感语言？

* 要，占 18%

* 不要，占 56%

* 看具体情况而定，占 26%

2. 微观层面

(1) 对受众解读新闻语篇长度范围的选择，对不同新闻语篇组成部分的选择

问题 I：你听广播或看电视、报纸时选择的方式通常是

* 只关心内容提要，不听（看）内容全文，占 8%

* 既听（看）内容提要也听（看）详细的内容全文，占 16%

* 既听（看）内容提要也听（看）详细的内容全文，但内容不喜欢就不听（看），占 74%

* 始终从头到尾地听（看），不管内容如何，占 2%

问题 J：你看网络新闻，一般看多少？

* 只看首页标题，占 8%

* 只看首页新闻全文，占 12%

* 既看首页标题，也看相关的二级、三级页面，占 30%

* 只看重点新闻的首页标题，一直到最后一个页面，追求完整，占 10%

* 随心所欲，没有规律，占 40%

问题 K：你看报纸新闻，一般看多少？

* 只看首页的导读栏目或标题新闻，占 6%

* 既看首页的导读，也看后面相关的正文，占 57%

* 只看首页的全篇新闻，占 2%

* 随便翻看，不管内容，没有规律，占 35%

问题 L：你接收新闻的时间一般是：

* 每次看一篇报纸新闻一般能坚持看几个版面？

a. 一个　b. 两个　c. 三到五个　d. 五个以上

* 每次收听一篇广播新闻能坚持听几分钟？

a. 一分钟　b. 两分钟　c. 三到五分钟　d. 五分钟以上

* 每次收看单篇电视新闻能坚持看几分钟？

a. 一分钟　b. 两分钟　c. 三到五分钟　d. 五分钟以上

* 每次看网络新闻一般看几屏？

a. 一屏　b. 两屏　c. 三到五屏　d. 五屏以上

调查占比情况如下：

媒介类别	报纸			广播			电视			网络		
时间	一个/两个	三到五个	五个以上	一分钟/两分钟	三到五分钟	五分钟以上	一分钟/两分钟	三到五分钟	五分钟以上	一屏/两屏	三到五屏	五屏以上
百分比	6%/18%	58%	18%	8%/6%	36%	50%	4%/14%	32%	50%	13%/21%	51%	15%

（2）对不同冗余度的语篇成分的选择

问题 M：网络新闻中多个页面的标题基本相同，你是否喜欢？

* 喜欢，占 4%

* 不喜欢，占 90%

* 看情况而定，占 6%

问题 N：网络新闻中常提供大量的背景知识信息，你是否讨厌这种安排？

* 我喜欢，它可以提供给我选择阅读的机会，占 90%

* 根本不需要，占 8%

* 就是需要，我也不看，占 2%

综上所述，本章新闻语言的冗余问题涉及新闻传播的整个过程，而贯穿其中的冗余度调控的最高准则是：以信宿为判断标准，综合传播媒介的特点，兴利除弊，以保证信源编码信息"量"的最低限度传输到位为基准，以达到信息"质"的最高标准，即以实现信息的语用功能（审美功能，以及能动地影响、改造社会和信宿个人，促进社会和人类进步）为努力方向。在此基础上安排各个传播阶段中的质的冗余和量的冗余，才能最经济地发挥新闻语言负载新闻信息的最高效能。

第五章　新闻语言的主观化

引　言

一、西方新闻界的客观报道

新闻学中，客观性是指新闻报道要尊重事实，按照事物的本来面目来反映它。客观性原则起源于西方。1833 年 9 月 3 日纽约的《太阳报》创办，这是美国第一份成功的便士报（即廉价报纸）。这期间，美国新闻界处于政党报纸向廉价报纸的转变时期。为了扩大发行量，争取经济利润，一种超越党派立场，保持中立、平衡态度的客观性原则开始出现。20 世纪初期，这种客观报道在英国、美国广泛地流行起来。

西方的客观报道包括三部分内容：

（1）中立的报道立场

（2）真实的报道内容

（3）客观的报道形式

（一）中立的报道立场

中立的报道立场指新闻传播主体在新闻事实面前不偏不倚的立场。新闻传播主体只是新闻事件的见证人和传播者，而不是评判人或参与者。试图借用新闻事实来表达传播者自己的意见，追求私利，都是对中立的报道立场的违背。

（二）真实的报道内容

真实的报道内容指新闻文本与其所反映对象的符合。若不符合，新闻的报道内容就是虚假的。这要求新闻传播者必须实事求是，力求反映新闻事实的本来面目，不夸大，不缩小，相关的重要因素不遗漏。

（三）客观的报道形式

在西方新闻界，客观报道有这样的操作规范：

（1）以金字塔方式在第一段简述基本事实；

（2）以五个 W 报道；

（3）以第三人称语气报道；

（4）引述当事人的话；

（5）强调可以证实的事实；

（6）不采取立场；

（7）至少表达新闻事实的两面。[1]

客观报道作为最高信条标记着新闻的根本特性，指导着新闻传播工作，曾被认为是"发展于美国，贡献于世界"的新闻职业道德标准。但是，在西方新闻界，"客观报道"同时也承受着批评和争议。

二、"客观报道"存在的问题与主观倾向性的必然性

（一）中立的报道立场与主观倾向性

"客观报道一直有很大争议，有人认为新闻界'不客观'，有

[1]　杨保军《新闻理论教程》，中国人民大学出版社，2005，158 页。

人认为新闻界‘不可能客观’,另外一些人则认为新闻界‘不必客观’。”[1]美国“9·11”事件后,ABC总裁韦斯廷在哥伦比亚大学新闻学院就宪法第一修正案与言论自由关系发表演讲。在回答学生关于恐怖袭击合理与否的提问时说,记者的职责是告诉人们事实是什么,而不是应该怎样,不应该代替公众决定孰是孰非,记者忠于事实的原则高于对国家利益的信仰。韦斯廷立即遭到民众的责备。当时ABC在线的调查中有90%的人认为他不能辨别是非,应该辞职。2001年11月1日,ABC发表了韦斯廷的书面道歉。[2]这虽然是一个极端的例子,但也鲜明地反映了:纯粹中立的立场是做不到的。新闻传播者持纯粹中立的立场,照搬新闻事实则会陷入机械唯物主义的泥潭,否认了人的主观能动性。“记者是客观报道者,但并不是冷酷的旁观者。”[3]“新闻媒介组织总是要从属于社会或某一个集团、党派、阶级,而其本身,又是由一群按照一定方针、宗旨、任务聚集在一起的活生生的人所组成,因之,它必定有自己的传播意图和目的,并把这一切贯彻到新闻传播过程之中。”[4]新闻传播者的立场和倾向是客观存在的,同时也是新闻传播活动的需要。新闻传播活动除了具有传播信息的功能外,还有引导社会舆论的功能。合理地表达倾向性是新闻传播者的一个重要职责,“倾向性是一种必

---

[1] 彭家发《新闻客观性原理》,转引自陆万胜《论客观报道》,《潍坊学院学报》2001,(5)。

[2] 李斯颐《“9·11”事件后的美国新闻界》,《新闻记者》2002,(1)。

[3] 江瑞熙《爱·激情·严谨——一个新闻工作者的随想》,引自张维义主编《当代“老新闻”》,中国广播电视出版社,1994,128页。

[4] 黄旦《新闻传播学》,杭州大学出版社,1995,234页。

要的、一般新闻都会有的新闻的属性”[1]。

（二）真实的有限性与新闻的选择性

真实与虚假相对，有质和量的规定性。同理，新闻真实也包含质的规定性和量的规定性。首先，在质的规定性上，新闻真实的意思是新闻报道的对象是客观存在或客观存在过的。其次，在量的规定性上，新闻真实的含义是新闻报道的事实要是全面的、整体的，不应该是一个个孤立的事实片段。新闻真实并不能做到纯粹的真实，而是有限的。这是因为：

1. 客观世界的无限性与人类认知能力的有限性决定了人类对世界的反映也是有限的，新闻事实作为对客观事实的反映必然也是有限的。贝尔纳·瓦耶纳说：“谁也不能说自己掌握了全部新闻，但是通过每个人所掌握的分散的、不完整的片段，却可以最终合成一个协调的整体。”[2]但是这是从整个新闻传播系统的角度出发的，具体到作为个体的新闻传播者和新闻接收者，新闻真实还是有限的真实。

2. 世界是可知的，人类发挥自身的主观能动性能够达到对客观世界的无限接近的真实反映，新闻真实也能无限接近于客观真实。而新闻传播者是生活在一定的社会政治、经济制度、文化传统下的人或人的集合体，他们的认知能力有一定限度，他们总是按照自己的价值取向，对客观事实进行选择。虽然说媒体的合作最终可以使新闻事实“合成一个协调的整体”，但“媒体的‘合作’，即由报刊的‘整个机体’‘分裂成许多各不相同的报纸’，

---

[1]　童兵《马克思主义新闻思想史稿》，中国人民大学出版社，1989，205 页。

[2]　贝尔纳·瓦耶纳著，丁雪英、连燕堂译《当代新闻学》，新华出版社，1986，37 页。

通过各种不同特征的'相互补充',方能够为人们描绘出一个真实的事实存在,而这一点,还必须以每一媒体对某一侧面的真实反映为前提"[1]。

事实上,在新闻传播活动具体操作时,新闻媒体之间很难有这样默契的合作,而多少有些无序性。选择外化的事实不同,选取的角度也各异,这些都是新闻传播者个体性特征的反映。

"新闻应当是一门选择的科学。"[2]世界包含着无数具体的事实,新闻传播者并不是有闻必录,有闻必播,而只是向受众传播部分事实;而哪些事实可以被传播者选中而成为新闻事实,这就由事实本身的性质、传播者的个性特征及受众的需求等多方面因素来决定,这也最终会造成各媒体传播的事实往往大相径庭。我们调查了三个覆盖面、影响力相当的网站(中新网、新华网、人民网),它们选取的新闻事实差异很大。我们以 2005 年 6 月 8 日、7 月 9 日、7 月 15 日这三个网站"要闻"一栏为调查对象。三家媒体首页"要闻"一栏的新闻数目每天各自一致,分别为:中新网 14 条、新华网 20 条、人民网 18 条。下表为三媒体共同反映的事实、人物及评论的数据。

相同新闻数目 / 日期 / 网站	6月8日	7月9日	7月15日
中新网、新华网、人民网	2	2	2
中新网、新华网	1	2	4

[1] 杨保军《新闻理论教程》,中国人民大学出版社,2005,148 页。
[2] 张福民《浅谈记者的主观议论》,引自《新闻爱好者》2003,(3)。

相同新闻数目＼日期／网站	6月8日	7月9日	7月15日
中新网、人民网	2	0	0
新华网、人民网	3	2	2

由上表可见，这三家媒体对新闻事实的选择有自己的个性特征，从一个角度反映了新闻传播者的个体差异和主观倾向性。其中，造成个体差异及主观倾向性的因素很复杂，包括社会政治经济制度、媒体背景、传播者的年龄、教育状况、社会经历、性别等。《上海壹周》2005年11月23日的《沪女记者人数20年升一倍》介绍："上海女记者已经从20年前不到20％的比例上升到40％。女记者队伍的扩容与低龄化，给新闻业带来了微妙的变化，新闻报道和写作更注重细节和感性，出现了一些女性化特征。"

（三）客观的报道形式与释义的必要性

美国新闻界衍生出了关于客观的报道形式的七条操作规范（见上文），奉行这七条报道形式的大多是动态报道，如消息中的简讯、动态消息、新闻素描、通讯中的特写等。1996年9月修订的美国职业工作者协会《伦理规范》中，明确要求记者"追寻真相并加以报道"、"在收集、报道和转述事实时应做到诚实、公正和无畏"。[1]但是，"真相"不等于现象，现象剪接后的数量累积并不一定能反映真相，因为真相是通过各种现象所表现出来的本质。

---

[1] ［美］罗恩·史密斯著，李青藜译《新闻道德评价》，新华出版社，2001，36页。

这就要求新闻传播者“不仅要传事之形、传信息，更要传事中之‘义’，这是新闻报道重要的支撑点”。“尤其是在人类生活的社会化程度极大提高、信息流动疾速的当今时代，无论在数量上和质量上，越来越多的外来信息一股脑地呈现在人们面前，在人们仅仅依靠已有的知觉经验已经难以很好地把这些外来信息的意义一一有效地进行化解和释义的情况下，释义便必将成为新闻传播价值新的集聚点。它既是传播者的传播目的的重要体现，又是受众接收与化解信息必不可少的条件。”“作为一名成熟的新闻工作者，不仅要告诉受众自己见到了什么，更重要的是还要告诉受众自己领悟了什么。”[1]在客观报道形式发源地——美国，“到了 1903 年，客观性新闻报道方式开始受到批评。当时美国人民的教育水准大幅度提高，新科技的发现，使得自然科学和社会科学迅速发展，美国的社会文化价值也随之改变，愈来愈多的读者对‘纯净新闻’的报道开始不满，他们开始要求新闻报道对新闻事件提供背景资料，并加以解释。传统的客观性报道方式开始受到一种新观念的挑战，这种新观念强调新闻事业如果真要为大众服务的话，新闻报道的方式必须把新闻事件放在一个适当的脉络中，使读者对该事件能有全面性的了解”[2]。

三、新闻的主观性倾向及其外化

新闻是对客观事实的报道，但其中不可避免地带有主观性倾向。这是由于：

---

[1] 彭朝丞《释义——新闻的重要支撑点》，引自《新闻战线》1999，(8)。

[2] 罗文辉《精确新闻报道》，中正书局，1991，20 页。

1. 客观世界的无限性和新闻报道能力的有限性，使得新闻传播活动开始于对客观事实的观察和选择，那些具有特殊倾向性和价值观的新闻传播者把某种特殊的事实从客观世界中挑选出来，通过文字、声音、图像符号传递给受众，让人们了解世界的突出变化和最新变动，从而及时调整自己的行动。

2. 世界的飞速发展和社会分工的精细化，使得在某些领域中透过现象看本质的能力有时不再为普通人掌握。而受众这时需要的不再是一些孤立的现象，他们更需要现象之间的联系、现象背后的本质，这越来越成为新闻传播活动的重点工作。解释性报道、深度报道不再因为其表面上与“客观报道”相悖而受到人们排斥。

客观性是新闻传播活动的基本原则，它指示着新闻传播的方向，是新闻传播活动的内在要求和基本精神。与客观性相对的“主观性”是新闻传播活动尽量避免的。从客观世界的无限性与人类认知能力和新闻传播能力的有限性相矛盾的角度来说，主观性是不可避免的，是与人类活动相伴相生的。它与客观性一样，都只是相对的主观与客观。

从新闻传播或接收中解释性报道或深度报道必要性的角度来看，体现专业传播者的价值观、立场、态度的主观性则是达到客观性的一种手段。所以说，此处的主观性不是与客观性截然对立的。

作为与真实内容相对应的形式要求，客观报道被新闻界普遍接受并得到广泛使用。尤其在对单一事实、动态新闻的报道中，新闻传播者倾向于“让事实来说话”，把主观性信息隐藏于对新闻事实的客观叙述中。

新闻的传播活动和接收活动通过符号连接起来，其中语言符号是最重要的符号。“对于人们来说，发生在另一时空体系的事实，是通过语言的叙述才进入我们的视野的。”[1]那么新闻传播者的意见、看法、选择事实的标准、主观性倾向等都会通过语言符号表现出来，“新闻传播活动并不是平等地对待每个事实，传媒对某些事实的兴趣超出了另外一些事实，并以某种特殊方式呈现出来”[2]。

新闻传播者在概念世界的主观性必然通过语言世界的主观性外化，外化为新闻语言的主观性。“‘主观性’（subjectivity）是指语言的这样一种特性，即在话语中多多少少总是含有说话人‘自我’的表现成分，也就是说，说话人在说出一段话的同时表明自己对这段话的立场、态度和感情，从而在话语中留下自我的印记。”[3]下文我们将探讨新闻语言在句法成分、语法手段、句法结构上主观性的表现形式。

第一节 新闻语言中的焦点标记词与主观性

新闻事实在客观世界中有时空上前后的差异，而没有重要性大小的差异。重要性是新闻传播者依据一定的价值标准作出评价的结果，依据的价值标准包含了新闻传播者的视角、情感、认识，等等，它们具有鲜明的个体性特征，是新闻传播者主观性

[1] 韩震、孟鸣歧《历史·理解·意义——历史诠释学》，上海译文出版社，2002，106页。

[2] 姚福申《新时期中国新闻传播述评》，复旦大学出版社，2002，105页。

[3] 沈家煊《语言的“主观性”和“主观化”》，引自《外语教学与研究》2001，（4）。

的一个方面。

当人们观察周围环境中的某个物体时，通常会把这个物体作为知觉上凸显的图形，把环境作为背景，这就是凸显原则。图形是指某一认知概念或感知中凸显的部分，是注意的焦点；背景是为凸显图形起衬托作用的部分。当人们运用语言进行交际、传达信息时，人们会把自己观察到的凸显的图形传递给受话人。凸显的图形是信息的焦点，信息焦点就是发话人认为重要的，需要受话者格外注意的信息。在口语中，发话者可以借助语调、重音等手段来强调信息焦点，句子的任何位置上的句法成分都可通过负载重音来成为信息焦点。在书面语中，发话者需要借助句法手段，一是利用焦点标记，二是利用焦点位置。

一、焦点标记词语——“是”

先分析下列例句：

(1) 是我们明天在录音棚用新设备给那片子录主题歌。

[用于回答“哪些人”]

(2) 我们是明天在录音棚用新设备给那片子录主题歌。

[用于回答“哪天”]

(3) 我们明天是在录音棚用新设备给那片子录主题歌。

[用于回答“在哪个地方”]

(4) 我们明天在录音棚是用新设备给那片子录主题歌。

[用于回答“用哪种工具”]

(5) 我们明天在录音棚用新设备是给那片子录主题歌。

[用于回答“给哪个片子”][1]

这几个句子传达的深层语义信息相同，而在表层句法结构上，因为“是”所具有的“焦点特征”附加给了与“是”紧邻的成分而使各句表层结构相异。其区别在于各句强调的焦点成分不同，被强调的成分是说话人在心理上觉得相对重要的成分。“是”在各句中把句子分为两个部分，“是”标记了其后成分的焦点身份。在语音上“是”后的成分也是凸显对象，表现为重读。与焦点标记词“是”的强调功能相同的还有强调格式“是……的”，格式中的“是”也起焦点定位作用。这些明显的标记词或标记格式可以用来提升与语义表达相对应的结构成分的地位，这种方法在新闻语言中也经常使用。

(6) 拉米：全球贸易谈判最终协议是可能达到的

(人民网 2005 年 11 月 14 日)

(7) 韩国肥皂剧是如何出笼的？编剧原来多是家庭主妇

(新华网 2005 年 11 月 29 日)

(8) 碰撞：高官腐败，工资低(是)“憋”出来的？

(人民网 2005 年 7 月 9 日)

(9) 日本是如何不断强化远洋、远程作战能力的？

(《解放军报》2005 年 11 月 30 日)

这是四则新闻的标题。例(6)引用的是新闻人物的原话，“是”提升了其后成分的受关注度，明显地表现了说话人的主观倾向性。在这里直接引语的形式可消解新闻媒体的主观倾向性，增加客

---

[1] 例句引自张伯江、方梅《汉语功能语法研究》，江西教育出版社，1996，78 页。

观真实感。例(7)、(9)都是问句形式,标题中包含特殊疑问词,这些词本身就含有焦点特征,在语用功能上起到了强化的作用。例(8)中没有出现"是",取而代之的是"是……的"结构形式在口语中的变异形式"……的",其功能和"是……的"等同,起焦点定位作用。

焦点标记词"是"在报纸、广播、电视、网络新闻标题中都不多见。因为新闻语言,尤其是新闻标题要体现新闻传播者客观的态度和中立的立场,而焦点标记词"是"是一种提升部分句法成分结构地位的显性形式,能明显地反映新闻传播者的主观倾向性。所以,在新闻标题中出现的焦点标记词"是"或句法格式"是……的"一般分为两类:

1. 使用直接引语标明来源,这种直录的方式可以减少媒介的主观倾向性。如例(6)就是直接引用新闻人物的原话。

2. 在解释性报道或评论中使用标记词"是"。与消息相比,解释性报道或评论具有鲜明的个体倾向性,标记词"是"有助于个体观点、意见的表达,如例(7)。

我们统计了《中国新闻奖作品选》(1995年·第六届)和《中国新闻奖作品选》(2000年度·第十一届)中的部分新闻篇目共169篇。新闻正文中出现焦点标记词"是"的统计数据如下:

报纸

体裁 / 统计角度	消息	通讯	评论
标记词"是"出现篇数	10	13	6
标记词"是"出现数	5	36	16
平均每篇出现数	0.5	2.77	2.67

广播

统计角度＼体裁	消息	通讯	评论
标记词“是”出现篇数	8	7	6
标记词“是”出现数	12	42	22
平均每篇出现数	1.5	6	3.67

电视

统计角度＼体裁	消息	通讯	评论
标记词“是”出现篇数	5	10	8
标记词“是”出现数	11	63	23
平均每篇出现数	2.2	6.3	2.88

同时我们还统计了中新网、人民网、新华网共38篇新闻，有关焦点标记词“是”的统计数据如下：

统计角度＼体裁	消息	通讯	评论
标记词“是”出现篇数	10	13	6
标记词“是”出现数	5	36	16
平均每篇出现数	0.5	2.77	2.67

表中的数字反映：

(1) 在每种新闻媒体的新闻中，通讯中出现焦点标记词语的频率都比别的体裁高。体裁与体裁之间运用焦点标记词“是”的差异在广播和电视新闻中表现得更明显。

(2) 在焦点标记词“是”的统计数据上，网络新闻与报纸新闻的统计数据非常接近，这也从一个方面反映了网络新闻脱胎于报纸新闻的特点；更因有很多网络新闻（标题除外）直接取自传统媒体，尤其是报纸，所以网络新闻在语言方面还没有形成自己成熟的风格特征。

(3) 广播和电视新闻可利用媒体优势直接再现新闻事件和新闻人物的言行，这中间少了新闻传播者加工的痕迹，但是同时也直接反映了新闻人物的情感倾向。广播和电视新闻中“是”多出现在人物对话中，这是凸显标记词“是”出现率比较高的一个原因，同时也是新闻传播者消解媒体自身主观倾向的一种有效方法。

二、焦点标记——疑问词和疑问句法结构

疑问句可分为特指问句、正反问句、是非问句、选择问句，不同形式的疑问句，疑问焦点的安排不同。不管是哪种形式的疑问句，疑问点都是发话人最想知道的新信息。

(一) 特指问句

特指问句是用“谁”、“什么”、“怎么”、“哪儿”、“几”等疑问词来表示疑问点的。这些疑问词所指的内容是问话人想要知道的新信息，也是问话人希望听话人能够给予回答的部分。因此它是疑问句中最为重要的部分，成为特指疑问句的焦点。新闻语言经常使用特指问句，其中的疑问词是新闻传播者主观上认为受众最想知道的信息焦点。新闻传播者无疑设问，然后完成对疑问点的回答，传达出新信息。

(10) 省长为何对评劳模的请示报告有意见

(中央人民广播电台 1999 年 8 月 26 日)

(11) 包头缘何退出全国卫生城市评比

(《光明日报》1999 年 11 月 22 日)

(12) 另眼看待:分期付款笔记本到底适合谁

(人民网 2005 年 11 月 14 日)

以上是几种媒体新闻的标题,体裁包括消息、通讯、评论,其中都包含了疑问词,疑问词自动地成为标题句中的强势主焦点。在广播、电视新闻中往往通过重音的形式强调疑问词表示的焦点。

(二) 正反问句

正反问句指问话人提出正反两种情况,让听话人选取一种给予回答。

(13) 上课能否晚一点儿 (《北京青年报》2000 年 12 月 23 日)

(14) 不吃发菜,少穿羊绒,行不行

(《经济日报》2000 年 4 月 28 日)

(15) 个税调整引发争论 中国人的税负重不重?

(新华网 2005 年 11 月 29 日)

这些新闻标题所列的问题多是新闻事件所涉及的人物的问题。新闻正文会给予回答,解除受众的疑问。

(三) 是非问句

(16) 我能摸摸火车吗? (《江西日报》1996 年 9 月 6 日)

(17) 吉大 45 名博导落聘下岗 光忙交际与挣钱?

(新华网 2005 年 11 月 29 日)

(18) 邓文迪:母凭子贵 垂帘听政传媒帝国?

(人民网 2005 年 11 月 14 日)

是非问句的句法结构类似陈述句,在句末用疑问语调或语气词"吗"等,一般是对整个命题的疑问。在日常言语交际中,受话人只能对整个命题作肯定或否定的回答。而在新闻语言中,新闻传播者设疑自答，在新闻导语和正文中主要完成寻找依据、证明自己对命题的判断的工作。

（四）选择问句

（19）治病？骗钱？——发生在哈传染病医院的怪事

（《黑龙江日报》2000 年 7 月 13 日）

（20）节能还是保鲜 谁来成就 2005 冰箱市场？

（人民网 2005 年 11 月 14 日）

选择问句用复句的结构提出不止一种看法供对方选择，常用“是、还是”连接，如例（20）。例（19）是选择问句的变异形式，用问号所含有的疑问语气取代连接词，形式上简洁，功能意义上与选择问句的常规句式相同。

问话人有疑而发问时，其目的是为了寻求解答。为了得到解答，问话人在询问过程中会向答话人提供一个特定的询问范围，这个询问范围叫“问域”。在特指问句中，问域的范围集中在问话人关心的一个信息点上。对问话人来说，问题的可能解答是未知的，问点“谁、什么、几、什么时候、哪儿……”只向答话人提供了解答的基本类属范围。在选择问句中，问话人将最有可能的解答通过显性形式显现出来。特指问的问话人向答话人提供了一个特定的询问范围，选择问句还向答话人规定了供选择的可能解答。问话中提供的可能解答是问话人关心的信息焦点，如例（19）中的“治病”和“骗钱”、例（20）中的“节能”和“保鲜”都是在语表层面显现出来的信息焦点。正反问句和是非问句在语表形式上不同，在深层结构上却是相同的。正反问句例（13）“上课能否晚一点儿”可以转换为是非问句“上课能晚一点儿吗”，是非问句例（16）“我能摸摸火车吗”可以转换为正反问句

“我能不能摸摸火车”。正反问句和是非问句又都可以转换为选择问句，如例(13)和例(16)可以分别转换为“上课能晚一点儿还是不能晚一点儿”、“我能摸火车还是不能摸火车”。这两个使用不同问句形式的句子在深层语义结构上相同，但它们的语用功能不同，即表现了问话人不同的主观倾向性。对问话人来说，选择问句中的两个或两个以上的命题都有可能成为解答，它们的地位是平等的；在正反问句和是非问句中，肯定的命题和否定的命题成为解答的可能性大小不等，肯定的命题成为解答的可能性更大些，肯定命题就是问话人的信息焦点。

（五）新闻语言中疑问句的功能

疑问句从功能上一般分为两类：有疑而问和无疑而问。从言语交际中信息交流的角度来看，系统功能学派认为言语交际中最根本的语言角色只有两个：求取和给予。根据发问人是向交际对方求取满足自己要求的信息，还是给予对方某种信息，疑问句分为真性疑问句和假性疑问句。人们在日常生活中经常使用真性疑问句来传达内容、交流信息，寻求他人的信息来解除自身疑惑，这是疑问句的基本功能。在新闻传播中，信息从新闻传播者流向广大受众是新闻信息传播的主要状态，新闻传播者多数情况下扮演信息给予者的角色。信息给予者在信息给予过程中使用疑问句，问而有答，自问自答，因而新闻语言中的疑问句多是假性疑问句。

“在功能语言学中，语言被解释为意义系统，伴之以意义得以体现的形式。形式是走向目的的手段，本身不是目的。我们要问的不是‘这些形式的意义是什么？’而是‘这些意义如何表述？'"[1]如果将上述以疑问句形式出现的新闻标题转换成陈述句，其意义不发生变化，差异在于形式。在这里，疑问形式高于疑问内容。这些疑问句中疑问点所包含的信息对新闻传播者而言是已知的、无疑的，而对受众来讲可能是未知的新信息。新闻传播者可借发问引发思考，吸引受众注意力，取得预期的交际效果。

三、焦点标记的凸显功能

认知语言学认为，语言结构基于人们对世界的经验，对语言的运用与我们怎样感知周围的事物和情景有密切关系。外界对大脑的刺激是杂乱的、多样的，大脑要对它们进行处理。由于人认识客观事物的经验不同，同一客观事物在不同人脑中的图像会有差异，这种差异就是意象的凸显部分。意象就是形成一个概念或概念结构的具体方式，在心理学上指对事物的感知在大脑中形成的表征。对语言意义的描写就是描写概念形成的意象，"一个述义（语义结构）在相关认知域中的覆盖范围称为基体（base），基体的某一部分如成为'注意的焦点'或被凸显就叫做侧面（profile）"[2]。认知语言学认为"语言的结构，特别是句法结构甚至句法规则是非任意的，是有理可据的，也就是说，句法结构跟人的经验结构之间有一种自然的联系"[3]，这叫句法的象似性原则。反过来，我们也可由外显的语言结构推知其所直

---

[1] 胡壮麟等《系统功能语言学概论》，北京大学出版社，2005，2 页。

[2] 沈家煊《R. W. Langacker 的"认知语法"》，引自《国外语言学》1994，(1)。

[3] 沈家煊《句法的象似性问题》，引自《外语教学与研究》1993，(1)。

接映照的概念结构。"是"、疑问词和疑问句法结构提升和突显焦点就是语言结构从外在形式上对内在概念结构的反映。焦点标记词"是"定位其后紧邻成分为焦点成分,疑问词和疑问句法结构自动成为焦点结构成分,其最终目的是显示这些成分所对应的意义在整个概念结构中的重要性,起凸显意义的功能。

从语言结构角度看,"编码(coding)越具有区别性,它的表现效果越突出"[1]。焦点标记词提升其后成分的句法地位,疑问词和疑问句法结构自动成为焦点,它们在口语中表现为重音形式,都是具有突出表现效果的区别性编码。另外,一些句法位置的凸显地位也能赋予处于该位置的语义成分在概念结构中处于被关注的焦点地位。下文我们讨论新闻语言的句法结构中的两大焦点位置——句尾焦点和话题(句首)焦点。

第二节 焦点位置的凸显功能

一、句尾焦点

信息的主要功能是消除或降低不确定性,为信息接收方提供最关心的、有价值的知识或消息。信息有其内部结构:从已知信息引出未知信息,从旧信息引出新信息。根据信息接收者对信息的了解和熟悉程度,信息发出者把信息分为旧信息和新信息。"如果发话人认定受话人对该信息缺乏了解,或认定该信息与受话人的预期不同,或欲提醒受话人特别注意该信息,那么把

[1] 张伯江、方梅《汉语功能语法研究》,江西教育出版社,1996,89页。

该信息作为新信息处理；如果发话人认定受话人已经了解该信息或该信息已经在前面提到过，或假定、预设受话人已经了解该信息，那么就把它当做旧信息来处理。”[1]线性排列的言语信息也遵循着从已知到未知、从旧到新的顺序结构，这符合人正常的认知心理规律。所以在言语信息结构当中，往往把已知信息、旧信息放在前面，把未知信息、新信息放在后面，这就是尾心原则。与信息结构相对应的语言结构中，句尾往往承担负载新信息的功能，句尾常成为一个句子的注意力重心——焦点。

(21) 北京有个李素丽——21路公共汽车1333号车跟车记

（《工人日报》1996年10月4日）

(22) 西方反华阴谋再次破产

（中国国际广播电台1996年4月24日）

(23) 姚明的两双不再稀奇 休斯敦火箭打造“黄金三角”

（新浪网2002年12月9日）

(24) 历史事实 不容抹杀

（江苏电视台《大写真》1996年8月30日）

(25) 我国预报焦家村滑坡成功

（《科技日报》1996年2月16日）

以上五个新闻标题都遵循“已知信息＋未知信息”的信息结构。新信息在句法结构中或处于谓语中心语位置，如例(25)；或处于宾语位置，如例(21)；或由整个谓语结构承担，如例(22)、(23)、(24)。这五个例句中的新信息由于处于句尾焦点位置而得到了强调。从静态的角度来看，例(21)—(23)都是常规语序，而例

[1] 陈忠《信息语用学》，山东教育出版社，1999，51页。

(24)则是常规语序的变形,其中"历史事实"的语义角色是受事。根据语义成分与句法成分相对固定的配位规律,主语的语义优先序列为:施事>感事>工具>系事>地点>对象>受事。[1]在主语的语义优先序列中排在最后的受事在例(24)中所处句法位置却为主语,这样超常规配位,把句尾焦点位置留给了新信息"不容抹杀"。

上述各例,不管是常规句法结构,还是经过移位的变形句,都在句尾焦点位置分配了新闻传播者认为相对较新的、为受众所未知的信息,通过句法手段为新信息赋予了焦点地位。

数字常见于各种媒体的新闻标题中,尤其经济新闻,经常用抽象的数字来反映事件、事物之间的联系。"数字新闻的实质就是记者对新闻事件进行材料研究、或数量的定量分析研究,并以精确的形式表述新闻事件的内在本质和规律,体现一定的新闻价值。"[2]

(26) 生命20小时——两岸拯救陈霞行动全直播

(江苏、苏州广电总台2001年6月13日)

(27) 非法煤矿明停暗采 可能被罚上千万元

(《北京青年报》2005年9月16日)

(28) 俄罗斯印古什公交车发生自杀性爆炸事件 死伤10人

(中新网2002年11月15日)

(29) 南京市每天"死信"300封

(新华网2002年11月26日)

[1] 陈平《试论汉语中三种句子成分与语义成分的配位原则》,引自《中国语文》1994,(3)。

[2] 刘励华《数字新闻的魅力》,引自《军事记者》2005,(3)。

标题中揭示新闻本质、反映新闻价值的数字放在句尾焦点位置，从形式上赋予了其在信息线性序列中的重要地位。把重要信息、新信息置于句尾焦点位置，凸显其重要性的方法在广播、电视新闻标题中的出现率远低于在报纸和网络新闻标题中的出现率。广播、电视新闻可通过韵律手段和重音的方法把语流中任何一个成分的重要性提升，而不是仅依靠句法结构中的特殊位置。报纸和网络新闻则主要靠刺激视觉神经来获取信息，处于一个句子两端位置的信息比处于句中位置的信息更容易被发现和注意。广播、电视新闻由于其可资利用的手段的多样性而分流了句子两端位置对重要信息的凸显任务。

二、话题（句首）焦点

句首和句尾这两个位置，由于其在空间位置上的优势而容易被注意，也提升了处于其位置上的信息在信息流中的重要性。

一个简单句叙述一个新闻事件，由各种信息元素构成一个信息单元。在这个信息单元中，各信息元素的地位不同，有已知和未知的区别，也有新、旧的不同，还有重要和不重要的差异。新闻信息也是如此。反映到语言上，新闻传播者通过一定的韵律和语音手段、句法手段来将这些信息元素区别对待，达到自己的传播目的。如前文，通过焦点标记词“是”、疑问句式以及句尾焦点位置来凸显相关信息的重要性。

与句尾焦点位置相同，句首也是一个焦点位置。在新闻语言中，句首焦点常与话题相重合。不论我们进行何种交际，口头的、书面的，正式的、随便的，都会围绕着一个话题展开，它是思维和交际的起点。话题对于说话人和听话人、新闻传播者和受众来说，往往是旧信息。旧信息较之新信息而言是不重要的，不重要的旧信息之所以要置于句首焦点位置加以强调，其原因是：

“顺序象似原则将重要的、可预测度低的信息置于句首，那是因为从‘图形——背景’（figure—ground）的识别上讲，重要的、出乎意料的信息是‘图形’不是‘背景’，需要更多的注意力，而句首位置是最能吸引注意力、记忆效果最佳的位置。”[1]这个看法似乎也跟我们之前的论述相矛盾，原因在于信息（包括言语信息）具有层次性。“一个述义（语义结构）在相关认知域中的覆盖范围称为基体（base），基体的某一部分如成为‘注意的焦点’或被凸显就叫做侧面（profile），侧面是词语所标示（designate）的那一部分述义。”[2]“一个述义”对应于一个信息单元，对应于“已知信息——未知信息”的信息结构，句子承载信息的基本结构格局是“主位（theme）——述位（rheme）”，这是对信息内部结构进行的划分。“主位”往往作为“背景”以凸显“述位”，此处背景是一个信息单元内的背景，衬托出这个信息单元内部的新信息。信息的背景之后还有更大的背景，这样一层一层向外扩展开来。在一个述义内部，背景表现为话语成分，它与这个述义凸显的新信息相对；在一个述义外部，背景则表现为认知成分，它不表现为话语成分，它存在于说话人与听话人共享的知识中。与一个述义外部的认知成分相对，在一个述义内部表现为信息地位较低的话题也是注意力的焦点。话题焦点以句外的某个成分或认知成分为背景，在本句中得到突出，而不能以本句中

[1] 沈家煊《句法的象似性问题》，引自《外语教学与研究》1993，（1）。

[2] 沈家煊《R. W. Langacker 的“认知语法”》，引自《国外语言学》1994，（1）。

的其他成分为背景。在本句中，话题焦点并不比句子的其他成分突出，句子也可另有突出的部分，话题焦点的强调作用只表现在跟句外成分的对比上。“语义系统的语篇成分具有‘实现’（enabling）功能，只有通过语篇成分，概念成分和人际成分方能在情境中得以现实化。”[1]“主位的选择便成为实现意义潜势的重要手段。”[2]句首焦点将话题焦点化，使其从交际双方无限的知识库中凸显出来，顺利开始思维和交际，使潜在的意义现实化。

新闻标题是一个新闻传受交际活动的开始，一个新闻传播活动是否能在受众那里得以实现往往从标题开始，而话题焦点在传受交际活动中扮演了重要角色。

（30）NGO全会代表批评西方新闻媒介缺乏公正

（新华社1995年9月5日）

（31）武钢转变经营战略 （《人民日报》1995年12月1日）

（32）广东：农民成了现代农业投资的主体

（广东电视台1995年11月23日）

（33）深圳荣膺国际“花园城市”称号

（深圳人民广播电台2000年12月5日）

（34）俄罗斯将邀请中国参与研制先进的第五代战斗机

（中新网2002年11月15日）

这五个新闻标题话题的所指都是广大受众知识储备中熟知的内容，通过句首焦点得到凸显。受众可迅速判断是否符合自己的阅读兴趣，调动出自己知识库中与此话题有关的背景信息。

---

[1] 廖巧云《主位结构与认知研究》，引自《四川外语学院学报》2004，(6)。
[2] 同上。

再如：

（35）　　　　　　今日要闻

台湾遭遇里氏 7.6 级大地震

新闻背景：台湾近百年发生的六次严重地震

国家地震局专家预测台湾灾区将有频繁余震

祖国大陆地震专家表示愿向台湾提供技术支持

国家地震局专家说台湾地震不会对祖国大陆和港澳地区造成严重影响

厦门地震专家对台湾地震有预测

中国红十字会负责人谈对台灾区捐助

董建华对台湾地震表示关注（口播）

最新消息：台湾地震死亡人数已上升到 1521 人（口播）

小片头

中国人民银行延长个人住房贷款期限，降低贷款利率

列车运行图将微调

’99《财富》上海全球论坛准备就绪

新闻特写：忆过去看今朝展未来

小片头

小渊蝉联日本自民党总裁

叶利钦与普京讨论俄当前局势

俄军方说不排除对车臣非法武装采取地面行动

“科索沃解放军”同意接受国际维和部队改编

伊奥总统会谈

联合国儿童基金会官员访问民主刚果

施罗德表示将继续推进其改革计划

土耳其西部再次发生地震

古巴严惩两名美国“蛇头”

西班牙车祸29人死亡

这是中央电视台1999年9月21日《现在播报》的新闻提要和片头共23条。无一例外，处于句首焦点位置的都是话题。

我们统计了中国国际广播电台1999年9月21日华语环球台新闻部当天的新闻标题共19条。同样，处于句首焦点位置的都是话题。

下面是我们对话题出现在句首焦点位置的统计数据（a=新闻标题总数；b=话题焦点数；c=话题焦点占总数百分比）：

	国内时政和地方新闻			国际新闻			社会、娱乐、体育新闻			财经、科技、教育新闻		
	a	b	c(%)	a	b	c(%)	a	b	c(%)	a	b	c(%)
现代快报 04/12/10	42	10	23.8	23	8	34.8	43	28	65.1	22	12	54.5
南京日报 05/11/29	27	11	40.7	11	6	54.5	21	14	66.7	6	4	66.7
新华网 05/07/30	22	16	72.7	36	27	75	56	38	67.8	82	54	65.9
人民网 05/11/14	30	21	70	40	31	77.5	60	34	56.7	60	35	58.3
合计	121	58	47.9	110	72	65.5	180	114	63.3	170	105	62.3

小计

	a	b	c（%）
现代快报 04/12/10	130	95	73.1
南京日报 05/11/29	65	35	53.8
新华网 05/07/30	196	135	68.9

	a	b	c (%)
人民网 05/11/14	190	121	63.7
合计	581	386	66.4

国内时政、地方新闻、国际新闻是标准意义上的新闻，即对新近发生的事实的报道，可以解除受众在认知上的不确定性。而社会、娱乐、体育新闻更多的是满足受众追奇猎异的快感，财经、科技和教育新闻多为受众生活提供资讯。国内时政、地方新闻、国际新闻通常被称为硬新闻，而社会、娱乐、体育新闻常被称作软新闻。由上表可见，在《现代快报》和《南京日报》中，硬新闻的话题焦点出现率明显低于软新闻；而在新华网和人民网中，刚好倒过来，硬新闻的话题焦点出现率要明显高于软新闻。这和受众对待报纸新闻和网络新闻的不同态度密切相关。

新闻受众读报的目的主要是为了获取新知，这也是硬新闻在报纸中占主要地位的原因。而网络新闻受众的信息需求却不总是如此。在2005年以前的中国互联网络信息中心（CNNIC）发布的互联网发展统计报告中，网民的获取知识的需求一直领先于休闲娱乐的需求，这种情况在2005年出现了转变。2005年中国互联网络信息中心（CNNIC）发布的“第十六次中国互联网络发展状况统计报告”显示：网民的上网需求，排名第一位的是休闲娱乐，占37.9%，而以获取知识为目的的需求占37.8%，用户上网的目的趋向于娱乐化、休闲化。因而网络新闻语言的发展走向也必然适应这种需求，在硬新闻中开门见山地点出重点所在，以提高硬新闻标题的点击率。

在话题焦点位置上出现的多是知名人士和权威机构，将这些信息置于话题焦点位置，可外化其中包含的新闻价值。知名人士和权威机构往往是社会各阶层的中坚力量，他们的言行往往会影响普通受众的社会利益，因而对受众具有吸引力和号召力。这是社会各阶层向上发展的体现。

第三节　凸显意图在语篇及非语言层次上的表现形式

一、语篇结构形式

新闻的结构是新闻材料的安排方式，它是新闻传播者对新闻事实某些内在秩序的认识和所采取的表达形式。新闻的语篇结构形式主要有两种：倒金字塔式和顺序式。

倒金字塔式的特点是，最重要的材料放在篇首，最不重要的内容放在篇末。语篇从前至后，呈现出新闻事实内容重要性递减的顺序。

采用倒金字塔式做新闻语篇的结构形式要求新闻传播者能准确地估量新闻事实各部分内容的意义和价值，然后将由意义和价值等因素所决定的重要性程度通过新闻语篇结构形式外显出来。在对新闻事实各部分材料的估量过程中，新闻传播者并不是白板一块，而是具有各种情感、意志、观念的个体。倒金字塔式作为新闻事实各部分材料重要性大小的外化形式必然反映了新闻传播者的主观倾向性。

顺序式包括时间顺序式和逻辑顺序式两种。时间顺序式是以时间为脉络，反映新闻事实发生、发展过程的进程。逻辑顺序式是以事物发展的逻辑联系安排新闻事实的因果、主次、点面等。新闻事件发展的时间性、逻辑性是新闻事件的客观属性，它与人们日常的认知顺序相吻合，表现为从前到后、从开始到结束的顺序。与倒金字塔式相比，顺序式是一种相对客观的形式。

第四章第二节我们已分析了新闻的语篇结构，大致情况如下。

报纸新闻语篇结构比例是：

结构类型	倒金字塔结构	顺序结构	总计
篇数	12	10	22
百分比	54.55%	45.45%	100%

广播电视新闻语篇结构比例是：

媒介类别	广播		电视		合计	
结构类型	倒金字塔结构	顺序结构	倒金字塔结构	顺序结构	倒金字塔结构	顺序结构
篇数	11	18	5	17	16	35
总计	29		22		51	
百分比	37.93%	62.07%	22.73%	77.27%	31.37%	68.63%

网络首页新闻语篇结构比例是：

网站	倒金字塔结构篇数	顺序结构篇数	总计
中新	6	7	13
东方	4	3	7
人民	1	2	3
千龙	2	4	6
搜狐	2	4	6
网易	3	2	5
新浪	2	2	4
总计	20	24	44
百分比	45.45%	54.55%	100%

总比例情况是：

媒介类别	倒金字塔结构篇数	顺序结构篇数	比例	百分比
报纸	12	10	1:0.83	54.55%:45.45%
广播电视	16	35	1:2.19	31.37%:68.63%
网络	20	24	1:1.2	45.45%:54.55%

由上表可得知，在报纸、广播、电视、网络四种媒体新闻中，倒金字塔式语篇结构形式的比重由大到小排列为：

报纸＞网络＞广播电视

这也从一个角度反映出四种媒体主观倾向性由大到小依次为：

报纸＞网络＞广播电视

四种媒体新闻语篇结构形式的差异性是由四种媒体本身的传播性质及各媒体受众接收新闻的特点决定的。

当今社会，信息激增造就信息社会。信息在信息社会不是稀缺资源，如何吸引受众注意力才是各媒体的第一任务。倒金字塔式语篇结构作为新闻内容外在的优化形式要比顺序式更能吸引受众的注意力，所以在报纸和网络新闻中得到了广泛应用。

广播和电视新闻主要采用依照时间流程的线性传播方式。这是因为受众对新闻的接收顺序很难自主选择，处于一种被动的半收听状态。因而广播、电视新闻往往采取与人类认知顺序相一致的时间顺序来组织新闻内部结构，降低解码难度，提高信息接收和理解效率。

二、版面语言

版面语言是一种利用空间因素来体现新闻传播者凸显意图

的手段，报纸和网络新闻利用它来吸引受众注意力，它也对受众的接收起提示作用。版面语言在报纸和网络新闻中主要表现为以下几类。

（一）利用空间位置和空间大小

报纸的头版和网络的首页在报纸的各个版面和网络的各级页面中无疑是最重要的，而报纸的头版头条更是“最重要”的标记。报纸并不是无序地排列新闻，在第1版或A1版一般安排要闻和时政类新闻，其他新闻则依据类别被安排在不同的版面；在同一版面内，新闻按重要性、时效性等因素排列。在网络首页，空间位置得到了更充分的利用。以新华网、人民网和中新网首页为例，这三大新闻网站都在首页设置“头条新闻”一项，以更大的字体提高区别性，并给予头条新闻相应的更大的空间。此三大网站首页都分为左、中、右三块，分别设置不同的栏目。

	左	中	右
新华网	要闻	评论	图片新闻
人民网	专题（配图）	要闻	独家新闻
中新网	要闻	图片新闻	生活资讯

新闻传播活动的传受双方对“左”和“中”页面位置重要性的默认，使得更多的新闻网站多在左边和中间这两个得到凸显的位置安排重要新闻。

（二）利用新闻与新闻之间的线性关系

报纸和网络新闻在空间位置的排列上有先后的区别，先后顺序主要依据重要性和时效性两大标准。广播和电视新闻则是通过时间的线性流程将重要性和时效性外显化。在表现形式上，报纸和网络新闻从上到下，广播和电视新闻在时间上从前到后，新闻的重要性递减。

在时效性方面，报纸、广播、电视多以时间的先后来表现，通过对新闻事件追踪或分期传播的方式来表现同一新闻事件在时间上的连续性发展。网络由于有海量存储的优势，所以可利用空间顺序关系将新闻事件的时间顺序关系外显。

同一新闻事件在网络中常以时间降序排列。如：

(36) 安徽泗县夺命疫苗调查专题

安徽泗县“疫苗事件”案开庭 2005 年 09 月 29 日 13:52

安徽泗县疫苗事件 3 责任人受审 2005 年 09 月 28 日 09:05

“泗县疫苗”事件涉案疫苗经检验为合格品（图）2005 年 07 月 14 日 16:00

泗县疫苗事件三百余名学生全部出院 2005 年 07 月 13 日 10:22

泗县疫苗事件回顾：该重视的问题被淹没了 2005 年 07 月 08 日 10:17

“问题疫苗”逃匿经销商被刑拘 2005 年 07 月 07 日 11:26

疫苗事件：接种儿童仅剩 12 名住院 2005 年 07 月 07 日 11:20

泗县疫苗事件续：接种儿童仅剩 12 名住院 2005 年 07 月 06 日 19:04

疫苗事件谜团：村干部要家长签不尸检协议 2005 年 07 月 06 日 09:50

“问题疫苗”逃匿经销商张鹏落网 2005 年 07 月 05 日 10:10 （人民网 2005 年 9 月 29 日）

对于受众来说，越靠近上面的新闻时效性越强，其新闻价值也就越大，因而在空间形式上越应该得到凸显。

三、色彩和图片的运用

报纸和网络常利用颜色的不同或深浅来提高符号的区别性以吸引受众注意力。由于条件的局限，报纸多利用颜色的深浅及反色来凸显部分新闻内容，如 2005 年 9 月 16 日《北京青年报》A11 版一则消息《湖南一鞭炮厂爆炸 十死四伤》。在这个标题中，“湖南”、“十死四伤”字号较大，“爆炸”字号较大且运用了反色，突出了这几个关键信息。这是一种非常经济的引导阅读和表达意见的方法。

网页也使用字号的大小来区别新闻信息的重要性，但利用率相对于报纸版面来说要低得多，大小字号广泛运用会影响网页的整齐度，降低首页空间的利用率。在首页页面中，网络新闻标题的字号整齐划一，而多用不同颜色起区别作用。新华网首页运用了蓝、绿、红、黑四色；人民网首页运用了蓝、红二色；中新网首页的色彩丰富，但都以蓝色为主，其他颜色多用于各栏目标题，其作用不是强调，而是起分割或装饰版面的作用，可减轻受众的视觉疲劳。

另外，网络还利用其海量存储的优势在二级页面中为新闻配发图片，并在首页加以注明。

(37) A1 北京站西广场发生爆炸 警方不排除有人放炸弹（图） （中新网 2005 年 7 月 9 日）

B1 北京站西广场发生爆炸 不排除人为放置可能 评

（新华网 2005 年 7 月 9 日）

A2 组图：新党大陆访问团大连行

（人民网 2005 年 7 月 9 日）

B2［新党大陆行］赴大连南航副总亲自驾机 热泪盈眶感受热情

（新华网 2005 年 7 月 9 日）

我们就 A、B 两种标题向 40 名处于不同年龄层的网民展开调查。有 36 名网民选择点击 A 组标题，其余 4 名表示"无所谓"。相比较而言，A 组因"图"而更具吸引力。给重要新闻配发图片不仅能辅助理解新闻信息，同时图片可加强视觉冲击力，强化重要新闻的传播效果。

第四节　主观评价意图

新闻传播者观察、选择、报道新闻事件时，其大脑不是无准备的白板，而是充满了各种情感、意志和观念的，新闻传播者就是凭借这些具有明显个性特征的主观性的因素去完成新闻传播活动的。在这些主观性因素中，新闻传播者的评价意图是一个重要方面。评价意图是指"人对客体对象属性与自身需要之间价值关系结果或可能后果进行把握和反映的心理能力"[1]，而语言的作用就是将这种主观评价意图外化，在语言符号层面通过具体形式显现出来，即主观化。"大众传媒的新闻或信息的生产与传播并不具有纯粹的'客观中立性'，而是依据传媒一定立场、

[1]　杨保军《新闻理论教程》，中国人民大学出版社，2005，138 页。

方针和价值标准所进行的一种有目的的取舍和加工活动。”[1]“有目的的取舍”我们在谈新闻语言中的凸显意图时已具体探讨过，下文我们将具体分析“有目的的加工活动”即主观评价意图在新闻语言中的表现。

新闻语言中包含新闻传播者的主观评价意图是不可避免的，同时也是必要的。

新闻媒介有两大社会职责：传播新闻信息，引导社会舆论。新闻传播活动的日趋职业化、专门化使新闻传播者具有了“信息优势”，这也使得他们有必要以合理的方式承担起引导社会舆论的职责。[2]

主观评价意图在新闻语言中可以在词汇、句子等不同层面表现出来。

一、词汇

（一）形容词

新闻写作学中有这么一条规则：慎用、少用副词、形容词，但这两类词在新闻报道中仍频频出现。

(38) 长沙遭遇罕见秋旱（《中国青年报》2007年11月16日）

(39) 从郎朗的成长经历看中国社会文化巨大发展

（新华网2007年11月1日）

(40) 我国旧石器研究取得重大突破 百色手斧彻底动摇“莫氏线”（广西有线广播电视台2000年6月17日）

---

[1] 郭庆光《传播学教程》，中国人民大学出版社，1999，165页。

[2] 杨保军《新闻理论教程》，中国人民大学出版社，2005，172、173、174页。

（41）三菱越野车存在严重安全隐患

（宁夏电视台 2000 年 10 月 5 日）

这些分别是报纸、网络、广播、电视四种媒体的新闻标题，每则标题都用了形容词。不管是性质形容词还是状态形容词，其描述事物或事件的性质、状态都具有模糊性。尤其在惜字如金的新闻标题中多是冗余成分，但在这里却又都是不可缺少的。这些形容词虽不能精确表意，但可为其后的中心语划定一个粗略的范围，如“罕见”、“巨大”、“重大”、“彻底”、“严重”可为事物、事件的性质或状态在量的规定性上给出一个相对确定的缩小的外延。这是新闻传播者依据某一标准主观评价的结果。

我们就 12 篇报纸新闻、10 篇广播电视新闻、15 篇网络新闻的导语和正文中形容词的使用情况作了数据统计，如下表：

	导　语		正　文	
形容词使用情况	每篇平均出现（单位：个）	平均占全篇百分比	每篇平均出现（单位：个）	平均占全篇百分比
报纸	0.92	0.22%	8.67	14.8%
广播电视	1.4	0.43%	4.4	8.48%
网络	0.6	1.35%	4.67	2.11%

由上表及上文分析可见，四种媒体的标题、导语、正文中都可以见到通过形容词来表达主观倾向性的语言手段，但使用频率不高。四种媒体在形容词使用方面有一定差异：报纸新闻的正文中最常出现形容词，而其导语中最少使用形容词；网络新闻则刚好倒过来，导语中最常出现形容词，正文中形容词的使用频率位列四种媒体之末。

（二）副词

副词常限制、修饰动词、形容词性词语，表示程度、范围、时间等意义。与形容词的使用情况相同，新闻语言为追求客观性也少用副词。我们统计了《中国新闻奖作品选》（2000 年度·第十一届）一等奖、二等奖共 79 篇新闻标题，其中报纸新闻 41 篇，广播电视新闻 38 篇。在报纸新闻标题中共出现了 5 个副词，如：

(42) 中国成为国际反倾销最大受害者

（《法制日报》2000 年 8 月 8 日）

(43) 不吃发菜，少穿羊绒，行不行

（《经济日报》2000 年 4 月 28 日）

(44) 莫引污染企业“走西口”

（《宁夏日报》2000 年 3 月 26 日）

其中例(42)“最”是程度副词，例(43)、(44)“不”、“莫”是否定副词，例(43)、(44)表劝阻。

在广播、电视新闻标题中共出现了两个副词：

(45) 莫把“脱困”当“脱险”

（辽宁电视台 2000 年 11 月 22 日）

(46) 林蛙不归路　（黑龙江电视台 2000 年 10 月 13 日）

例(45)“莫”、例(46)“不”都为否定副词，其中例(45)“莫”表劝阻。

同时，我们还统计了人民网 2005 年 7 月 9 日首页的 18 条新闻标题，共出现了 8 个副词，如：

(47) 菲律宾发现首例禽流感 官方表示并非 H5N1

(48) 特大洪水袭击内蒙古东部 四川达州遭特大洪灾

(49) 历史永不忘却 南京大屠杀史料网站正式开通

(50) 菲律宾总统说将重组政府 菲进入最高警戒状态

(51) 西安市长安区文物局：发掘古墓竟用挖掘机

除了例(47)、(49)两例“非”、“不”是否定副词外，其他副词都有明显的主观评价倾向：“并”加强否定语气，“特”强调量大，“永”规定了时间的长期性，“最”表极量，“竟”表出乎意料。

以消息为例，新闻的标题、导语、正文中，标题的凸显度最高。网络新闻在标题中广泛应用副词是因为，对于快餐式消费的网络受众来说，副词是一种既节约成本（时间、金钱）又简化解码过程的捷径。在网络的海量信息面前，人们希望用最经济的办法获得最有价值的信息。“表面上拥有无数信息却失去了思想的人们，把分析和判断信息的能力拱手让给技术专家甚至电脑本身。”[1] 网络新闻标题中大量使用副词就是网络新闻受众这种信息需求特征的一个反映。

二、句子

先看例句：

(52) 看个“咳嗽”要掏1065元

（《武汉晚报》2002年8月10日）

“个”与“1065元”，表达了“小量”与“大量”的对比意味。在这里“个”完全可以省略，其作用不是把“咳嗽”这个实体作为未知信息引进话语中来，而是承担记者或编辑对“咳嗽”的定位——小病，与后面的大量——“1065元”结合，从而形成一种意义上的扭曲关系，达到突出和强调的目的。

这种在句子层面通过句法结构来表现主观评价意图的方法

[1] 钱季平《信息特权的崩溃与权威的重建》，引自《现代传播》1998，(1)。

仍多见于网络新闻标题中。例如：

(53) 首都机场可“空中报关” 货物未到港手续已办完

（中国航贸网2000年11月22日）

(54) 演出一下台就昏倒 孙悦减肥过度心脏病发

（中新网2003年10月15日）

(55)“纳西里耶战斗英雄”被打死在美国自家后院

（千龙网2003年10月22日）

例(53)的“未”与“已”，未然与已然两种时态形成对比，突出首都机场的工作效率之高；例(54)“一……就……”表示一个动作紧跟着另一个动作发生，表明身体状况之差；例(55)的“被”字句更明显，表达了新闻传播者的同情心。

(56) 一个25岁中国姑娘和她的4场闪电异国情爱

（千龙网2002年11月24日）

(57) 中共中央报告单行本在京发行两天突破百万册

（人民网2002年11月20日）

(58) 天安门广场一夜换花数万盆 全部摆花20日撤离

（中新网2003年10月14日）

(59) 打打游戏月薪5000 首批职业游戏玩家问世

（千龙网2002年11月25日）

例(56)是两个数量的单纯对比。虽然“25岁”与“4场”相比数量要大得多，但是对于婚姻经历来说，“25岁”无疑是个小量。两相比较可看出记者或编辑意在突出前面的小量和后面的大量。例(57)、(58)“两天”与“百万册”、“一夜”与“数万盆”，前面是表时间的小量，后面是大量。两个数量放在一起比较，有夸张意味，表达出乎意料的意义。例(59)“打打”与“5000”似不能形成对比。虽然没有明确表示数量的语言形式，但动词重叠“打打”

表动量小，而与“5000”形成数量上的对比，达到评价的目的。

新闻标题中有时还会使用一些附加符号来凸显重要性，尤其在早期的网络新闻标题中，会用一些没有意义的非语言符号，如：“☆”、“△”等。但是由于考虑到页面的整洁清楚，在现在的网络新闻中这样的附加符号已不多见。

在表现主观评价意图方面，新闻传播者还会使用有感情色彩的词汇以及修辞手法等多种手段。

第六章　新闻语言的词汇问题

引　言

新闻语言作为语言的一种功能变体，可以从不同角度进行细分。以媒介来划分，新闻语言可分为报纸新闻语言、广播新闻语言、电视新闻语言、网络新闻语言等。新闻语言是一个“上位”的概念，而报纸新闻语言、广播新闻语言、电视新闻语言、网络新闻语言则是与之相应的“下位”概念。报纸新闻语言主要是书面语，是供人们“看”的，主要是对文字的把握；广播新闻语言则是口语，主要是对有声语言的把握，是从“听”的角度衡量其语言是否规范的；而电视新闻语言则是从“视、听”的角度来把握语言规范的；网络新闻语言虽然有多媒体技术的支持，但目前还主要集中于文字与图片信息的运用上，主要也是诉诸于人们的视觉器官。新闻语言作为社会语言的重要组成部分，同样是由语音、词汇与语法三大要素构成。词汇又称语汇，是一种语言里所有的（或特定范围的）词和固定短语的总和。由于四大媒体使用的媒介和面对的受众不同，其新闻语言的表现形式多样化，也使得新闻语言词汇的选择呈现出复杂性和多样性。

本章我们以新闻语言内部因媒介差异而形成的四种下位新闻语言的词汇问题作为研究对象，通过对比寻找互相之间的差异性。这四种媒体新闻语言的词汇使用情况有其共性，诸如强调准确使用动词、运用富有形象色彩的词语等，但也存在着一定的差异性。从写作的角度看，新闻作品可以分为消息、通讯与评论等。我们将通过这三种体裁重点对报纸新闻语言、广播新闻语言、电视新闻语言、网络新闻语言的代词、略语的使用情况作出归纳和对比研究；通过对四种媒体新闻语料的大量数据统计，分析造成差异性的可能原因；最后对单音节词/双音节词和关联词语的运用状况加以说明。

第一节　新闻语言的代词运用

代词有代替、指示作用，它与所代替、指示的语言单位的语法功能大致相当。代词在新闻语言中占据非常重要的地位。一般情况下，需要运用若干字符才能表述的内容，使用代词就可以表达清楚了，这就是代词在新闻语言中的作用。

那么，代词在报纸、广播、电视、网络四种媒体新闻中的使用情况究竟如何呢？各媒体内部不同新闻体裁（消息、通讯、评论）之间在代词使用方面是存在一致性呢，还是各有差异？下文我们将就这几个问题展开具体的讨论。

一、消息语言的代词使用情况

消息是各种新闻体裁中用得最多、最活跃的一种体裁。简要、概括地反映新闻事实，是消息有别于其他新闻体裁的本质特点。代词的使用能够替代许多字符，符合了消息简要、概括的特征要求。下面我们就通过逐个分析和相互比较的方法来探讨报纸、广播、电视、网络四种媒体的消息在代词使用上的特点。

（一）新闻导语

导语是消息体裁所特有的，是消息开头用来提示新闻要点与精华、发挥导读作用的话语。在消息结构中，导语起着两种作用：第一，开门见山，尽快地报告新闻事实，传递最新信息；第二，吸引读者，使人“一见钟情”。导语的好坏直接影响着一则消息的质量。

下面是摘录的四种媒体消息的导语。

报纸：

（1）一条庞大的碳酸钾生产线僵卧在位于山西潞城市北5公里处的山西天脊钾盐有限责任公司厂区的枯草中，这是该公司在潞城市政府的支持下花3000多万元为潞城市新建的“生命工程”。但令建设者和全市人民想不到的是：该工程1998年12月竣工后仅试产几十天就停产了；后几经“修理”，终因生产不出合格的碳酸钾而停车。

（《光明日报》2002年1月8日）

（2）7日，武昌杨先生带着两岁的女儿到市儿童医院看病，没想到看一个“咳嗽”就要花1000多元。因此，他于昨日投诉到本报新闻110。（《武汉晚报》2002年8月10日）

广播：

（3）中国国际广播电台驻华盛顿记者汤民国报道：在美国国家卫生研究院从事癌症研究的中国女科研人员马文丽10日在华盛顿举行的记者招待会上指控国家卫生研究院有人故意使用放射性物质使她中毒。

（中国国际广播电台1995年10月11日）

(4) 各位听众：我是华曙红，现在我在肥西的三河大桥向各位问好，现在是7月11号的23点30分。三河镇正如我们来肥西发的第一篇报道所担心的那样，遭受了灭顶之灾：……

（合肥人民广播电台1991年7月12日）

电视：

(5) 各位观众，国庆节前在广东三茂铁路线上，诞生了全国第一列旅游酒店列车“希望号”。这是三茂铁路公司又一个新的创举。目前全线建成不满两年的三茂铁路公司已经全面进入市场，步入了良性循环的轨道。

（广东电视台1992年10月6日）

(6) 各位观众：这里是长江与京九铁路交汇处的江西省九江市，京九铁路全线铺通庆祝大会今天将在这里隆重举行。举世瞩目的京九铁路，经过十几万筑路大军和人民群众连续三年的艰苦奋战，全线提前铺通。上午11点30分，京九铁路最后两组轨排在离九江千里之遥的赣粤省界接轨。中国人民一个世纪的梦想在神州大地成为现实。

（江西电视台1995年11月16日）

网络：

(7) 58岁的全正国阿姨，8月31日在各路媒体的簇拥之下欣喜到昆，顺利完成了“全国最大龄大学生”的身份蜕变，整整15天之后，她又悄无声响、满含遗憾地离开了昆明——以“不适严重高原反应而退学”的名义。

（搜狐网2006年9月16日）

(8) 财政部金融司原司长徐放鸣15日被北京市第一中级人民法院一审判处无期徒刑，剥夺政治权利终身，并没收个

人全部财产。一中院认定其在任期间利用职权为他人牟利，并受贿214万余元。　（搜狐网2006年9月16日）

我们以32篇消息（报纸、广播、电视、网络各8篇）为考察对象，以上所列为考察对象的部分，媒体间的差异很明显。

例（1）、例（2）、例（7）、例（8）在代词的使用方面趋于一致，代词的出现情况比较多，代替了一定数量的字符。如例（2）中的“他”指代了“武昌杨先生”。这个代词的使用，节省了字符，由于是书面语言，读者也很清楚所指代的对象。与报纸、网络消息语言经常使用代词指代复杂结构成分表意的情况不同，广播和电视消息语言则尽量避免这种情况出现。虽然例（4）—（6）中也出现了代词，但大都是不会使观众和听众发生误解的用来指现场记者的“我、我们”和用来指报道现场的“这、这里”等。

（二）新闻主体

以上是对消息导语的考察，下面我们具体考察消息的主体部分。我们同样采取具体考察和数据统计相结合的方法。

报纸：

（9）记者看到，一长须老者铺张白纸，为欲到广东谋职的某房地产公司职工蒋小姐预测前途。“预测”的结果是，她不能与属蛇的人交往，否则会“折财”。老者还建议她改姓名，因为她的名字“水”太多。蒋小姐付出“咨询费”80元。

（《长江日报》1995年2月10日）

广播：

（10）黑龙江是中国第三大水系，世界排名第八。黑龙江上中游是中俄两国界河，下游是俄国内水。黑龙江上的船歌已经唱了四千多年。史书记载，唐朝渤海国的船只扬帆远航，东渡日本。但是1860年中俄《北京条约》签订后，我们通向海洋的大门关上了。今年，中俄两国协商开通黑龙江的江海联运…… （黑龙江人民广播电台1992年7月12日）

电视：

(11) 1992年12月，在清理原华大集团经济问题时，禹作敏先后多次组织、指挥了对原华大公司职工田宜正、侯洪滨、宋宝等人的非法拘禁、侮辱殴打。在禹作敏的示意下，还发生了对北京某干部学校师生的非法拘禁和侮辱殴打。

此外，禹作敏还指使他人对大邱庄村民刘玉田的家属非法监视、限制人身自由，进行非法管制。

（天津电视台1993年8月29日）

网络：

(12) 据报道，倒扁静坐总指挥施明德昨天接受商业电台专访时表示，如果陈水扁在10月10日前仍然未下台，倒扁总部将会推出更加激烈的行动，他认为到那时候，局势会变得很有趣，而较早前，施明德一直否认下一步会推动全台湾罢工，他是接受访问时首度透露会采取罢工行动。他说，罢工已经在决策小组会议上一致通过，现在已交给他决定何时宣布罢工。施明德又认为，如果陈水扁坚持不下台，相信罢工会获得民众支持。

但他不肯透露在何时宣布全台湾罢工，他重申，行动的目的只是要拉陈水扁下台，挽救民进党，成功后不会寻求政治上的利益。他认为，国民党主席马英九在倒扁行动中立场摇摆，主要原因是如果扁不下台，最大受益者就是马英九，所以施明德公开谴责马英九，并指出如果吕秀莲接任民进党才可能会反胜，局势对马英九不利。

（人民网 2006 年 9 月 14 日）

例(9)报纸新闻中“蒋小姐”多次被代词“她”代替；例(10)广播新闻中没有使用代词，“黑龙江”一词多次出现；例(11)电视新闻中“禹作敏”一词也被多次使用，没有代词出现；例(12)网络新闻中“施明德”多次被代词“他”代指。可以看出，同新闻导语情况相同，报纸、网络与广播、电视在代词的使用这方面做法相反。

（三）新闻结语

许多消息并没有明显的结尾部分。下面的分析对象是有明显结尾的消息，分析方法同前。

报纸：

(13) 省教育厅获悉情况后对此十分关注，并已上报国家教委进行处理。据了解，武汉大学领导对此事非常重视。他们认为，天河商业广场公司散发的《招生简章》改变了合同的初衷，混淆了办学性质，没有按国家规定收费。他们要求该公司发表更正声明。目前，武汉大学和湖北大学正采取措施，妥善处理这件事情。（《南方日报》1995 年 8 月 24 日）

广播：

(14) 好，各位听众朋友，今天我们在肥西三河向各位作的报道就到这里，明天我们将继续向各位报道三河、上派河的有关情况，欢迎各位收听，华曙红在肥西三河大桥向各位说——再见！ （合肥人民广播电台 1991 年 7 月 12 日）

电视：

(15) 观众朋友，过去都是乡下人进城买时装，如今却出现了城里人下乡买时装。这一变化说明，经过这几年商品经

济的锻炼，农民的观念发生了很大变化，如今的农民确实令人刮目相看。（浙江电视台1993年12月3日）

网络：

(16) 该院招生办主任李艾珠老师介绍，在仝正国得到退学批准时，学校同样会考虑到她的学籍问题，学校目前暂时不注销其学籍，并愿意帮助其联系其他城市相关大学进行借读，然后等到其毕业时，回来进行毕业答辩之后，领取毕业证书。她也将在25日之前给予学校答复，学校将对其学籍作出最终决定。

赵光洲院长表示，院方将会在国家关于高校管理相关条例的原则范围内，考虑对其学籍问题的处理。

（搜狐网2006年9月15日）

从以上用例可以看出，报纸和网络消息结语的语言在代词的使用上风格接近。代词在考察的报纸、网络消息语言中经常出现；而在广播、电视消息语言中并不多见，特别是一些关键的词语经常重复使用。这是因为在广播电视新闻中，语言主要依靠声音传递，具有即时性，内容稍纵即逝，关键词语适当重复可以使受众更加清楚。当然，这并不是说报纸、网络消息语言和广播、电视消息语言在代词的使用上存在着简单的用和不用的对立，只是说它们在代词的使用频率上存在明显的差别。

二、通讯语言的代词使用情况

通讯是一种详细、生动的新闻报道体裁，是深入报道某一重大新闻事件或某些具有新闻价值又为广大受众所关心的典型人物、经验、新出现的社会现象以及某一战线、地区新面貌等题材的新闻报道形式。

那么四种媒体通讯的语言会不会因媒介的不同而相互之间表现出很大的差异呢？这种差异会不会比消息在各媒体语言中的差异大呢？下面我们来具体分析四种媒体通讯语言的代词运用情况。

报纸：

(17) 60多岁的李立科患有肝炎、胃炎等多种疾病，这次又动了大手术，身体更虚弱了。可他一踏上这片热土，浑身就有使不完的劲。第二天一大早，他骑上自行车、带着工具匆匆来到离开一年多的试验田，思绪万千，心潮起伏。可不，我国北方有3亿多亩旱耕地，陕西的旱耕地就占全省耕地60%。干旱问题没有解决，人口在增加，土地在减少，粮食哪里来？他越想越不平静。第三天，他叫来大伙，把10亩试验田划分成6块，进行小麦品种、栽培技术、覆盖对比试验。接着，他四处找麦草，购化肥，成天忙得团团转，常常赶不上吃整顿饭，只好开水泡冷馍。一次，他得病拉了几天肚子，只得住院打吊针，病情稍好又跑到试验田。老伴知道后急火火地从杨陵赶到甘井，一把鼻涕一把泪地劝他回家抱孙子，别把老骨头丢在外边。他笑着说："知道。"可他身不由己。他孩子和他弟弟也泪流满面地劝他，他点点头，还是身不由己。大伙说："李院长比以前干得更猛了。"

(《陕西日报》1995年12月20日)

广播：

(18) 这次新股认购抽签表的发放，引发了一场规模空前的"居民身份证大搬家"，但是，四五天过去了，市里有关部门对"身份证大搬家"的问题却没有给予应有的重视，或者说根本就没有注意到"身份证大搬家"所潜伏的巨大的危害性。　　（深圳广播电台1992年8月15日）

电视：

(19) 邓亚萍一球定乾坤，完成了一个重要历史使命。无论何时，每当回首这一时刻都是中国人的骄傲。

邓亚萍气势如虹，一鼓作气又拿下了女子单打冠军，并和队友配合夺得了混双冠军和女双亚军。

邓亚萍的杰出表现，受到了行家们的高度评价。

（河南电视台1991年12月17日）

网络：

(20) 要离开我的采访对象了，她用力地挥动着两只手臂道别。她就是这么一个热心的人，几天的采访，她就会和你像亲人一样。她就是河北省枣强县南臣赞村的农民林秀贞，一个普通的共产党员，一个60岁的农村妇女，30年如一日，先后赡养了6位孤寡老人，那是如亲生儿女一般的赡养，是日复一日的洗衣做饭，是病榻前的端屎端尿，是不知多少次的寻医问药，是下葬时候为老人打幡摔瓦，是老人临终前74个日日夜夜寸步不离的陪伴。因为怕朱淑芬老人吃不上中午饭，赶着去做饭，却耽误了见自己病重的母亲最后一面。因为照顾这些老人，久未见到母亲的儿子最大的愿望就是"妈妈，你抱抱我"。　（新华网2006年8月28日）

分析上述用例，我们可以概括出以下几点：

第一，与报纸消息语言相比，报纸通讯语言中出现代词的概率更高。这主要是因为通讯这种体裁对描写叙述有特殊要求，句子之间的关系较为紧密，代词代指关键词语后不会让读者感到莫名其妙。

第二，网络通讯语言虽然较口语化，但与报纸通讯语言一样，仍主要是由书面语言组成，句与句之间的关系非常紧凑，所以代词还是得到了较多的运用。

第三，在广播通讯语言中，我们很少听到代词，关键词语的必要重复让听众在接收时能轻而易举地抓住紧跟着的新信息，不会因为理解上时间的紧迫而产生焦躁心理，从而放弃接收。这些关键词语承载着旧信息，属于冗余信息，可降低理解难度。

第四，电视通讯语言和广播通讯语言情况类似，但由于电视通讯语言有很多由人物对话直接构成，人物口语大多由短句、省略句组成。所以，代词的使用要比广播通讯多一些。

综上所述，广播、电视通讯和报纸、网络通讯也同广播、电视消息和报纸、网络消息一样，在代词的使用上呈现出风格对立的两种倾向，而且各媒体通讯的语言要比各媒体消息的语言差异更加明显。

三、评论语言的代词使用情况

评论是在客观事实的基础上，通过对各种问题和事件的分析论证，直接表明编辑或作者的思想观点，它的主要特点是评论说理、直抒己见。评论是新闻报道的概括和提高。

下面，我们来具体分析评论语言的代词使用情况。

报纸：

(21) 孔繁森同志事迹的突出特点就在于，他一生最辉煌的篇章正是他为西藏的建设与发展、为西部的建设与发展作出的突出贡献，他为人民服务最感人肺腑的地方正是他为藏族人民幸福的无私奉献。他在阿里工作，不辞劳苦跑了8万公里，几乎跑遍了所有乡村。在他的带领和推动下，梳绒厂、水泥厂、鱼骨粉加工厂、地热电站拔地而起，给藏族人民开拓了致富之路。在他生命的最后十天，还在新疆为阿里经济发展和人民生活改善办成了十件大事。而在他逝世后的遗物中，赫然发现利用考察间隙写下的发展阿里经济12条建议。（《人民日报》1995年6月2日）

以上引文是我们摘录的题为《论孔繁森有时代意义》这篇具有代表性的报纸评论的部分内容。这篇评论语言的构成主体是结构庞大、内容复杂的复句和有长修饰语的长单句。由于报纸评论采用书面语言，读者可以看到前言后语，代词的作用就得到了充分发挥。

广播：

(22) 据介绍，前几年每到清明节前后来抗美援朝烈士陵园扫墓的单位都要事先排队预约，现在陵园主动到社会上请都请不来。特别是今年6月份以来，每天来陵园扫墓的人很少，有时候连续一周不见一个人。不久前，抗美援朝烈士陵园举办了一个烈士英雄事迹图片展览，准备到各单位巡回展出，虽然分文不收，但仍然被有些单位以种种理由谢绝。由于社会的普遍不重视，抗美援朝烈士陵园正在考虑出租陵园内的土地以补偿资金的不足。烈士们安息的土地就要不安宁了。（辽宁人民广播电台1993年9月10日）

例(22)是题为《烈士陵园被冷落引发的思考》这篇具有代表性的广播评论中的一部分。与上篇报纸评论语言相比，广播评论语言里复句简单了很多,基本上三四个分句或句子就能表达一个较完整的意思。由于广播是通过口语、音响传播信息,内容稍纵即逝,难以把握,听众稍不留神,便无法追寻,因此在广播新闻评论中代词很少出现,关键词语经常重复出现。

电视:

(23) ……因此,导致明年大部分农民还要扩大红小豆的种植面积,也准备了红小豆的种子。针对这一现象,我们到县外贸公司、经贸公司了解红小豆的供求情况,准备与有关部门签订红小豆的产销合同,至今没有签上(签下来)。因此我们及时组织农民召开座谈会,向农民讲清明年红小豆的供求情况,引导农民不要盲目扩大红小豆的种植面积……

(吉林省前郭尔罗斯电视台 1993 年 12 月 21 日)

以上摘录的是电视评论《红小豆热访谈》的内容。与报纸评论语言比起来,电视评论语言中的代词使用的情况要少一些,这是由于电视和广播一样,传播特点也是稍纵即逝。

网络:

(24) 从审计署的性质上看,它只不过是行政链条中的一环,其执法力量和处罚权力有限。审计署最大的威力并非来自于处罚,而是来自于信息公开,以及违规审计之后其他执法部门及时、有力的介入。

所以,导致"审计风暴"中总有一些部委年年故我、我"违"我素的根本原因不在审计署,而在相关部委的态度配合上,在司法部门、执法部门、纪委、证监会、银监会等部门的及时介入上。没有这些,光靠审计公告所形成的舆论监督是不能避免审计结果"年年岁岁花相似"、"岁岁年年人相同”的。

这就暴露了一个更深层次的问题，为什么一些部委不配合？是他们的权力过大还是私欲过涨？作为一介“草根”自然不得而知。（新华网2006年9月18日）

由于报纸和网络都与使用眼睛阅读有密切关系，所以报纸评论语言与网络评论语言具有很大相似性：结构庞大，表意精确，逻辑严密，句子之间的关系紧凑，代词也因此经常使用。

可以看出，在代词的使用上四种媒体评论语言界限分明地划归两个阵营——报纸和网络一个阵营、广播和电视一个阵营，分别代表人类的两种信息获取方式：用眼睛看和用耳朵听。

四、差异性原因考察

报纸、广播、电视、网络都是大众传播媒体，这就要求它们用人们最容易理解和接受的方式，尽可能地接触最大数量的受众。如前所述，四种媒体语言在代词使用方面有它们的共同点，但其差异也是很明显的。众所周知，报纸、广播、电视、网络都是大众传播媒介，这只是它们的一个共性，但它们各自的鲜明个性特征决定了它们在语言运用方面一定有差异。下面我们从媒体传播方式、传播语境与注意力中心这三个方面剖析造成差异的原因。

（一）媒体特性

报纸采用书面形式传播信息，传播效果一目了然，阅读效率高。读者阅读时注意力较集中，对信息的感受性较强。但报纸与广播、电视等媒介相比，不够形象、生动，在对读者的感染力和吸引力方面大为逊色。另外，报纸与广播、电视等媒介相比较，在一定程度上它的信息传递的时效性也弱一些。

广播是一种通过声音来传播信息的媒介，广播的普及程度和覆盖范围大大超过了报纸和杂志等纸质媒介。但它也受到播出时间的限制，受众的可自主选择性较小，而且声音讯号不易保存，也不易进行事后的检索、查阅等。从语言的角度看，广播新闻稿要求通俗易懂、富有口语特征。

电视是“听”与“看”结合的媒体，尽管多数情况下电视新闻的解说词是观众听到的，而不是看到的。但实际上，电视新闻的这种文字解说词才是真正的新闻，看到的图片信息只是辅助受众理解新闻的信息。从这个角度出发，我们把电视新闻和广播新闻划归为一类，属于“听到的新闻”。

网络媒体号称“多媒体”，但是在目前的网络技术条件下，多媒体技术并不能完全利用起来，绝大多数新闻仍然是以文字形式被受众用眼睛看到的。因此，我们把网络新闻与报纸新闻划归为一类，属于“看到的新闻”。

“听”的声音转瞬即逝，而“看”的文字却可以再三研读。“听”和“看”在接收信息时的差异也就导致了广播新闻、电视新闻与报纸新闻、网络新闻呈现出截然不同的语言特征。

广播、电视新闻语言通过语音传播，采用了依照时间流程的线性传播方式，让受众隶属于它们的时间和空间，受众接收新闻时必须服从于这种既定的安排顺序，这些都使受众处于比较被动的状态。受众的接收与理解是同步进行的，如果在理解上耗费时间，必然影响接下来收听的质量。而报纸、网络新闻语言呈空间排列，没有时间上的限制，受众在接收时有很大的自由度和选择性，随时随地可以阅读，这样受众可以一直保持轻松的接收状态。另外，视觉信息要比听觉信息具有优势，容易被感知、理解，也容易产生感染力。以上特点决定了广播、电视新闻内容易于理解、不庞杂，报纸、网络新闻语言则允许有一定的理解难度，从而使广播、电视、网络、报纸语言呈现出易读性或易解性由高到低的排列顺序。而意义内容外显在语言形式上，也使得这四种媒体新闻在代词使用上呈现出报纸、网络、电视、广播从多到少的排序。

（二）传播语境

任何传播都不只是由传播者所传播的内容这一个因素构成，它的起点是传播者，终点是受众。内容的传播和交流还涉及传播者和受众都能理解的语境，语境使内容有了更加确定的意义。从总体来看，影响传播的因素主要有三个：一是传播内容本身；二是传播者对内容的态度和传播者本身的客观条件，包括其身份、职业、思想、年龄、处境等；三是传播时的环境，包括时间、地点、场合、对象、天气等。这三个因素是交织在一起发挥作用的，传播者的态度尤其重要。

报纸、网络新闻传播时，传播者与受众并不见面。传播者可以模拟一个受众的形象，传播令对方感兴趣的内容。这时，上述的第二种因素基本隐退，传播者对内容的态度主要通过他对词语的选择和搭配表现出来。在这种情况下，若想吸引受众的眼球，传播语言首先必须简洁明了，然后再考虑其他方面，这样代词的频繁出现就不难理解了。

广播新闻语言主要通过声音符号与受众接触，要考虑到说和听这两个方面，因此对代码本身的第一要求是通俗易懂。也就是要考虑如何才能使受众明白所传播的内容，所以用词一定要浅显明白。为了达到这个目标，广播电视新闻形成了自己的一套写作与报道规则，例如在语言进行过程中需要重复词语、对同音字进行解释等，这样就使广播新闻语言中很少出现代词。电视新闻语言由于有图像资料辅助说明，所以代词的运用情况要比广播新闻语言稍胜一筹。

（三）注意力中心原则

通常人们在同一时刻只能关注于一个事物，其他的事物可能被忽视。报纸版面较为简单，除了较少的图片，基本是文字信息。由于是主动接收信息，读者在阅读报纸时通常心情舒畅，因此读者能够专注于报纸新闻，完全可以理解其频繁出现的代词所指。广播语言是口说耳听的，听众往往一边被动地接收广播信息，一边做其他事情，其注意力中心往往不能集中于广播新闻，这常常会导致对广播新闻中出现的代词不明其所指。电视综合了人的听觉和视觉效果，观众在收看电视时通常不像收听广播那样会受到其他事情的干扰，但由于观众的注意力分散于电视所综合的文字、声音、图像、色彩等诸多元素，因此也有可能对电视新闻中的代词所指代的内容不够清楚。网络新闻页面上通常注重文字、图片、动画、Flash、多媒体等多种手段的组合运用，以期收到综合效果。但由于网络新闻的受众是为了寻找信息，往往要以最快的速度找到想找的东西，所以更倾向于浏览而非仔细阅读。一般说来，受众接触网络版面时，首先感知的是以下两方面：一方面是版面中最具有刺激强度的部分，如图片、标题、色彩等；另一方面是版面各局部所组成的复合刺激，即版面的整体外貌。另外，那些以飘浮形式呈现的网络广告也吸引了受众的部分注意力。因此，虽然网络新闻也有和报纸一样的“读”的因素，但不像报纸那样是唯一的因素，所以就使代词在网络新闻中出现的概率低于报纸。

上述原因决定了代词在四大媒体新闻中出现的频率。据此，我们可以对代词在新闻语言中的出现频率作以下排序：报纸>网络>电视>广播。

第二节　新闻语言其他词汇的运用

四种媒体新闻语言的词汇除了对代词的使用具有差异，还在其他方面也存在着不同。本节主要以消息为例对四大媒体新闻语言中略语的使用、单音节与双音节词的选用、关联词语的运用等方面进行探讨。

一、略语

略语是语言中经过压缩和省略的词语，其主要的来源是短语的简缩。短语简缩可以采用多种方式，下文主要讨论两种略语："简称"和"数字略语"。

（一）简称：

第一、分段简缩：把全称分段，每段提取一个成分。

A：abcd→ac，即前后分为两段，每段提取第一个成分。

地下铁道→地铁　邮政编码→邮编　劳动模范→劳模

公共关系→公关　科学技术→科技　研究制造→研制

B：abcd→ad，即前后两段，取前段第一个成分和后段第二个成分。

空中小姐→空姐　外交部长→外长　扫除文盲→扫盲

保证价值→保值　整顿作风→整风　韬光养晦→韬晦

第二、截段简缩：截取全称的最有区别性特征的成分。

清华大学→清华　复旦大学→复旦

中国人民解放军→解放军　中国南极长城站→长城站

第三、综合简缩：既截段简缩又分段简缩。

中国人民政治协商会议→政治协商会议→政协

联合国安全理事会→安全理事会→安理会

全国人民代表大会→人民代表大会→人代会

第四、省同存异：省略相同的成分，保留不同的成分。

工业农业→工农业　理科工科→理工科

青年少年→青少年　病害虫害→病虫害

中学小学→中小学　教员职员→教职员

第五、包含外来词的名称只取外来词的头一个音节。

呼和浩特市→呼市　加利福尼亚州→加州

第六、英文字母简称。

Digital Video Disk→DVD　MPEG-4→MP4

Acting Appointment 制度→AA 制

（二）数字略语：

第一、标数概括：用数字概括相同的成分，省略不同的成分。

增产节约、增收节支→双增双节

包修包换包退→三包

身体好、学习好、工作好→三好

开口呼、合口呼、齐齿呼、撮口呼→四呼

农业现代化、工业现代化、国防现代化、科学技术现代化→四个现代化→四化第二、根据事物共同属性加上列举的项数。

天、地、人→三才　仁、义、礼、智、信→五德

通过简缩短语而形成的略语，有的结构不够凝固，形成词与短语的中间物；但有些略语用多了、用久了，语义、语形都比较固定，就转化成词了。比如现在的“工会”已不一定是“工人联合会”或“工人协会”的简称，在“教育工会”、“俄罗斯军人工会”中，“工会”的含义具有凝固性、专指性，都不能看做略语了。

略语是语言“经济原则”起作用的结果。略语是相对于“完整词汇”而言的，它在词法形式上比完整词汇简短，但它们所传递的语义信息应该是等同的。完整词汇的语符与其所传递的语义信息一一对应，但略语的语符和语义之间不是一一对应的，是以不足的符号传递充足的语义内容。

报纸、广播、电视、网络四种媒体的新闻语言在略语的选用方面是否存在差异呢？原因是什么？下面我们以消息标题为例来作具体分析。

报纸：

(25) 中国与赤几签署医疗议定书

（《人民日报》2006年9月20日）

“赤几”→“赤道几内亚”

(26) 假冒会计师骗取韩企33万

（《京华时报》2006年9月20日）

“韩企”→“韩国企业”

广播：

(27) 北京申办奥运　青岛应对“大考”

（青岛人民广播电台2000年10月24日）

"奥运"→"奥林匹克运动会"

(28) 中国国民党副主席吴伯雄接受华广记者独家专访时表示:化解两岸政治僵局只有坚持"一中"原则

(海峡之声广播电台 2000 年 11 月 20 日)

"一中"→"一个中国"

电视:

(29) 第六届亚欧首脑会议开幕 温家宝发表重要讲话

(中央电视台 2006 年 9 月 11 日)

"亚欧"→"亚洲、欧洲"

(30) "亚特兰蒂斯"号升空 国际空间站建设重启

(中央电视台 2006 年 9 月 10 日)

"重启"→"重新启动"

网络:

(31) 像韩国一样彻查假文凭 (新华网 2007 年 9 月 2 日)

"彻查"→"彻底查办"

(32) 惠普CEO被曝或与电话门丑闻有染 股价骤跌

(新华网 2006 年 9 月 22 日)

"CEO"→"Chief Executive Officer"(首席执行官)

比较这些消息的标题,可以看出,略语在四种媒体新闻标题中得到了不同程度的应用:广播新闻标题中基本上不出现略语,[1]电视新闻标题中偶尔出现略语,这两种媒体因媒介的接近度较高,新闻标题的差异性不大;报纸、广播和电视、网络这三大

[1] 我们统计了《中国新闻奖作品选》(2000 年度·第十一届),在广播新闻标题中只发现两条新闻标题含有略语,即例(27)、(28),其中的略语在语形和语义上都已固化。

类新闻标题之间使用略语的差异明显。下面我们来分析其间的差异情况。

1. 略语在四种媒体中出现频率差异性特点分析

(1) 广播、电视消息语言与报纸、网络消息语言的对立

与代词的使用情况相同，略语在四种媒体新闻中的应用也分明地划归两个阵营。这里的“对立”不是有和无的截然分明的矛盾，而是在略语这种语言现象出现频率上的两极化：广播和电视标题中极少出现略语现象，而报纸和网络语言则充分地利用略语来优化标题。

(2) 广播、电视消息标题中略语的特点

广播和电视都是线性传播的媒体。广播新闻通过声音传播信息，电视新闻以声音为主、视频与文字为辅传播信息，两者很少使用略语，即使出现也多为使用较久、语义与语形都比较固定的略语。我们对荣获第十三届“中国新闻奖”的广播电视消息作品的标题作了考察，发现只有一篇电视消息的标题——《大杨扬为中国夺得首枚冬奥会金牌》（中央电视台 2002 年 2 月 17 日）中含有略语“冬奥会”，其他都是具有完整词形词汇的标题。而且“冬奥会”已经使用了很长一段时间，其语义、语形都比较固定，属于大家耳熟能详、都可以理解的略语。

(3) 报纸消息标题语言中略语的特点

由于报纸新闻以文字为主要载体，其消息标题语言中的略语多可从字面上理解其语义。如：

(33) 曾培炎离京出访欧洲四国

（《人民日报》2006 年 9 月 20 日）

“离京”→“离开北京”

少数报纸新闻标题中出现不能直接从字面理解语义的略语。在这种情况下，常常由副标题或导语加以说明。如：

(34) NGO全会代表批评西方新闻媒介缺乏公正

(新华社中英文电讯1995年9月5日)

例中的略语"NGO"在导语"在今天上午举行的非政府组织妇女论坛第五次会议上，中国一位资深女记者……"中得到解释。

(4) 网络消息标题中略语的特点

网络新闻语言由于受到网络语境惜时如金的影响，与传统新闻的语言相比，相对比较活泼、口语化，所使用的词语在反映现代生活方式、吸收约定俗成的语言习惯和新鲜的外来词语方面更快捷、更随意；再加上网页排版的需要，常使用一些略语、网络词汇。

① 用语前卫

相对报纸等媒体，网络新闻中的略语更容易出现新创制的略语，其语义有时需阅读消息主体后才能知道。如：

(35) 上合组织明年将在俄境内举行联合反恐军演

(新华网2006年4月26日)

"上合"→"上海合作组织"、"军演"→"军事演习"

② 使用源自网络用语的英文字母简称

网络新闻为吸引网民，除了认真安排版面外，还在文字处理上花了一定工夫，经常会使用一些来自网络的英语略语。在周围汉字的衬托下，这些英语略语给人以较为强烈的视觉刺激，从而引起受众的注意。如：

(36) 廉租房PK经济适用房　(新华网2006年4月8日)

这则标题中的"PK"源自网络词汇，意思有两种：(1)计算机游戏模式“Player Kill”的缩略，意思是游戏时玩家遇对手决战；(2)足球术语“Penalty Kick”的缩写，即足球场上的点球。实际上，“PK”就是单挑的意思。

2. 略语在四种媒体中出现频率差异性原因分析

(1) 媒体特性

从传播信道角度来看，报纸和广播都是单信道传播媒介。报纸是视觉媒介，通过文字和静止图片进行传播，以文字为主。报纸的阅读方式，可以是非线性的，读者可以自行决定阅读的时间、环境和内容。这样，编辑就可以为了提高新闻的醒目性而延长受众的解码过程，受众也乐于在阅读报纸时得到解码的乐趣。所以报纸消息标题语言的文字多简约，语意丰富，而且更具吸引力。因此，略语在报纸新闻标题中的出现频率就很高。

广播是听觉媒介，用声音来传递信息。就选择性而言，广播是线性传播的媒体，在传播过程中，受众只能依照传播者的安排按序接收某种内容。在这种方式下，受众的选择性受到限制，而且声音转瞬即逝，受众的注意力受到挑战。这些特点都决定了广播新闻标题必须要完整、易懂。

电视是通过视觉和听觉双信道传输信息的媒介。电视通过文字和动态画面进行传播，以动态画面为主要手段。电视新闻具备了声画结合的特点，其在时间上线性的传播方式让受众只能被动地接收；而电视画面在传播时占有优势地位，观众往往对由声音或文字形式表现的标题产生忽略心态。所以电视消息的标题与广播消息标题接近，多简明、易懂。因此，在以上两种媒体新闻标题中略语出现的概率都比较低。

网络可以传递文字、静态图片、动态画面、声音，因此网络媒介是多信道的传媒。但是,就目前的国内网络通信状况来说,网络内容传播形式主要还是文字。文字传播具有诉诸理性的特点,长于表达复杂抽象的内容,网络在这方面与报纸具有相同的优势。网络与报纸的不同之处在于:网络新闻的标题集中在网站的首页,而首页有限的空间使得标题多用略语的形式以节省空间;另外,网络信息的海量性,决定了网络用户选择的范围比报纸读者要大得多。所以,略语在网络新闻标题中出现的频率要比报纸还高。

(2) 受众特性

如前所述,报纸读者以中青年为主,学历以高中至大专为主。报纸新闻在空间上展开,不受时间的限制,受众可以从容地获取信息。作为印刷读物,报纸要求受众循序渐进由上至下阅读。因此,阅读有利于对材料形成系统整体的把握。线性的印刷传播要求读者注意力极大投入,因而阅读在本质上是一种翻译。因为受众的阅读是面对报纸的水平阅读,这就限制了读者的视域,使目光相对集中在报纸上。利用这一特点,报纸编辑就可以考虑提高新闻的醒目性而延长受众解码的乐趣。所以报纸标题相对于广播、电视来说更具吸引力,常用最少的文字来表现最丰富的内容,略语就是其中的一个手段。

广播听众男女老少皆可,他们的接受能力相当悬殊。一般说来,在同样条件下,受众使用同样时间去看报纸或是听广播,他们从报纸上能得到更多的信息。另外,广播以声音传递信息而声音转瞬即逝,这使大多数广播受众都处于半收听状态,所以广播新闻语言要降低复杂度和提高易解度。以上原因决定了广播新闻中不使用或尽量少使用略语。

电视新闻虽然有图像、文字等资料作为声音解说的辅助，但由于电视受众更加广大，加之电视受众在节目收看的倾向上不重视新闻类节目，这也使得电视受众经常采用对待广播新闻一样的方式对待电视新闻，即用耳听而不是耳眼并用。另外，电视新闻的文字相对独立这种现实状况要求电视新闻必须提高解说词的独立性和易解度，而不是仅依附于画面的图像资料。这些都决定了电视新闻标题也要少用略语，以降低复杂度来吸引受众的注意力。

据中国互联网络信息中心（CNNIC）历年统计调查结果显示，网民中 18 岁—24 岁的年轻人最多，远远高于其他年龄段的网民而占据绝对优势，网络使用者年轻化的趋势已经不可避免。从文化程度的角度来看，网民以学生为主，主要是高中以上至本科段的。这些人具有一定的外语水平，电脑知识也比较丰富，思想活跃而不愿循规蹈矩，接受新事物比较快，具有创造力。他们对传统权威和常规有叛逆心理和反抗精神，有追求时髦、求新求变、标新立异的要求，喜爱表现自己。以略语为主要形式出现的缩略性的新闻标题符合他们跳跃性的思维习惯，满足了他们在短时间内对信息的大量需求，这就是略语在网络新闻中受到青睐的原因。

二、单音节词与双音节词的不同应用

从受众接收信息的感官这个角度来看，四种媒体新闻中，报纸是视觉媒介；广播是听觉媒介；电视是通过视觉和听觉双信道传输信息的媒介；网络媒介是多信道的传媒，但目前网络受到条件限制，仍以文字为主要传播载体。采用不同媒介，决定了不同媒体新闻语言对语音的不同态度。下面我们以单音节词和双音节词的具体应用为例，来分析报纸、广播、电视与网络四种媒体新闻对语音的处理。

报纸：

(37) 中塔将首次举行反恐军演

（《京华时报》2006 年 9 月 20 日）

“将”→“将要”

(38) 保尔森要接佐利克的班 愿与中国建设性对话

（《国际先驱导报》2006 年 9 月 22 日）

“愿”→“愿意”

广播：

(39) 福建永春芦柑近日再次进入欧盟市场

（中央人民广播电台 2006 年 6 月 29 日）

“再次”→“再”

(40) 陶璐娜夺得第一枚金牌

（中央人民广播电台 2000 年 9 月 17 日）

“夺得”→“夺”

电视：

(41) 颂提正式担任泰国管理改革委员会主席职务

（中央电视台 2006 年 9 月 22 日）

“担任”→“任”

(42) 吴官正抵达哈博罗内 （中央电视台 2006 年 9 月 5 日）

“抵达”→“抵”

网络：

(43) 日本游戏毁我名著 红楼梦变成色情网游

（新华网 2006 年 9 月 24 日）

"毁"→"毁坏"

(44) 无业青年挑逗妇女引事端 殴打城管员致死获死缓

（东方网 2005 年 11 月 1 日）

"引"→"引发"、"获"→"获得"

比较这些消息的标题，可以看出，不同音节的词汇在四种媒体新闻标题中得到了不同程度的应用：报纸、网络新闻中多使用单音节词，而广播、电视新闻标题中则主要使用双音节词。下面我们来谈谈其差异的原因。

报纸是用眼睛看的媒介，主要通过文字传递信息；限于目前的技术原因，网络也以文字为主要载体。报纸和网络新闻的信息在空间上展开，不像广播、电视新闻语言那样在单位时间里信息高度密集。由于版面有限，而且以书面语言为主，这两种媒体消息语言首先考虑的是简洁精练。因此，这两者在单音节词的使用方面很接近，单音节词可以自由地运用而不增加理解的负担。另外，目前我国网络媒体没有采访权，很多新闻是来自报纸的复制新闻，这也是报纸、网络媒体新闻语言风格比较接近的原因。

广播和电视都用有声语言来传递信息。声音稍纵即逝，广播、电视的受众要求过耳就可以清楚明白，所以新闻词汇的选用，应该以"上口、顺耳"作为起码的要求；广播、电视受众分布的广泛性也要求其语言能被普遍理解和接受，有口语化倾向。正因为如此，广播、电视新闻语言要更多地考虑语音方面的因素。相比较而言，不利于听读理解的词语（如单音节词），即使在别的语境中应用自如，也要换成适应广播、电视听读语境的词语。这样一来，单音节词在广播、电视新闻中往往就变成了相应的双音节词。

三、关联词语的运用

关联词语包括关联词与关联短语。关联词大都是连词，有少量是副词，如“也”、“又”；关联短语指的是“还是”、“不是”、“一方面”、“另一方面”，等等。关联词语能够明确地表示分句间的关系，句群中不同句子之间有时也使用关联词语连接。报纸、广播、电视、网络都是大众媒体，这就要求他们尽可能地用人们最容易理解和接受的方式接触最大数量的受众。如前所述，报纸、广播、电视、网络都是大众传播媒介，这只是它们的一个共性；它们还有鲜明的个性特征，而这些特征决定了它们语言运用方面的差异。四种媒体语言在关联词语使用方面的差异何在呢？我们考察了四种媒体的多篇消息，发现报纸和网络消息语言在关联词语的运用方面风格接近，分句之间、句与句之间常使用关联词语连接；而在广播、电视消息语言中使用关联词语连接的语句却不多见。下面我们来谈谈造成这种差异的原因。

（一）媒体特性

四种媒体中，就选择性而言，广播和电视都是依照时间流程的线性传播的媒体。在传播过程中，受众只能依照传播者的安排按序接收其内容，这就使广播、电视传播的信息不可回溯。受众接收与理解要同步进行，如果在理解上耗费时间，必然影响接下来收听的质量。特点所致，要求这两种媒体尽可能多地选用鲜活朴实、老百姓喜闻乐见的、接近口语的表达方式。古奥的文言词、欧化的长句式都不适合做广播电视新闻语言的表现形式。另外，就传播接收端的环境而言，广播的接收空间可以是公众式的，如在公共场合收听广播，也可以是私密性的，如戴耳机或者在驾车时收听广播节目；但是广播内容的播放通常受传播者的控制。通常电视被认为是一种家庭媒体，它是客厅或起居空间的重要组成部分，收看电视有时也不是个体行为，这些条件不允许受众有足够的时间和空间对所接收的信息进行思考。在这种传播要求下，经常使用的是口语化的短句，分句之间、句子之间多采用意合法，关联词语出现的概率自然很少。

从阅读方式上看，报纸和杂志可以是非线性的，读者可以自行决定阅读的时间、环境和内容，网络传播在这一点上与报纸相同。目前，网络用户的使用终端通常是个人电脑，用户提取网络资源的接触界面是电脑屏幕。虽然电脑屏幕在物理形式上更接近电视屏幕，但是电脑屏幕与网络信息资源之间的关系并非是刚性的线性联系。网络与报纸都是非线性传播的媒介，允许受众跳跃和随意地选择自己需要的内容。另外，就传播接收端的环境而言，报纸的阅读空间一般是个体的，网络则为受众提供了一种更为个体和私密式的信息接收空间。由于网络用户占有独处的接收空间，所以网络传播就允许用户自主“拉”选所需信息，这些条件都为受众对接收的信息进行反思提供了足够的时间和空间。在这种情形下，新闻语言可以采用一些较长的句式，句子与句子之间、分句与分句之间允许出现关联词语。

（二）接收方式

一般来说，视觉信息要比听觉信息具有优势，容易被感知、理解，也容易产生感染力。

根据前文的分析，基本可以把四种媒体分成两大阵营：视觉媒体（报纸、网络）和听觉媒体（广播、电视）。“看”和“听”在接收信息时的差异也使报纸新闻、网络新闻与广播新闻、电视新闻呈现出了截然不同的语言特征。

报纸、网络新闻语言呈空间排列，没有时间上的限制，受众在接收时有很大的自由度和选择性，可以一直保持轻松的主动接收状态。广播、电视新闻语言则随时间呈线性排列，受众对新闻的收听顺序很难选择，始终处于比较被动的状态。一旦有新闻难以理解，受众就可能会产生疲劳和厌倦情绪，从而可能终止接收。这些特点决定了报纸、网络新闻语言可以有一定的理解难度，广播、电视新闻内容则要求易于理解、不庞杂。正是由于受众对不同的媒体有不同的接收方式，关联词语才在报纸和网络新闻语言中得到了广泛的应用，而在广播、电视新闻语言中的使用却很少。

本章我们探讨了报纸、广播、电视、网络四种媒体新闻语言中代词与略语、单音节词/双音节词、关联词语的使用情况。由于媒介特性和受众接收信息方式等的不同，报纸、网络与广播、电视新闻语言在这些词汇的使用上存在着明显的差异。

第七章 新闻语言的句法问题

引 言

句法是短语、句子等语言单位的结构规律。词与词怎样组合成各种短语，短语或词怎样形成各种句子，下级单位用什么手段、方式组成各种上级单位，这其中都有一定规律。

新闻语言是现代汉语的一种变体，遵循着现代汉语的句法结构规律，同时又表现出其鲜明的个性特征。以往的新闻语言研究主要做了下面两方面的工作：

1.以新闻语言这一功能变体作为研究对象，概括其总体特征，分析其在语言各层单位上的结构规律。如：李元授、白丁《新闻语言学》、段业辉《新闻语言学》等。

2.单纯以一种媒介的新闻语言作为研究对象，总结归纳它的各级句法单位的结构规律和特点。如：李佐丰《广播电视语言》、刘海燕《网络语言》等。

新闻语言内部不是均质的，报纸新闻语言、广播新闻语言、电视新闻语言、网络新闻语言因传递新闻信息的媒介不同而表现出各自的区别性特征。下文我们以新闻语言内部因媒介差异而形成的四种下位新闻语言作为研究对象，通过对比寻找互相之间的差异性。同一媒体新闻语言内部，不同体裁的新闻语言也各具特色，寻找不同体裁之间语言运用上的区别也是我们的研究目标。我们将对报纸新闻语言、广播新闻语言、电视新闻语言、网络新闻语言的长短句和省略句以及句类的使用情况作归纳和对比研究，通过对使用频率的数据统计，给出倾向性上的预测或定性的解释。

第一节　新闻语言在长短句使用上的特点

句子有长有短。所谓长句，是指词语多、结构复杂、形体较长的句子；所谓短句，是指词语少、结构简单、形体短小的句子。句子长短不同，表达效果也不相同：长句容量大，有使表达精确周密、凝练紧凑的特点；而短句因其短小精干，则有简洁明快、活泼有力的效果。

从结构形式来看，长句一般包含以下四种情况：一是修饰语较多，二是联合成分较多，三是某一成分结构复杂，四是句中结构层次较多。短句的表现正相反。如：

她是一个勤奋质朴、乐于助人、工作积极的好姑娘。(长句)

她是一个好姑娘。她乐于助人，工作积极。(两个短句)

短句各成分简单而且关系明显，有语病也容易被发现和改正。长句往往有一连串复杂的成分或多层关系交织在一起，一不留意，就会出现搭配不当或多余、残缺等现象。长句和短句是客观存在的，它们本身无好坏优劣之分，好坏优劣要看选用得是否恰当。

报纸、广播、电视、网络四种媒体新闻因其各自的传播媒介不同而在对长短句的选用上表现出了鲜明的个性特征，各媒体内部不同新闻体裁（消息、通讯、评论等）之间在长短句使用方面也存在差异。下文我们将展开具体讨论。

一、消息语言的长短句使用情况

消息是新闻的基本组成部分之一，在新闻的总量中占据很大的份额，在报纸、广播、电视、网络四种媒体的新闻报道中，消息都具有举足轻重的地位。消息既是现代新闻事业的细胞，也是新闻传播的主体。

各媒体新闻中，消息传播效果的好坏直接影响到各媒体全部新闻的传播效果。下面我们就通过逐个分析和相互比较的方法来探讨报纸、广播、电视、网络四种媒体的消息在长短句使用上的特点。

（一）新闻导语

在消息结构中，导语要具备以下两种作用：一是从新闻本身看，要理出头绪，奠定基调；二是从读者方面来看，要具有吸引力。导语的好坏直接影响着一则消息的质量。

下面为摘录的四种媒体消息的导语。

报纸：

(1) 5分钟前，一列银灰色的地铁列车，在仅距地面2.8米的地下，首次穿过世界最大的广场——天安门广场。

（《中国地铁列车今天穿过天安门广场》，《人民铁道报》1999年9月29日）

(2) 6岁小女孩江珊在湍急的洪水中坚持9个小时等待救援的传奇经历，使她成为簰洲湾溃口后新闻媒体中的“名角”。这个小姑娘另有一段经历不太被人知晓——她是被洪水“淹”出来的没上人口统计年报的7000多簰洲湾人之一。

（《簰洲湾溃口“淹”出7000多人》，《长江日报》1999年2月27日）

广播：

(3) 听众朋友，昨天晚上天津市人民体育馆内座无虚席，五千名观众沉浸在热烈的气氛中，跳水皇后高敏告别体坛文艺晚会在这里举行。

（《高敏挥泪告别体坛》，天津人民广播电台1992年12月29日）

(4) “今天吃什么？原阳米。明天吃什么？还是原阳米……”一个月来，每天在河南电视台出现的这条广告，为人们送来了一缕田野的清香。

（《原阳人做活大米文章》，河南人民广播电台1993年12月7日）

电视：

(5) 目前唯一存活的世界首批成年体细胞克隆山羊“阳阳”，今天中午在西北农业科技大学种羊场顺利生下一对龙凤胎。这对龙凤胎被分别取名为“欢欢”和“庆庆”。

（《体细胞克隆山羊“阳阳”喜得龙凤胎》，
山西电视台2001年8月8日）

(6) 刚刚过去的7月13日成为每个北京人今生难以忘怀的日子。7月13日之夜无人入睡，整个北京城都沉浸在巨大的欢乐中，这巨大的欢乐汇成了沸腾的海洋，散播到每一个角落，散播到每一个北京人的心里。

（《“7.13”——申奥成功日 万众欢腾时》，
北京电视台2001年7月14日）

网络：

(7) 记者从“拯救中国虎”国际基金会了解到，该基金会及南非中国虎项目中心与我国国家林业局野生动植物研究与发展中心就开展中国虎野化放归项目合作一事达成共识，并于今日在北京签署了框架协议。根据此项协议，中国将利用南非的野生动物保护管理经验建立一个中国虎试验性保留地。（《放中国虎回山林 中国虎野化放归计划协议签署》，中新网 2002 年 11 月 27 日）

(8) 8 日 10 点 50 分左右，正在建设中的内蒙古新丰热电项目主厂房球形网架结构突然坍塌，将正在现场进行墙面粉刷的 9 名工人砸死两人，砸伤 7 人。

（《内蒙古新丰热电厂主厂房球形网架坍塌 砸死两人》，新华网呼和浩特频道 2005 年 7 月 8 日）

我们以 40 篇消息（报纸、广播、电视、网络各 10 篇）为考察对象，以上所列为考察对象的部分，媒体间的差异很明显。

例(1)、(2)，例(7)、(8)在长短句使用方面趋于一致，修饰语比较多，都有某一结构成分比较复杂，如例(2)中"6 岁小女孩江珊在湍急的洪水中坚持 9 个小时等待救援的传奇"修饰中心语"经历"，这个长修饰成分传达了丰富的背景信息，使读者不至于在接收到"（江珊）成为……新闻媒体中的'名角'"时感到突兀而使信息接收过程断层；例(7)中"就开展中国虎野化放归项目合作一事"修饰中心谓词"达成共识"，长状语的运用缩小了所传事件的范围。这些修饰语的存在使包含它们的结构成分十分复杂。当然，复杂的结构成分表意明确，传达的信息完整准确，让读者在阅读的过程中就能消除疑惑；但是，要想做到信息完整准确、消除读者疑惑都是以成功的理解和良好的传播效果为前提的，当复杂的表达形式成为读者掌握和吸收其所蕴涵的意义的阻碍时，就谈不上成功的理解了，也不会有良好的传播效果。

在我们考察的20篇消息（10篇报纸消息，10篇网络消息）语言中，由长修饰语或并列成分构成的复杂结构成分具有普遍性，这种表现方式能长期、广泛存在有其合理性。我们将在下文作详细阐述。

与报纸、网络消息语言普遍使用复杂结构成分表意相反，广播和电视消息语言则普遍在避免这一现象。准确地传达信息离不开修饰限定、缩小范围，例(3)、(4)、(5)、(6)也有比较复杂的结构成分，但在复杂程度上其复杂成分远远不及例(1)、(2)、(7)、(8)。其中还包括一些以修饰语形式出现的新闻五要素，如例(5)“今天中午”、“在西北农业科技大学种羊场”就是以状语形式存在的时间和地点要素。这种修饰语是好新闻的必有成分，其存在并没有增加太大的阅读和理解负担。

（二）新闻主体

以上是对消息导语的考察，下面我们具体考察消息的主体部分。我们采取具体考察和数据统计相结合的方法。

报纸：

(9) 为此，承担西单、天安门、王府井等首都心脏地铁施工设计重担的铁道部隧道工程局、铁道部第十六工程局和铁道部第三勘测设计院的建设者们苦苦奋斗了十个春秋，参加世界建筑师大会的各国专家参观后曾惊叹“中国又创造了一个奇迹”。

……

北京地铁虽然在当今世界43个国家117个有地铁的城市中，开通年代和运营里程均排在30位以后，但却创下了满载率和单车运营公里两项“世界之最”。

（《中国地铁列车今天穿过天安门广场》，
《人民铁道报》1999 年 9 月 29 日）

广播：

(10) 12 月 4 号，在原阳精米厂，记者问厂长刘思辉：“做粮食广告，你在全省算头一份吧？”刘思辉自然地说：“是啊！明年我准备再拿 30 万搞宣传。那工业产品要吆喝，这庄稼地里的产品也得吆喝。”

（《原阳人做活大米文章》，河南人民广播电台 1993 年 12 月 7 日）

电视：

(11) 11 点 55 分降生的哥哥“欢欢”是腿先出来的，因此接生费了一点工夫，但是也只用了两分钟；20 分钟后，即 12 点 15 分，妹妹“庆庆”降生，“庆庆”是头先出来的，她的出生只用了短短的几秒钟。

（《体细胞克隆山羊“阳阳”喜得龙凤胎》，
山西电视台 2001 年 8 月 8 日）

网络：

(12) 目前，受害人本人正在律师的协助下整理搜集材料。预计本月底，所有自述与证明材料将要转交律师一濑敬一郎先生，愿意为重庆大轰炸受害者提供无偿法律援助的一濑敬一郎先生随后将会在东京地方法院提起诉讼。

（《重庆大轰炸受害者向日索赔 日本律师免费援助》，
中新网 2004 年 11 月 4 日）

从以上用例可见，报纸和网络消息主体的语言在长短句的运用上风格接近。长句在所考察的报纸、网络消息语言中占很大比重，表现为：用长修饰语，如“承担……的建设者们”、“愿意为……一濑敬一郎先生”；用关联词语连接，如“北京地铁虽然……

'世界之最'"等。在广播、电视消息语言中长句并不多见，像上文这样包含长修饰语和关联词语的长句就更稀少了。

下面我们统计了40篇消息的导语和正文，得到了句长的具体数据。

媒介类别	报纸	广播	电视	网络
平均句长	26	15.5	22.5	33

由上表可见，报纸和网络消息在句长上明显高于广播和电视两种媒体消息，报纸、广播、电视、网络四种媒体消息的句长由长到短排列为：

网络＞报纸＞电视＞广播

在四种媒体的消息中，网络消息最倾向于使用长句，广播消息最倾向于使用短句。

二、通讯语言的长短句使用情况

与消息语言的长短句使用情况相同，四种媒体通讯的语言也因媒介的不同而相互之间表现出很大的差异。这种差异又必然会因为新闻体裁的不同而与消息长短句使用情况表现各异，下面我们来具体分析四种媒体通讯语言的长短句使用情况。

报纸：

(13) 据专家和有关负责人介绍，按正常进程走，铺设热力管道不仅应为其做沟，还要在沟外完成防水保护层，这主要是因为热力管道本身温度很高，如果沟内进水，就会腐蚀管道而缩短使用寿命。

(《"献礼工程"令人忧》,《法制日报》1996年9月13日)

(14) 儿子虽然身陷沉疴，但我们希望他不要做个特殊的学生，即使是化疗，也尽量安排在星期六下午，星期日休息一天，星期一照常上学，在升旗仪式上，儿子和同学们一样，庄严地敬队礼，谁也不知道，就在前一天，由于化疗的副作用，他还在家中呕得天翻地覆，连黄胆水也吐出来了。

（《下辈子我们还当母子》，《广州日报》1996 年 4 月 8 日）

广播：

(15) 如果我们对三大家电集团的三级跳跃进行纵向剖析，不难发现，第一次跳跃是科技的引进和消化，第二次跳跃是科技向创新这一层面作纵深发展，而第三次跳跃就是以科技为核心的品牌的横向发展。

（《凋零与崛起的背后》，青岛人民广播电台 1998 年 11 月 12 日）

(16) 早上播音结束，她就去了卫生院。医生说，是慢性鼻窦炎。徐凤仙就配了点儿“滴鼻净”等药，又回来忙开了。

（《优秀山乡广播员——徐凤仙》，浙江人民广播电台 1996 年 4 月 15 日）

电视：

(17) “来料加工”固然开辟了第二战场，但自己只不过是一个“国际打工仔”。（《闯关——来自镇海炼化的报告》，浙江电视台 1996 年 11 月 13 日）

(18) 无论是口岸还是沿线，在我们接触的缉毒将士中，不管他们取得多么令人兴奋的胜利，都没有人盲目乐观过，而且面对凶残的武装贩毒集团，他们还随时准备投入战斗。

（《中华之剑·剑之威》，中央电视台 1996 年 6 月 26 日）

网络：

(19) 老毕一再说自己的经历并不传奇，却经历了苦孩子、知青、军人、大学生、科考队员、摄影师、导演、制片人、主持人的曲折经历。

（《老毕，他曾是个“神枪手”》，新华网2005年6月7日）

(20) 1977年，高考制度恢复，经过20天的准备，李晓西考上了兰州大学经济系。虽然没有被心仪已久的文学专业录取，但已届而立之年的李晓西深知大学的机会来之不易，如饥似渴地学习。为了使自己的知识面更加宽广，他选学了数学系的课，旁听了哲学系开的黑格尔的《小逻辑》，自学了萨缪尔森的《经济学》。

（《李晓西：市场化尖兵》，中新网2005年10月11日）

与报纸消息语言相比，报纸通讯语言中也会出现含有长修饰语的句子。但不同于报纸消息语言的是，报纸通讯语言中，像例(13)、(14)这样的多重复句出现率很高，而在报纸消息语言中很难见到这样为求表意完整准确而使结构显得庞大的复句。这一方面是因为通讯这种体裁对描写叙述有特殊要求，另一方面是因为通讯给了这种表现方式以充分的空间。下面我们来看其他三种媒体的通讯语言使用方面的情况，考察传播媒介的差别对长短句使用的影响。

在网络通讯语言中，很难见到像报纸通讯语言那么庞杂的复句，而多是修饰语复杂的长句。这使得网络通讯语言更像是消息语言加法式的综合。

在广播通讯语言中，我们常见到例(15)这样庞而不杂的长句，“第一次跳跃”、“第二次跳跃”、“第三次跳跃”，三个“跳跃”这些提示性字眼让受众在接收时能轻而易举地抓住紧跟其后的新信息，不会因理解上时间的紧迫而产生焦躁心理，从而放弃接收。这些提示性字眼承载着旧信息，属于冗余信息，可降低理解难度。

在电视通讯语言中，像例(18)这样的由关联词语连接起来的复句并不多，更多的是像例(17)这样的简短复句。这是因为广播、电视通讯语言有很多由人物对话直接构成，人物口语不可能像经过记者、编辑修饰打磨过的报纸、网络通讯语言那样有很多结构严谨、表意准确的长句。

我们选择了报纸、广播、电视、网络通讯各10篇，统计了其篇长、句长、句子数量等。下表为具体统计数据。

媒介类别	报纸	广播	电视	网络
平均篇长	2042	2235	2475	2170
平均句长	43	35	35	47
平均句子数	49	65	72	48
长句(大于20字)平均百分比	81%	69%	70%	85%

上表的统计结果显示，广播、电视通讯和报纸、网络通讯也同广播、电视消息和报纸、网络消息一样在长短句使用上呈现出风格对立的两种倾向；只是四种媒体通讯的长短句使用情况之间的差别缩小了，没有四种媒体消息语言的差异那么明显。

三、评论语言的长短句使用情况

报纸：

(21) 无独有偶，不由使人想起，日本侵略者战舰在一些地方被制成玩具模型兜售，希特勒军徽被当成“纪念品”上市，模仿日本“皇军”服饰拍照留影盛行旅游景点，当事者不以为丑恶反倒嘻嘻作乐。把人类历史上这些肮脏的东西重新抬出招摇过市，唤起人们记忆的，除了痛恨，当不会有别的。但有人却认为，现在开放了，历史真善美与假丑恶都可以不讲了，欢声笑语可以抹去历史血泪，只要能赚大钱管它是否是非颠倒。这是历史价值观的扭曲和麻木。在这种思潮下，大汉奸的文稿，杀人的变态诗人，都被作为奇货一炒再炒，甚至耗资千万为之拍摄制作电视连续剧。观念糊涂至此，触目惊心。

（《怎让沉渣又泛起》，《四川日报》1996年5月14日）

以上引文为我们摘录的具有代表性的报纸评论。这篇评论语言的构成主体是结构庞大、内容复杂的复句和有长修饰语的长单句，长单句里的修饰语多是对背景资料的间接介绍，这些都使这篇评论有了一定的理解难度。

广播：

(22) 农业的基础地位年年强调，农业存在的问题警钟长鸣，为什么农业问题在一些地方依然得不到重视？说到底还是一个思想认识问题。代表们认为，在一些地方开会时都讲农业重要，散了会却无人去解决农业、农村工作的问题。农业成了“口号农业”，“基础”只表现在会议上。有些干部实际上只记住了多种经营，忘记了粮食生产，以为“有了钱就有了粮”，而实际偾大家如果都不种粮，有钱也买不到粮。一些地方政府对农业的投入下降，有限的投入又常常被挪用到抓来钱快的项目上，甚至热衷于买小轿车、盖办公楼。

（《让农业真正成为首位》，中央人民广播电台《新闻和报纸摘要》1995年3月6日）

这是我们摘录的具有代表性的广播评论。与上篇报纸评论语言相比，广播评论语言里复句简单了很多。基本上三四个分句或句子就能表达一个较完整的意思，这三四个分句或句子完全可以独立地抽取出来。而在报纸评论语言中常常是长复句去表达一个相对完整的意思，分句或句子之间环环相扣，抽取出三四个分句或句子会觉得抽取出来的部分有未尽之意，意义不完整连贯。

电视：

(23) 对于北京的啤酒行业是否走合资发展的道路，仁者见仁，智者见智，但最终是要见市场。不过有一点是有所共识的：国有品牌不能丢！没有自己的品牌，还有什么民族工业可言。名牌事业是千秋万代的民族事业！

[百姓甲]："即使是奥迪、桑塔纳都是100%的国产件，那也是外国的品牌，也不是我们民族工业的结晶。"

（《合资：引进来，更要利用好！》，北京电视台《今日话题》1995年12月31日）

电视评论多是画外音和人物采访相结合的方式，不完全是记者或编辑的评论，很多是没有经过深思熟虑而是现场临时组织的评论。广播评论也有类似形式，不过广播因没有电视的画面优势，容易使评论结构松散、意义不连贯，从而失去受众的关注。所以电视评论多因可借助其画面优势而常出现以上这种短而散的短句，通过视、听两种知觉理解能力的叠加完成对新闻评论的准确理解。

与报纸评论语言相比，电视评论语言显得浅显易懂。电视评论不完全是说理，以新闻事实为由头和评论对象、就事论事的电视评论所占比率很大。这样的评论不深奥、不空泛，谈论一些普通观众也能说上两句的大事小事，受众面比报纸评论广泛得多。这也是由电视媒体的特点决定的。

网络：

(24) 没有调查研究就没有发言权，这是毛泽东同志的一句至理名言。的确，对于某些问题、某项工作，要做出正确的结论或政策，就必须拿出大量的时间和精力进行调查研究，掌握第一手资料，在此基础上进行综合研究、判断分析，才能形成自己的见解或主意。为此，陈云同志曾谆谆告诫各级领导干部，做工作要用百分之九十以上的时间进行调查研究，用不到百分之十的时间进行决策。所以，深入基层调查研究是领导者的一门必修课、一项必备的基本功，也是党和政府工作的宝贵经验和一贯倡导的工作方法，应当贯穿于整个工作过程之中。

(《干部调研何以成被迫"作业"》，人民网 2005 年 7 月 3 日)

如果我们不标明这篇评论的出处，很多人会觉得这可能是篇报纸评论。网络评论语言与报纸评论语言具有很大相似性：结构庞大，表意精确，逻辑严密。这与网络和报纸都是用眼睛阅读文字符号的感知方式有密切关系。

下面我们也对四种媒体评论（其中报纸、广播、电视、网络评论各 10 篇）语言作了一个数据统计。

媒介类别	报纸	广播	电视	网络
平均篇长	1583	1186	2215	1679
平均句长	53	41	33	49
平均句子数	30	29	67	35
长句（大于 20 字）平均百分比	90%	80%	65%	87%

这个统计结果接近于消息，在长短句使用上四种媒体评论

语言界限分明地划归为两个阵营——报纸和网络一个阵营、广播和电视一个阵营，分别代表人类的两种信息获取方式：用眼睛看和用耳朵听。这与第六章中代词的使用情况类似。

四、差异性原因探析

（一）易读性理论

“易读性指的是‘由写作方式导致的了解或理解的难易程度’。”[1]比较有代表性的易读性理论是以下两个公式：岗宁公式与德尔、崔尔公式。

岗宁公式的标准是：

a. 句子的形式，单句或复句等。句子愈单纯，其可读性愈高。

b. 迷雾系数，指词汇的抽象与艰涩程度。迷雾系数愈高，其可读性愈低。

c. 人情味成分。消息中含有人情味成分愈高，其可读性愈高。[2]

“迷雾系数”属于词汇学范畴，“人情味成分”属于语用学范畴，不在本章讨论范围内，与我们的讨论内容关系密切的是“句子的形式”。句子的形式与句子的可读性或易读性关系密切。因为句子的形式并不是一个孤立的元素，形式只是意义的外在表现，它与句子的意义是不可分离的，形式的复杂必然带来意义的难解。

---

[1] 沃纳·塞佛林、小詹姆斯·坦卡德著，郭镇之等译《传播理论：起源、方法与应用》，华夏出版社，2000，129页。

[2] 沈爱国《消息写作学》，杭州大学出版社，1996，52页。

德尔、崔尔公式的标准是：

a. 句子的长短。认为句子愈短，其可读性愈高。

b. 词汇的难易。词汇愈容易，其可读性愈高。[1]

根据这一理论，结合上文我们对报纸、广播、电视、网络四种媒体的长短句分析情况和统计数据，这四种媒体新闻的易读性可初步作以下排序：

广播＞电视＞报纸＞网络

从左至右，易读性由高到低，广播语言最易读易解，报纸和网络语言则比较难读难解。

（二）媒体特点和接收方式

实验证明，人脑接受来自眼睛的信息量是耳朵的信息量的30倍。[2]这说明视觉信息要比听觉信息具有优势，容易被感知、理解，也容易产生感染力。但是仅仅根据“听”和“看”很难为报纸、广播、电视、网络四种媒体新闻语言在易解性上排序，并由此说“听”和“看”这两种接收方式决定了各媒体新闻语言对长短句的具体使用。

如前所述，电视新闻与广播新闻属于“听到的新闻”。网络这种新锐媒体一向以“多媒体”作为自己的特征，但是在新闻接收过程中，绝大多数新闻仍然是以文字形式被观众用眼睛看到的。由此，我们把网络新闻与报纸新闻划归为一类，属于“看到的新闻”。“听”和“看”接收方式的差异影响了四种媒体的语言特征。

---

[1] 沈爱国《消息写作学》，杭州大学出版社，1996，52页。

[2] 叶子《电视新闻学》，北京广播学院出版社，1997，68页。

另外，广播、电视是依时间流程线性传播，受众接收与理解同步进行，如果在理解上耗费时间，必然影响接下来收听的质量。所以，内容庞杂的新闻不容易理解。

以上特点决定了广播、电视新闻易于理解、不庞杂，而报纸、网络新闻语言则允许有一定的理解难度，从而使广播、电视、报纸、网络语言呈现出易读性或易解性由高到低的排列顺序。意义内容外显在语言形式上，也使得这四种媒体新闻在长短句使用上及句子长短上基本呈现出广播、电视、报纸、网络由短到长的排序。（具体数据参见前文）

第二节　新闻语言的省略句运用情况

吕叔湘谈省略时指出："第一，如果一句话离开了上下文或者说话的环境意思就不清楚，必须添补一定的词语才清楚；第二，经过添补的话实际上是可以有的，并且添补的词语只有一种可能，这样才说明是省略了这个词语。"[1]省略形式是相对于完整形式而言的，完整形式是指表示一个完整的意义内容所应该具备的语言形式。省略是指承担一部分语义内容的符号的缺省，也就是说，某些语义内容找不到对应的语言符号，表层结构和深层结构存在差异。下面我们来具体分析报纸、广播、电视、网络四种媒体的新闻语言在省略句的运用方面存在的差异，并进而分析其原因。

[1]　吕叔湘《汉语语法论文集》，商务印书馆，2002，534 页。

一、消息语言的省略句使用情况

（一）标题

下面为我们摘录的一些新闻标题：

（25）报纸：玩具出租店大玩“蒸发”

（《金陵晚报》2004年11月10日）

昔日驱雹巫师 今日防灾炮手

（《西藏日报》2000年8月30日）

（26）广播：乐靖宜勇夺金牌

（上海人民广播电台《990早新闻》1996年7月21日）

中华圣火在这里燃起

（北京人民广播电台2000年1月1日）

（27）电视：陵县退还农民400万负担贷款

（山东电视台1999年11月26日）

朱卡嘉没有走

（浙江电视台《卫视新闻》1996年12月6日）

（28）网络：消息人士称昨坠毁英机至少十死 不大可能超15人

（中新网2005年1月31日）

2004年房价升幅：广州最大北京最小

（中新网2005年1月31日）

比较这些消息的标题，除了广播、电视因媒介的接近性而使标题差异性不大，报纸、广播和电视、网络这三大类新闻标题之间差异明显。如果标题互换，会产生张冠李戴的不协调感。下面我们从省略的角度来谈谈其间的差异。

1. 广播、电视语言与报纸、网络语言的对立此处的“对立”不是有和无的截然分明的矛盾，而是在省略这种语言手段使用频率上的两极化：广播和电视标题中极少出现省略现象，而报纸和网络语言则充分地利用省略来优化标题。

2. 广播、电视标题中很少使用省略

我们考察了第六届和第七届中国新闻奖的获奖篇目，只有《同是“114……”》这一篇电视消息的标题是省略句，其他都是SVO（即主语＋谓语＋宾语）完全句。“同是‘114……’”是一个判断句，是判定性质，而不是描述事件。既是判定性质，我们便可从“是”后面的成分判断出省略掉的主题的大概性质，虽然不能很精确，但基本不影响意义的表达。

3. 报纸消息标题省略的特点

报纸消息标题语言的省略多为事件话题的省略。如：

(29) 评说罢跪　沉重话题　（《科技日报》1996年2月16日）

(30) 封盖时间囊　（《现代澳门日报》1999年12月19日）

(31) 让越剧成为绍兴的文化名片

（《中国文化报》2004年6月29日）

(32) 要用马克思主义哲学指导发展

（《人民日报》1995年10月12日）

(33) 不要歧视乙肝病毒携带者

（《人民日报》2003年8月1日）

(34) 乘坐公车仓皇离险境

携带家眷入住招待所　（《南方日报》1998年7月22日）

这六个标题都省略了话题，从标题中找不到话题所指，而只能从正文中获悉。这六个标题又可细分为三小类，例(29)—(31)重点叙述一个事件，事件的新奇性是新闻价值所在，省去的话题因不具备重大性而失去了凸显的必要性。在不影响表意的情况下省去话题，以达到突出事件的新奇性和简化标题、美化版面空间的效果。

例(32)、(33)是两个祈使句构成的标题，与例(29)—(31)传达新信息不同的是，例(32)、(33)更多是起到了宣传作用。如果说这两个标题省略了话题的话，补出来的应该是“我”、“我们”或某政府部门、个人。

例(34)省略了话题，原因有二：一是为追求句子形式的整齐性；二是话题不是新闻突出的中心，新近的事件才是重要内容，省略了话题使得事件得以全力凸显。

报纸省去话题而不影响传播效果是由以下原因决定的：

第一、例(29)—(34)都是消息的主标题或是报纸头版的标题，在消息的引题或副标题里会及时地补出所省去的主题，如：

(35) 杭州一辆公交车在铁道口熄火，任人怎么叫，车上仅五人下车推车，这些乘客冷漠得忘了危险正在一步步逼近

看着火车开来，就是不下车推车

(《羊城晚报》2001 年 5 月 29 日)

(楷体表示引题，黑体表示主题)

由上面的引题，我们得知主题省略的话题是上面的“这些乘客”，所以报纸消息不必担心因为省略产生的表意不明而失去受众的注意。

第二、我们上面所列举的标题都不是对重要时事或人物的报道，也就不能以重要性作为新闻点。在此情形下，往往新闻标题要首先满足受众的求新、求奇心理，吸引受众阅读正文，所以话题不出现并不影响这些新闻的受关注度。

4. 网络消息标题省略的特点

(1) 表意符号完全脱落

a. 省略介词

(36) 联合国武器核查人员(在)巴格达展示先进核查设备

(中新网 2002 年 11 月 28 日)

(37) 萨达姆(在)狱中观看伊拉克总统选举录像神情震惊

(新浪网 2005 年 4 月 8 日)

网络新闻的标题常省略一些介词而不影响意义的表达。介词是虚词,本身没有词汇义,不能充当句子成分,但其组合能力很强,能和其他词语组合构成介宾短语。介词是语义成分的标志,特定的介词标志特定的语义成分。以上标题中省略的介词都是处所的标志,由于处所语义特征明显,即使没有介词的辅助作用,受众也能轻松地辨识这是事件发生的处所因素。

b. 省略量词

(38) 巴格达萨德尔城一(处)投票中心迫击炮弹袭击四人死

(中新网 2005 年 1 月 30 日)

(39) 山西原平一(所)职工医院今晨发生爆炸 已造成 15 人死亡

(搜狐网 2006 年 4 月 10 日)

量词表示事物的单位,与数词相结合标志事物的数量,量词用来修饰不可数名词及集体名词时具有不可或缺的语法意义和词汇意义,具有形体特征和形象色彩,这时若省去量词将影响语意的完整表达。而当量词服务于可数名词且可用“个”替代时,这时的量词的词汇意义已弱化。数量短语省略了量词而由数词来承担表数和事物单位的语法意义,也就是说量词省略了并不影响名词短语意义的表达,只是数词的语义值增大了。

c. 省略谓语中心动词

(40) 浙江会考（施行）重大改革 计算器不再是“作弊工具”

(中新网 2002 年 11 月 15 日)

(41) 狮子座流星雨今晚（举行）告别演出 仍可尝试观测

(中新网 2002 年 11 月 21 日)

从信息结构的角度看，谓语中心语大都是述位的主体，承担着传递新信息的任务，一般是不能省略的。而上述两例分别省略了“施行”、“举行”，这两个动词都不是动作动词，它们所表示的状况没有一个随时间展开的内部过程，而且它们所关联的宾语“改革”、“演出”与一般名词也有别：一般名词表现为占有一定的空间，而这两个名词则表现为占有一定的时间长度，不是典型的名词。因而这几个标题虽然省略了谓语中心动词但并不影响新信息意义的准确表达。

(2) 保留残缺符号

(42) 马加爵案今日在昆明开庭 法院为马指定两名律师

(广州视窗网 2002 年 11 月 13 日)

(43) 半岛电视台播出本·拉登录音 内容赞近期恐怖事件

(中新网 2002 年 11 月 15 日)

例(42)如果脱离语境，“马”不能清楚地表意，不具有指别作用。例(43)“赞”这样的单音节动词在现代汉语词汇系统中并不存在，在网络新闻标题中这样的动词随处可见。汉语词汇的发展趋势是由单音节向双音节发展，通过语形上的差异来明确意义。“赞”的所指在现代汉语词汇系统中由“赞扬、称赞”表示，选用单音节动词可能破坏了句子在音律上的和谐，但无损于其在语义上的明确性，同时还能起到言简意赅的效果。

(3) 表意符号承上下文省略

(44) 马加爵与法官对话:后悔 害怕 曾想给同学寄磁带

（新浪网 2004 年 4 月 23 日）

(45) 为挽回关系竟强奸女友并摄像 录像带成有力证据

（中新网 2002 年 12 月 26 日）

(46) 将塑造“巨人文化” 姚明:又一个李小龙

（中新网 2004 年 4 月 26 日）

例(44)是主位承前省,“后悔”、“害怕”、“曾想给同学寄磁带”都是 VP 结构,主位“马加爵”承前省。例(45)缺失的主位要从上下文相关的内容对句子成分之间语意联系的强制性上来确定,由“女友”可推知主位是“男友”。例(46)是主位蒙后省,标题的主体虽在后面出现,但在形式上被凸显,便于读者迅速找回前半句所省略掉的信息内容。

在这三种主位缺失的省略形式中,以例(44)一类比例最大,例(45)和例(46)一类比例很小。因为例(44)便于受众在第一时间明确动作行为的发出者,而且也符合人们的认知习惯。

5. 省略原因分析

(1) 媒体特性

广播用声音来传递信息,声音转瞬即逝的特点决定了广播新闻标题要简洁、完整、易懂。

电视新闻具备了声画结合的特点,其在时间上线性的传播方式让受众只能被动地接收;其次,电视画面在传播时占有优势地位,观众往往对由声音或文字形式表现的标题产生忽略心态。所以电视消息的标题与广播消息标题接近,多简明、易懂。

报纸以文字传播为主,受众的阅读时间有伸缩性,编辑就可以为了提高新闻的受关注度而延长受众的解码过程，受众也乐于在阅读报纸时得到解码的乐趣。所以报纸消息标题的语言文字多简约，语意丰富，且更具吸引力。

网络媒体首页页面的空间限制使得在首页出现的新闻标题要尽可能地利用最少的空间传达最多的信息内容，要求内容不仅要周密丰富，还要简练、经济。这时以压缩信息形式出现的新闻标题便应运而生，而省略是这一形式所借助的语言手段。笔者曾作过一项问卷调查，调查对象是20岁—35岁的受过高等教育的受众。在“阅读网络新闻时是获得最直接的新闻信息还是追求阅读的快感”这个问题上，86％的被调查对象选择了前者；在“是不是想在最短的时间内获得最多的信息”这个问题上，98％的被调查对象的回答是肯定的。这种信息需求特点决定了以省略形式出现的压缩信息在网络消息标题中大量存在的合理性。

（2）受众特性

由于在同样条件下，受众用同样的时间去看报纸或是听广播新闻，他们从报纸上能得到更多的信息；另外，广播以声音传递信息，而声音转瞬即逝，不便储存和检索。这些劣势使得受众不会把广播作为获取信息的专门渠道，大多数广播受众都处于半收听状态。所以，广播新闻语言要降低复杂度和提高易解度，不使用或尽量少使用省略就是以上要求的体现。

相对于广播，电视观众收看电视时的注意力要集中得多。但由于电视受众分布范围更加广大，加之电视受众在节目收看倾向上不重视新闻类节目，而且电视新闻依时间线性传播信息，如此，电视新闻标题也被要求少用省略以降低复杂度来吸引受众的注意力。

报纸读者以 26 岁—45 岁为主，这个年龄段的读者占读者总数的 75.4%；学历以高中至大专为主，占读者总数的54.7%。[1]报纸新闻在空间上展开，不受时间的限制，受众可以从容地获取信息。利用这一特点，报纸编辑就会因为要提高新闻的受关注度而延长受众的解码乐趣。所以报纸标题相对于广播、电视来说更具吸引力，往往用简短的语言形式传达丰富的内容，省略就是其中一个手段。

据中国互联网络信息中心（CNNIC）报告，截止到 2005 年 6 月 10 日，我国上网用户总数突破 1 亿。在网民中，18 岁—30 岁的年轻网民占 55.1%，是中国互联网网民的主力军。在文化程度分布上，大专及以上学历的占 54.5%。他们思维活跃、反应敏捷、求知欲旺盛、接受能力强、求新求变，以省略为主要手段出现的压缩性的新闻标题符合他们跳跃性的思维习惯，满足了他们在短时间内对信息的大量需求。

（二）消息主体

上文我们讨论了各媒体消息标题的省略运用情况，比较了四者之间的差异，并作了原因分析。下面我们具体来谈谈消息的主体部分。

消息主体是句子和句子、段落和段落这些语言片段的组合，包含某一语言现象的语言片段只是语言流中的一分子。因而主体中，最常见的省略是在不会引起误解的情况下，为了经济简便

---

[1]　喻国明《中国报业：面对结构性转换——1994 年全国报纸读者调查总体分析报告》，引自《中国报业总量结构效益调查》，新华出版社，1996，29 页。

而将上文已经出现过的信息在后续信息中略去的。省略包括承前省和蒙后省，以承前省最常见。

下面我们来分析四种媒体的消息主体中语言省略的具体使用情况。

1. 报纸

(47) 投资75.7亿元人民币的地铁“复八段”的今日开通，使北京地铁通车总里程由原来的41.6公里增加到55.1公里，Ø超过了香港的43.2公里，Ø成为中国六个城市之最。Ø同时也使中国城市地铁的总里程逼近150公里。

（《中国地铁列车今天穿过天安门广场》，《人民铁道报》1999年9月29日）

(48) 今年52岁的蔡来旧1993年1月被批准为预备党员，但至今村党支部都没有开会讨论她的转正。她说：“我写了3次转正申请书，但没人理我。”像她这样入党7年而无法转正的还有3人。

（《英文村的“战斗堡垒”垮了》，《海南日报》1999年6月15日）

(49) 蔡光盛还对记者说，全村36名正式党员中，有8名党员长期未交党费，短的28个月Ø，长的64个月Ø。

（《英文村的“战斗堡垒”垮了》，《海南日报》1999年6月15日）

(50) 腾洋的日记，记录着他们两个多月来的酸甜苦辣。Ø仔细翻阅，我们看到这样两则：“3月24日。从早晨起来到晚上10时许……”

（《“庄户日记”》，《河北日报》1999年5月28日）

上面四个例子分别代表四种省略。例(47)是主语承前省，后面三个句子的Ø位置都省略了主语“55.1公里”，其在前文出现过，处于宾语位置。例(48)是不完全省略，运用代码来占据其句法位置，表达相同的语义内容。这样的省略多是句法结构的需要，如果离开语境就不能准确地表意，读者必须结合上下文来明确其所指。例(49)是承前省略谓语，后三个句子结构单纯，省略掉的句法结构与其语义所指前一次出现的位置之间的距离很近，受众容易产生联想，填补句子的语义空缺。例(50)是主语蒙后省，蒙后省很少出现。因句法结构简短，前文省略的句法位置与下文语义所指出现的位置距离很近，容易明确省略的句法位置的语义内容。

2. 广播

(51) 7月15号上午9点40分，天河镇党委扩大会正开到一半，一个自称是上朝村韦书其的老农，匆匆忙忙闯进会场，Ø 劈头便问："你们在座的哪个是新来的廖书记?"新任天河镇党委书记廖庆堂，带着微笑迎了上去，Ø 亲切地回答："我就是，老人家您有什么事?"

(《书记花钱赎"白条"》，广西罗城县广播站1993年7月18日)

Ø 处主语分别承前省。连动句当中，施事主体相同，保留一个而省略其他，语义残缺容易找回。

(52) 这件事被郑重提交到省委书记办公室会议上讨论，张德江、柴松岳等领导明确表示，私营企业经营者也是劳动者，他们为浙江的经济和社会发展作出了很大贡献，应该让他们参加评选。　(《浙江12名私营企业经营者当上省劳模》，浙江人民广播电台1999年9月30日)

"他们"为代码，属于不完全省略，与报纸用例中的例(48)相同。

3. 电视

(53) 记者:Ø 为什么要清理 Ø?

(记者采访工人,工人纷纷躲开,没有人回答记者的提问)

这些沉默的人似乎都明白,他们此刻工作的目的是不应该让别人知道的。

记者:Ø 为什么要今天来清理 Ø,Ø 又冒着雨来清理 Ø?

答:反正是在处理过程中,可能是把铲起来的土乱丢了。

(《山东临沭牛腿沟:排污三天三个样》,
中央电视台 1997 年 12 月 20 日)

这是现场采访,记者和被采访人员的对话都是临时的,未经过反复的加工。在这么短的对话当中,省略了很多语法成分,不能从规范整齐的句法结构中找回所缺失的语义内容,也就是说没有可依据的形式上的标志。但现场采访的电视消息借对话的形式和画面的帮助,可以让受众轻松完整地理解消息所要传达的语义内容。如果要补充省略掉的语义内容,应为:

记者:(你们)为什么要清理(这些污染物)?

……

记者:(你们)为什么要今天来清理(这些污染物),(你们)又冒着雨来清理(这些污染物)?

答:反正是在处理过程中,可能是(因为他们原来)把铲起来的土乱丢了。

比较补充前和补充后的两则消息片段,补充后的文本读起来或听起来虽然更明确一些,但不如补充前的简洁。原文既节省了言语上的投入又能突出对方关心的焦点,交际意图的表达和接收都比完整句更有效,而且编码过程也更省时省力。最关键的是原文充分利用了电视这一媒体声画结合的优势,由画面来弥补言语形式上的缺失带来的语意上的跳跃,体现了电视的信息传播的独特性，也更容易达到最佳交际效果。

(54) 由农民联合体投资兴办的东莞马金山养殖场，养殖水鱼近千亩。由于 Ø 运用商业的眼光来办企业，Ø 实现现代化的经营方式，Ø 创造了高出传统农业六七倍的劳动生产率。该场今年仅养水鱼一项收入就超过 3000 万元。

（《广东：农民成了现代农业投资的主体》，
广东电视台 1995 年 11 月 23 日）

此例有两种省略方式：主语承前省和使用代码代替复杂的主语。Ø 位置利用近距离优势和结构单纯性的条件，承前省略了主语"由农民联合体投资兴办的东莞马金山养殖场"，找回途径简单，语意容易完整理解。"该场"是"由农民联合体投资兴办的东莞马金山养殖场"的代码，由于距离偏远，所以没有完全省略主语，而用代码刺激受众，降低理解难度。如果完全省略就可能因为距离远而使理解过程出现阻滞，而如果使用完整的主语又嫌太过冗长，所以选用代码，既能节约形式空间，又能让受众准确找回语形的语义所指。

4. 网络

(55) 尽管全球经济不景气，世界上的互联网用户人数仍在上升，预计 2002 年的该增长率接近 30%。

据英国广播公司消息，联合国贸易和发展会议预测，全球网民数量将在今年达到 6 亿 5 千 5 百万，这占世界人口的十分之一，而该数字在去年为 5 亿人。

（《联合国预测全球网民将占世界人口十分之一》，
中新网 2002 年 11 月 21 日）

"该增长率"、"这"、"该数字"都为代码，分别代替"全球互联网用户人数增长率"、"6 亿 5 千 5 百万"、"全球网民数量"。"这"的使用与报纸、广播、电视消息中使用代码代替长主语相同，"该增长率”和“该数字”的使用则体现了网络消息的特点。“该增长率”并不能在上下文直接找出其语义所指的完整语言形式，而要靠受众意合，这无疑增加了理解难度，对受众的阅读理解能力有一定要求。“该数字”与承担其语义所指的语言形式之间还有一个省略，这种省略的套用常容易造成语意的曲解。在这里，代码和完整形式之间的远距离及省略的套用既是为了适应网络新闻受众的阅读习惯，又是网络媒体特性在语言上的体现。

(56) 随着南京城市大规模改造的力度加大，新马路和新建小区层出不穷，许多新单位和市民拆迁、Ø 搬家后，由于 Ø 没有及时到邮局登记新地址和邮编，从而造成“死信”增多。

(《南京市每天“死信”300 封》，新华网江苏频道 2002 年 11 月 26 日)

这和报纸、广播、电视消息中常见的主语承前省一样，主语可以从上文中轻松获取，Ø 处省略了“许多新单位和市民”。

(57) 山西省各级公安机关确定了环绕河北省的 24 个县市为重点地区，Ø 确定了五类重点单位，Ø 对枪支弹药、爆炸物品等危险品开展集中整治。“护城河”行动开展以来，Ø 共收缴雷管 4.2 万枚、导火索 4.2 万米、非法枪支 541 支、子弹 5000 余发。

(《环京省区展开严打整治》，中新网 2002 年 11 月 21 日)

此例也是主语承前省，和例(56)属于一类。但不同于例(56)的是，这里主语省略的数量多，而且省略主语的句法位置与承担其语义所指的完整形式所占据的位置之间的距离远。

5. 消息主体中省略的异同

在四种媒体的消息中都有两种省略，即语言符号的完全省略和使用代码两种，这体现了四种媒体消息语言作为现代汉语变体的个性特征。

这四种媒体消息主体的语言在省略的使用方面表现出了明显的差异：

报纸和网络是用眼睛看的媒体，这两种媒体消息语言在省略的使用方面很接近，各种省略形式自由地运用而不会增加理解的负担。这两种消息相比照，报纸消息在省略的使用方面更接近于普通的叙述文，而网络媒体则体现了跳跃性，这是两种受众群体特性的要求。网络受众年轻化，思维敏捷活跃，反应迅速，受教育程度高。网络消息中省略的套用造成的语言的跳跃性非但没有带来阅读障碍和理解负担，反而是网民喜闻乐见的语言特点。结构上跳跃，形式上浓缩，理解上有难度带来的是语义内容的丰富性，在尽可能少的页面空间里传达了尽可能多的内容。

广播和电视都要用耳朵听，电视更要用眼睛看，听看结合与单纯的听相比在获取信息上的优势使得电视、广播消息在省略的使用上区别很大。首先，在数量上，广播消息的省略运用数量没有电视消息的多，也没有电视消息的省略那么集中。其次，在省略的语言形式所承担的语义内容上，广播消息也没有电视消息多。广播、电视受众分布的广泛性要求其语言简单，能被普遍理解和接受，有口语化倾向。广播的句法结构整齐、完整，受众所接收到的语义内容基本上是由语言结构传达的，不需要借助其他辅助条件，也没有声音以外的辅助条件可资凭借。而电视不同，电视画面可以传达丰富的信息内容，补语言结构所缺，由此表达完整的语义内容。

二、通讯语言的省略句使用情况

（一）通讯语言的省略句使用具体例析

在报纸消息的标题中，陈述句占压倒性优势。这是因为消息标题要能凸显事实的最具新闻价值的因素，要帮助读者抓住新闻事实的核心和要领，所以我们可以以完整句做参照标准来谈消息标题语言的省略情况。而通讯标题中，陈述句只占一部分，通讯标题语言非常青睐名词短语结构。如：

(58) 朱彦夫——特殊材料制成的人

（《大众日报》1996年10月21日）

(59) 优秀山乡广播员——徐凤仙

（浙江人民广播电台《早新闻》1996年4月8日）

这两个名词短语中，中心词前面的附加语——"特殊材料制成"、"优秀山乡"——分别修饰限定中心语"人"、"广播员"，缩小了所述对象的范围，还能体现作者的主观感情色彩。

名词短语是开放的结构，不能说省略了什么，不能为省略的探讨提供一个可参照的基式，也不能找回省略掉的语义成分的上下文。基于此，我们直接来看通讯正文的省略句使用情况。

报纸：

(60) 这一天，是九江市统计局退休干部朱美俐47年集邮史上最有纪念意义的日子。她早早地就买了25套九江市邮票公司发行的9.1通车纪念封，Ø当日给在江西师大体育系的女儿寄去了一套首日封。开车前她就等候在车站，希望领导在纪念封上签名，但因人多Ø根本无法实现，于是Ø当即就买了一张到南昌的车票。车开没多久，她问到我住的包房：吴官正同志在哪？原来Ø想找书记签字，我开了一句玩笑：你好大的能耐，Ø找省委书记签名。她的回答让我心一动：那有什么，父母官嘛，子女哪有怕父母的？我当即与她一起去找，但遭警卫挡驾。

……

南昌铁路局局长杨建兴流泪了！Ø在南昌下火车前的半个小时，他和郑明理一起同首趟车的特邀嘉宾——赴深圳观光的10位为京九建设作出贡献的职工家属面对面交谈时，他流泪了，他把脸转向车窗。

（《我能摸摸火车吗？——首趟"庐山号"随车目击记》，《江西日报》1996年9月6日）

这是节选的一篇报纸通讯的两段。在第一段中，除了开始对叙述对象有一个包括身份、姓名的完整形式的介绍外，下文用代词"她"或直接省略掉其语义所指的外在语言形式。第二段也一样，只在段落开头有叙述对象的完整形式，以后只有其语义所指的代码或语义所指外在语言形式的空缺。

广播：

(61) 西藏阿里地委书记孔繁森[1]率领的边贸考察团分乘几辆"丰田"越野车向塔城急驶。突然，孔繁森[2]乘坐的车子发生翻车事故，汽车带着巨大的惯性摔出60多米远，致使孔繁森[3]9根肋骨折断，其中一根直刺心脏。年仅50岁的孔繁森[4]带着他未尽的事业因公殉职。在整理他的文件时，人们发现了4张新疆昆仑宾馆的便笺，上面开列了去冬今春阿里地区救灾款项、能源开发、交通建设等12个亟待解决的问题。这是孔繁森[5]牺牲前的匆匆手书，也是他留给这个世界的绝笔！

家家都有一本难念的经。孔繁森[6]家里的这本“经”就更难念了。在第二次赴藏前，已到中年的孔繁森[7]上有90多岁的老母，Ø下有三个未成年的孩子，妻子满身是病。但是当自己这个小家的利益和祖国这个大家的利益发生矛盾、需要作出选择的时候，孔繁森[8]和他的家人毅然决然地服从了国家的利益。（《孔繁森——90年代的焦裕禄》，山东人民广播电台1995年1月7日至12日）

这是节选的两段广播通讯。对于同一语义所指，这里使用了三种语言形式：完整形式——孔繁森、代码——他、完全省略。在两段广播通讯中，出现频率最高的是完整形式，完全省略形式出现得最少。如果仅就文本来看，“孔繁森[3]”、“孔繁森[5]”、“孔繁森[7]”、“孔繁森[8]”都可以替换为代码“他”而不影响理解。也就是说，如果转换为报纸通讯，上面四个同一语义所指的完整形式“孔繁森”都可以换为代码“他”，或者直接省略。

电视：

(62) 迈出国际化经营的第一步后，镇海炼化很快又不满足了。“来料加工”固然开辟了第二战场，但自己只不过是一个“国际打工仔”。他们研讨再三，决定主动“请缨”，争取外贸自主权，Ø自买海外原料搞进料加工，Ø直接参与国际市场的竞争。

这间十多平方米的卫星信息监控室，24小时连通着世界石油市场瞬息万变的行情。1993年，镇海炼化加入了全球最大的石油信息服务机构——新加坡普氏电讯网。随后又加入了道·琼斯实时信息网络。无论白天黑夜，新加坡、伦敦、纽约三大国际油品交易所油品价位细微变化都了然于胸。镇海炼化80%的原油来自国际市场，这些原油就是在千变万化的信息捕捉中购买的。今年六月，他们利用国际油市短暂下挫的时机，果断以每桶19.3美元的价格一次购入中东原油500万桶。果然，不久之后，国际油价一路飙升，镇海炼化却利用这一起一落，消化当年减利因素约两亿元。

（《闯关——来自镇海炼化的报告》，浙江电视台1996年11月13日）

这是节选的电视通讯。与广播通讯相比，电视通讯的主要叙述对象的全称出现率低一些，省略形式和代码出现率高一些。省略形式和代码的利用率处于报纸和广播之间，低于前者，高于后者。低于报纸是因为电视通讯的信息内容是一个处于时间轴上的线性展开过程，难以回溯；而报纸的信息内容在空间版面上展开，容易回溯，方便存储。报纸受众无论何时拿起报纸都可以从头开始看，也可以根据自己的阅读和理解能力随时调整阅读速度。电视受众在时间和接收速度上都是被动的，因此电视通讯通过被叙述对象完整语言符号形式的高复现率来弥补上面的两个缺陷。

电视通讯叙述对象的省略形式和代码的利用率高于广播通讯是因为电视通讯远比广播通讯易于理解和接受。电视通讯有画面这种信息传播媒介，画面不仅可增加电视通讯的吸引力，也可降低以声音形式传播的文字稿的理解难度。电视通讯和广播通讯在这方面的区别决定了它们在语言处理上的差异。

网络：

（63） 从“保钓青年”到“总统”秘书

1968年，马英九遵父嘱考上台湾大学法律系。在此，他担任大专军训集训班宣誓代表，接受时任“国防部长”蒋经国的“授枪”，这是马英九第一次与蒋经国接触，令蒋印象深刻。集训结束后，马英九回到台大，Ø 旋即担任学生代联会秘书长，这被认为是国民党计划培植他成为学生领袖的信号。

1974 年，由于 Ø 率领学生开展“保钓运动”，马英九获国民党中山学术奖学金，Ø 转赴美国深造。

（《马英九当选国民党主席：“小马哥”长成“马大哥”》，中新网 2005 年 7 月 6 日）

这是我们节选的网络人物通讯。与报纸一样，网络通讯也是用眼睛看的，但网络通讯中叙述对象的完整形式出现频率要比报纸通讯高。另外，在网络通讯中，出现了报纸通讯中所少有的一种省略形式——语言符号的残缺，用“蒋”指“蒋经国”。在报纸、广播、电视通讯中主要运用三种方式来表达同一语义所指：语义所指的完整语言符号形式、代码、语言符号形式的完全省略。网络通讯语言也使用这几种表达方法，另外还使用残缺语符这种方法，这是网络新闻语言的大环境对网络通讯的影响。在网络新闻标题中常使用残码来表示完整符号形式的同一语义所指，这种方法在标题中常见，用尽可能少的空间传达出尽可能多的意义内容。在上下文中出现两个以上的叙述对象时，用代码既节省了空间又能明确区分语义所指。

（二）特点概括及原因分析

1. 通讯语言的省略使用特点概括

（1）对于同一语义所指，报纸、广播、电视、网络四种媒体通讯的语言都使用三种方式：语义所指的完整语言符号形式、代码、语言符号形式的完全省略。除此之外，网络通讯还常使用语言符号的残缺形式以区别不同的语义所指，这种情况常出现在同一上下文中有两个以上的人物或事件时。如果都使用代码不能明确区别所指，而都使用完整形式又嫌冗长。

(2) 对于同一语义所指，报纸、广播、电视、网络通讯语言在完整语言形式的使用率上呈广播＞电视＞网络＞报纸顺序排列。从左至右，完整形式使用率渐低，而语言符号形式的完全省略使用率渐高。

2. 原因分析

广播和电视都用有声语言来传递信息，两者相比，广播最大的特点在于它只诉诸人的听觉器官，它只能听。广播通讯结构庞大，受众要使自己的听觉活动节奏与广播声音节奏保持一致，一边记住已听过的内容，同时还要继续接收新内容。如果听觉活动滞后，就会影响对通讯的理解。为了防止受众的听觉活动滞后，减轻受众的理解负担，广播通讯常用语言符号的完整形式而少用代码和完全省略形式。因为还原完整形式并确定所指要占用时间和分散注意力，这必然影响到广播受众的听觉活动节奏。

电视不仅可以听，它同时还用图像传递信息，其最大特点在于视听相结合。视觉器官在接收信息上的优越性，使得电视通讯不必完全依赖语言符号作为单一信息载体。有了图像作为信息理解的一个渠道，在语言上就可以适当提高一点难度，以求传和受、新闻理解难度和受众阅读水平处于一个平衡的状态。

报纸和网络新闻的信息在空间上展开，不像广播、电视新闻语言那样在单位时间里信息高度密集，受众相对就有足够的时间来阅读和消化报纸和网络新闻所传播的信息。报纸和网络通讯语言在很长的一个段落里仅使用一到两个语义所指的完整符号形式，受众在一个比较大的文本跨度内能明确代码及省略掉的语义所指。这是因为受众可以不受时间限制随时回读，同时段落这个相对封闭的空间形式也为受众明确语言符号形式的语义所指给出了提示和范围。

报纸和网络通讯在省略的使用上存在差异，表现在以下两个方面：

第一、网络通讯语言中语义所指的完整符号形式复现率高于报纸通讯语言，这是因为这两种媒体的受众存在阅读习惯的差异。报纸新闻受众阅读一篇通讯，能从中获取新信息，并得到阅读快感，网络受众却从网上猎取信息，并无情地忽略细节。如果说报纸受众是在“阅读”报纸的话，那么网络受众是在“扫描”网络页面，很少逐字逐句地读。所以，网络通讯语言中语义所指的完整符号形式复现率较高是为了适应受众的这种阅读习惯，让受众能随时找到语言符号形式的确切语义内容。

第二、网络通讯语言中会使用一些同一语义所指的残缺符号形式。这是受了网络语言这个大环境的影响，网络语言追求新异，网络语言的使用者——网民在接触到网络新闻中这些有别于传统媒体的语言符号时不会因为觉得陌生而产生焦虑感，反而会产生亲切感。

三、评论语言的省略句使用情况

新闻评论不是典型的新闻报道体裁，不是报道新闻事件或新闻事实的。对于新闻评论来说，观点的鲜明性和正确性最重要。这一点反映在语言上要求语言能精确地表达作者的观点，同时还能让受众准确地接收到作者的观点。下面我们来分析四种媒体评论在省略的使用上各自的特点。

(一) 评论语言的省略句使用具体例析

报纸：

(64) 无独有偶，不由使人想起，日本侵略者战舰在一些地方被 Ø 制成玩具模型兜售，希特勒军徽被 Ø 当成“纪念品”上市，模仿日本“皇军”服饰拍照留影盛行旅游景点，当事者不以为丑恶反倒嘻嘻作乐。把人类历史上这些肮脏的东西重新抬出招摇过市，唤起人们记忆的，除了痛恨，当不会有别的。但有人却认为，现在开放了，历史的真善美与假丑恶可以不讲了，欢声笑语可以抹去历史血泪，只要能赚大钱管它是否是非颠倒。这是历史价值观的扭曲和麻木……

……唯物地评价历史方能推动社会发展，实事求是地重新订正刘文彩庄园里的遗事，为的是更真实地还其本来面目。但绝不是说可以容忍颠倒黑白，善恶不分，甚至可以把本色重新粉墨更改。

(《怎让沉渣又泛起》,《四川日报》1996 年 5 月 14 日)

在这两段报纸评论中，省略的现象很少。第一段中完全省略了两个介词宾语，但不影响意义的理解。第一段末用“这”这个代码形式来代替前面列举的现象，因距离接近，受众在找回所表达的意义内容上不存在困难。第二段用“其”来代替前文已经出现过的“刘文彩庄园里的遗事”，同样也由于近距性不会造成阅读和理解上的困难。

广播：

(65)“部门出点子，农民出票子”，这已成为加重农民负担的一个重要根源。一个基层干部说，上级哪个部门都比我们大，都可以要我们干这干那，Ø 不听不行，Ø 不干不行，哪家也得罪不起。这是句实话，可谁都得罪不起，难道农民兄弟就得罪得起吗？谁说了都是法，难道《条例》就不是法？

（《农民负担，一个不轻松的话题》，
山东人民广播电台1995年12月22日）

在这段广播评论中，出现了两种省略形式：一种是主题完全省略（Ø 处），可以理解为承前省略了“我们”，也可以解释为紧缩句对结构的要求形成的；另一种省略形式是用代码“这”代替比较复杂的前文，这里的两个“这”都是代替了前面的引语。这样可以使前面的引语作为一个整体成为下一句的主题，同时又保持了下一句在结构上的简洁性和相应的意义上的易懂性。

电视：

(66) 记者：历史上来看，沙尘暴的发展趋势是怎样的？

董光荣：总的来说，沙尘暴的爆发次数是越来越频繁的，Ø 频率越来越大，而且 Ø 规模一次比一次要大些。

记者：Ø 越来越频繁趋势的原因是什么呢？

董光荣：根据我们现在的初步研究，可能有两个方面 Ø′，一个方面，Ø 可能跟最近一段时期以来气候的暖干化有关；第二个方面，Ø 也跟人类破坏有关。我们大概统计了一下，从公元1世纪到现在，人口的增长是惊人的。在中国西北地区，公元前大概300来万（人），到解放初是2000多万 Ø″，到现在已经上升到6000多万 Ø″。

（《沙尘暴的警告》，甘肃电视台《焦点评说》1996年6月8日）

这是对话体电视评论。现场采访的形式使得记者和被采访人都不可能作好完全的准备，语言口语化。两个对话人考虑的更多的是让对话双方能清楚地明白，而不是处于不同注意力集中状态的受众。省略掉的内容比报纸和广播都多，省略的形式有两种：一种是承上文完全省略，一种是使用代码代替前文。这里的承上文完全省略语符不是局限于说话人自己的语段内，而是超越了语段，Ø（沙尘暴）、Ø′（原因）和 Ø″（人）都是承接上文的省略。

(67) 近日，京城啤酒业爆出一特大新闻：已与香港中策集团合资并被其控股的北京中策啤酒厂，被中策公司在国外上市，Ø 将其拥有的 75% 的股份，出让给了朝日和伊藤忠两家日本公司，Ø 使日本朝日集团一跃成为中国最大的啤酒酿造商。

（《合资：引进来，更要利用好！》，北京电视台 1995 年 12 月 31 日）

同样是电视评论，这一篇的省略现象就没有上一篇多，出现完全省略的句法位置也比较单一，都是句首的主语位置，两个代码“其”都是代替跟它最近的名词短语。这两篇电视评论的区别是对话体和书面体语言区别的分别反映。

网络：

(68) 自从房产新政实施以来，城市老百姓都知道，政府正运用税收手段来调控市场与房价。今年 6 月 1 日以后，中国大陆各大城市有关房地产新增的税种有营业税，税率调整的 Ø 有契税，一些城市正在恢复征收的 Ø 有房屋交易个人所得税。这些在房屋交易流通环节征收的税种，像一把利刃捅在房地产泡沫上，但刀锋所及难免让一些购房者也感到了痛。当北京、南京、杭州宣布要恢复征收房屋买卖个人所得税后，立刻引起市场的反应。在北京，二手房市场处于绝对的卖方市场，所以卖家将这笔税钱转嫁到买家头上没商量，这让那些买不起新房原本打算买二手房的人多少感到住房消费有些力不从心了。虽然这些税种对二手房买卖交易还是“区别对待”的(对普通住宅及溢价不是很多的二手房交易可享受税收优惠)，但一些打算买二手房的人还是感到了“痛”，因为他们实实在在地要为因税收因素而上涨了的房价“埋单”。

(《购房，你是否感受到“税痛”?》，新华网 2005 年 7 月 18 日)

这篇网络评论多用长句，省略现象不多，包括两种形式：一种是承前省略主语中心语（Ø 处），一种是用代码替代前面出现的结构复杂的内容。只是“这笔税钱”、“这些税种”的确切语义内容并不能在近距离的上下文中轻松地找到，而是要依靠读者对上下文的理解和记忆才能得出。

（二）特点概括及原因分析

报纸评论语言和网络评论语言很相似，多使用长复句，语意复杂。这样表意很精确，但同时也会给受众的理解带来负担。另外，评论多为讲道理，不是描写人物、叙述事件。评论不会像通讯那样围绕一个人、一件事展开行文，通讯的省略多为省略主题，受众很容易找回省略的内容。所以表意的精确与语言形式的简省不能兼顾时，评论会在语言形式的简省上作出限制。在英语中，常使用长从句来精确表意，这一点在报纸和网络评论语言中有明显的痕迹：语言欧化，用“这”等代码起到连接上下文的目的，使前后文语意具有承接性，从而表达一个相对完整独立的语义内容。

广播评论语言省略的使用不多，完全省略更少些，多使用代码。代码的语义所指以完整形式出现的地方与代码的句法位置空间跨度不大，受众可从外在形式上从前文轻松机械地找回。

电视评论语言省略的使用分为两种情形：① 现场采访的评论中省略很普遍。同样为声音传递信息，广播评论语言如果处理相同题材不完全用对话式，而多用解说词形式。因为对话式中省略了大量的语义内容，受众如果不紧跟着对话双方的语流听下去很可能听不懂、听不全。电视评论之所以采用对话形式，是因为电视评论不仅有更吸引人的画面的帮助，同时还可以使用字幕，编辑可以在制作时对晦涩的内容进行加工，适当地添补。② 解说式评论中的语言是记者编辑加工过的，逻辑性、论证精确性特点突出，因此，这种评论也较少使用省略。

在受众方面，这与消息的情况是一致的。各媒体的受众在数量、年龄、教育背景等方面存在很大差异，这使传播者在处理语言时会根据媒介的差别而提供不同易解度的新闻，以达到更好的传播效果。

四、信息理解的途径

省略句是相对于"完整句"而言的，省略句在句法形式上比完整句简短，但它们所传递的语义信息是等同的。完整句的语符与其所传递的语义信息一一对应，省略句的语符和语义之间不是一一对应的，而是用不足的符号形式传递充足的语义内容。

省略句是语言"经济原则"起作用的结果，出现频率高、可预测度高的信息可以被省略，所以在我们讨论的用例中，多数是省略话题。作为旧信息，话题能很容易被受众从形式上或从自己的记忆中找回。

省略了大量的语义内容而不影响理解,这有心理学的依据。心理学研究表明,人们在感知事物时,总是以自己过去的经验来补充当时的感觉使其形成具有一定结构的整体形象,这与“格式塔”心理学相似。“格式塔”心理学认为,人脑有一种“完形”机能,这种完形机能使人脑在接收信息时,通过对某一部分承载信息的符号的“完形”而达到对整体信息的理解,从而弥补信息传达上形式的不足。就语言而言,任何语言都是有组织的有序的系统,这个系统内的每个成员都具有一定的特性,各个成员之间又都有一定的联系,如词语和词语之间的组合关系、词语的句法分布情况、短语的内部结构形式等。人们在习得语言的过程中掌握了这些规律并形成了自己的语言经验。在日常交际中,人们运用这些语言经验,通过对残缺符号的弥补来达到对完整意义的理解。

受众在理解不足形式时主要通过以下两种途径。

(一)形式因素

受众可利用的形式因素包括:

1. 上下文句子结构上的相似性

受众可机械地从上下文相同位置找回所省略的信息,缩短解码的时间。网络新闻标题多用两个以上的句子把新闻事件交代清楚,几个句子使用相同的话题。这时除第一个句子外,后面句子的话题都承前省略,受众可利用句子结构上的相似性为后面的句子迅速找回话题,填补缺失的语义内容。如例(44)“马加爵与法官对话:后悔 害怕 曾想给同学寄磁带”。

2. 凸显省略部分

凸显可增强信息的刺激强度，简化解码程序，从而消除受众的焦虑感。如例(46)“将塑造‘巨人文化’姚明：又一个李小龙”，给予下文要省略的内容以焦点位置，使用标点符号更使其语义内容突出，达到了吸引受众注意力的目的。

（二）意义因素

意义因素主要指句子成分之间语意联系的强制性。

这主要用于对新闻标题的解读上。因为人们在听读比较长的句子时心理压力较大，记忆和理解起来比较困难，所以在听读新闻正文时，人们多只想直接机械地获取信息。受众在阅读例(36)—(39)、例(44)—(46)这样的标题时的完形方法是这样的：人们的知识储备中已经有了对语意联系强制性的掌握，阅读新闻时通过残留下来的符号形式（或残缺符号，或句法空位）来找回或弥补残缺形式所流失的信息内容，从而使省略成分意义明确化。

第三节　新闻语言的句类问题

根据结构形式不同的句子在语言交际中的功能，在语用平面上可以把句子分为陈述句、疑问句、祈使句和感叹句等类型，这种从语用平面上分出来的句子类型称为句类。“句类的主要特点是：句子的结构形式和特定的表达功能之间有某种稳定的联系。”[1]

叙述或说明事实的具有陈述语调的句子叫陈述句，它有时

[1]　袁毓林《现代汉语祈使句研究》，北京大学出版社，1993，7页。

可带语气词“了、的、呢、罢了、嘛、啊”等。陈述句是思维最一般的表现形式，也是使用得最广泛的一种句子。例如：

华威先生猛地跳起来了。/ 他不会去的。/ 他头一回做嘛。[1]

具有疑问语调表示提问的句子叫疑问句。提问的手段有语调、疑问词、语气词或疑问格式等，有时只用一种手段，有时兼用两三种，其中语调是不可或缺的。疑问句根据表示疑问的上述形式上的特点和语意情况，可以分为四种：是非问句、特指问句、选择问句、正反问句。[2]

要求对方做或不做某件事的句子叫祈使句。[3]它的句法形式特征为：谓语主要是表示动作行为的谓词性词语，主语通常是第二人称代词“你”、“您”、“你们”或第一人称代词复数形式“我们”、“咱们”。从表达功能上来看，祈使句可分为两大类：一类是命令、禁止，一类是请求、劝阻。

感叹句是以直接抒发感情为主要功能的句子。[4]感叹句典型的形式特征是：具有丰富的语调；句法结构简洁，多为形式短小的省略句、非主谓句等。从表达功能上来看，感叹句主要用于表达情感态度和主观评价。

语气结构、句法结构和语义结构是构成一个句子的必备构件。汉语新闻语言作为汉语的一种变体，其句子是表达思想、交流情感、传达信息的语言单位，句子的语气结构及不同的语气

---

[1] 黄伯荣、廖序东《现代汉语》，高等教育出版社，2002，110页。
[2] 同上，112页。
[3] 同上，115页。
[4] 杜道流《现代汉语感叹句研究》，安徽大学出版社，2005，33页。

类型在新闻语言中承担的角色各不相同，其出现的语境、使用频率等也各不相同。本节从语用的角度探讨陈述句、疑问句、感叹句、祈使句四种句类在四种媒体（报纸、广播、电视、网络）的不同体裁形式新闻（消息、评论、通讯或专题）中的使用情况。

一、新闻语言中四种句类的出现率

我们具体分析了120篇新闻，以不同的媒体（包括报纸、广播、电视、网络）和不同的体裁（消息、评论、通讯或专题）作为分类标准，得出12小类（如报纸消息、广播评论、电视专题等），每小类分析统计10篇新闻，考察陈述句、疑问句、感叹句、祈使句四种不同句类在新闻材料中的出现比率。其中，陈述句应用得最广泛，其后依次为疑问句、感叹句、祈使句。感叹句和祈使句在各种媒体的不同体裁新闻中应用率都很低，具体数据见下表。

感叹句在新闻中的应用情况：

体裁＼媒介类别	报纸	广播	电视	网络
消息	1.1%	10.2%	1.2%	0
评论	3.6%	0	1.8%	0
通讯或专题	4.2%	5.7%	2.5%	2.3%

祈使句在新闻中的应用情况：

体裁＼媒介类别	报纸	广播	电视	网络
消息	0	2.3%	0.5%	0
评论	1.8%	1.6%	0	0
通讯或专题	0.6%	1.5%	0.9%	0

下面我们具体分析陈述句和疑问句在新闻中的应用情况。

（一）陈述句

我们对40篇消息（报纸、广播、电视、网络四种媒体各10篇）进行了数据分析，下表为陈述句、疑问句、感叹句、祈使句四种句类在每篇消息中的平均百分比。

媒介类别 句类	报纸	广播	电视	网络
陈述句	91.9%	77.3%	85%	98.7%
疑问句	7%	10.2%	12.3%	1.1%
感叹句	1.1%	10.2%	1.2%	0
祈使句	0	2.3%	0.5%	0

由上表可见，陈述句在报纸、广播、电视、网络四种媒体的消息中出现比率由大到小排列如下：

网络＞报纸＞电视＞广播

与其他句类相比，陈述句在消息中占据绝对优势，这种绝对优势同时也体现在评论、通讯或专题中。下表为陈述句在新闻中与其他三种句类相比较而得的统计数据。

媒介类别 体裁	报纸	广播	电视	网络	小计
消息	91.9%	77.3%	85%	98.9%	353.1%
评论	86.4%	90.2%	91.7%	92.9%	361.2%
通讯或专题	85%	82.4%	80.8%	96.3%	344.5%

由上表可见，陈述句在消息、评论、通讯或专题等不同体裁的消息中出现比率由大到小排列为：

评论＞消息＞通讯或专题

（二）疑问句

在语言交际中，陈述句的主要功能是表达已知，疑问句的主要功能是探索未知。在新闻传播中，新闻传播者把自己已知的信息传输给广大受众是新闻传播的主要形态。因而，在新闻语言中，以表达已知为主要功能的陈述句居多，疑问句居次。下表为疑问句在消息、评论、通讯或专题等不同体裁及报纸、广播、电视、网络四种媒体新闻中与陈述句、感叹句、祈使句三种句类相比较得出的出现比率。

媒介类别 / 体裁	报纸	广播	电视	网络	小计
消息	7%	10.2%	12.3%	1.1%	30.6%
评论	8.2%	8.2%	5.5%	7.1%	29%
通讯或专题	10.2%	10.4%	16.7%	1.4%	38.7%

通过上页第一个表格及本页表格，可以得出疑问句在报纸、广播、电视、网络四种媒体的消息中出现比率由大到小排列为：

电视＞广播＞报纸＞网络

疑问句在消息、评论、通讯或专题等不同体裁的消息中出现比率由大到小排列为：

通讯或专题＞消息＞评论

二、原因分析

（一）新闻语言中疑问句的特殊功能及原因分析

张斌指出："从交流信息的角度来看，句子有两类。一类是使信息储存的句子，一类是使信息反馈的句子。"[1]前一类包括

[1]　张斌《理解和表达的问题》（四），引自《语文建设》2000，（8）。

陈述句和感叹句,后一类包括疑问句和祈使句。疑问句的传统解释是有疑而问,问话人对某信息有疑问,并有了解该信息的要求。疑问句中传达疑问语气的成分就是汉语疑问句的构成要素,即疑问要素,包括特指疑问词语或疑问句法结构、疑问语调、疑问语气词等。疑问句根据形式可分为特指问句、是非问句、正反问句、选择问句,在这几种疑问句中承担主要疑问功能的分别为:

特指问句——特指疑问词,"谁、什么、哪儿、几"等;

是非问句——疑问语气词"吗"或疑问语调;

正反问句——疑问句法结构"X 不 X";

选择问句——疑问句法结构"是 P 还是 Q"。

日常生活中,发话人说出一个疑问句,希望答话人给予回答,提供一个新信息。所以,疑问句的主要语用功能是寻求信息。在新闻语言中,以寻求信息为功能的疑问句多以人物对话的形式出现。如:

(69) 当听到要写时传祥时,老人就挺激动,同时也有些黯然:"现在实实在在干活、本本分分做人还时兴吗?你写劳模还有人看?"

记者默然。

(《寻找时传祥》,《工人日报》1995 年 5 月 17 日)

(70) 记者:那当时家里人想得通吗?

马骏:当时家里我母亲有老思想,想不通……

(《这里田野无坟头》,

中央电视台、河南电视台《新闻联播》1995 年 4 月 4 日)

这些例句是人际传播中人与人之间面对面地交流信息,不需要借助其他媒介,和日常生活中的"一问一答"没有区别。

在新闻语言中更为多见的是另外一种情况：形式上与那些功能为寻求信息的疑问句相同，但疑问句中由疑问标志所携带的疑问成分被特定的语境消解了，即疑问句的疑问功能发生了转移或衰变。形式上是疑问句，其语用功能是提供信息。如：

(71) 一步到位的扩大生产使北京啤酒厂背上了债务重负，钱还不了怎么办？由此想到了合资。1994 年 1 月香港中策集团以 2500 万美元的资金购走了北啤 55%的股份。

(《合资：引进来，更要利用好！》，北京电视台《今日话题》1995 年 12 月 31 日)

(72) 这套《规程》中最引人注意的一条是：跑官者三年不用。为什么这一条引人注意？因为，跑官、买官、卖官已经成风，典型案例令人震惊，这种腐败现象激起极大民愤，酿成严重后果。

(《最可恨的腐败，就是用人上的腐败》，人民网 2005 年 7 月 17 日)

上面例句中都有疑问句，但都是无疑而问、自问自答，属于设问的修辞手法。发话人作为信息提供者并非要获得某种信息，而是想要达到非疑问性的功能。同陈述句一样，此类疑问句也具有提供信息的功能，新闻语言中时常舍弃陈述句而采用疑问句的原因就是这个非疑问性的功能。

在新闻传播过程中，信息把关人的角色主要由新闻传播者担当；受众主要是信息接收者，但也承担了部分信息把关人的角色。“新闻应当是一门选择的科学”[1]，新闻的受众并不是没有选择地接收信息，受众会根据自身的喜好选择不同的新闻信息，这是主观方面的原因；受众会选择哪些新闻进行阅读，以及阅读

[1] 张福民《浅谈记者的主观议论》，引自《新闻爱好者》2003，(3)。

时注意力的集中情况还与新闻的表现形式有关。以疑问句的形式提供新闻信息就是一种引起受众思考和注意、提高新闻文本前后连贯性的有效手段之一。下面我们通过具体的新闻材料来分析。

(73) 缉毒队员们在边境一线的战斗艰难曲折——现场的极度危险,对手的狡猾凶狠,斗争的纷纭复杂,更何况是我们这如此漫无屏障的边界! 那么在口岸呢? 在人如潮涌的口岸,斗争是怎样的呢?

有人呼叫高关长,我们关机了。真没想到,就在我们采访的时候,口岸发现了情况。我们知道,口岸贩毒伪装性强,查获很难,我们能碰上,真是幸运。

(《中华之剑·剑之威》,中央电视台 1995 年 6 月 26 日)

此例中,疑问句形式在新闻一个段落的最后,提出一个新问题,方便下文作出集中解答。同时又给两部分信息划出界限,减轻了受众的阅读和记忆负担。

(74) 上海家化这次又为何不惜放弃几乎稳赚的数亿元净利,把"嫁出去的女儿"又重新迎回了"娘家"呢? 原来,公司领导在激烈的市场竞争中深深体会到:名牌是企业的灵魂。

(《上海家化公司好气魄 1200 万元买回美加净》,《解放日报》1995 年 4 月 27 日)

此例疑问句形式出现在段首,起到了承上启下的过渡作用。

(75) 房价中含有多少税?

消费者能否感到"税痛"?

购房参考:新政之后购房税费成本增加多少?

(《购房,你是否感受到"税痛"》,新华网 2005 年 7 月 18 日)

这是一则新闻的三个小标题,疑问句形式提出论题,在下文给出论点，具有一定的启发性。

从语义的角度来考虑，新闻传播者从听话人的心理期望角度出发，认为某信息的认知效果值得引起受众的注意，所以通过疑问句的形式将其突出。既可提醒受众注意，又可引导受众思考。

（二）感叹句、祈使句出现率低的原因

1. 感叹句

与陈述句一样，感叹句也能提供信息，但它最重要的功能是表达感情。感叹句一般是说话人表达自己对某一现象的主观评价，其中必然包含说话人的主观情感因素。因此其话语的内容未必符合事实，语义内容常常带有夸张色彩。如：

(76) 乙方的几名留守人员得知记者的来意后急切切地说："劣质水泥害死人！"

（《劣质水泥酿祸端》，《中国建材报》1995 年 8 月 18 日）

(77) 外国的先进技术和资金要积极稳妥地引进来，但更要利用好。现在到了该提高利用外资质量的时候了！

（《合资：引进来，更要利用好！》，北京电视台《今日话题》1995 年 12 月 31 日）

以上两例中有明显的夸张和主观评价意味。而在新闻传播中，真实客观地反映事件的本来面貌是新闻传播活动的一大原则，受众更愿意追求真实的命题内容而不是明显的情感因素。所以，在新闻语言中感叹句所占比例很小。

2. 祈使句

要求说话人做或不做某事的句子叫祈使句，祈使句要运用相应的指令语气。

吕叔湘说：我们平常说话，多数是为表达事实，可是也时常以支配我们的行为为目的，这就是祈使句之类的语气。[1]奥斯汀把言语行为分为三类：叙事行为、施事行为、成事行为。吕叔湘所说的说话目的对应于奥斯汀的叙事行为和施事行为，一个是表达事实，一个是支配行为。

新闻语言中很少运用祈使句，多见于人物对话中。如：

(78) 我还没来得及想怎么安慰小张，坐在一旁看报纸的办公室主任刘姐搭话道："小张，你不要为此难过，我帮你出个主意，保证管用。""什么好办法？刘姐你快说。"小张迫不及待地问。（人民网2007年10月11日）

(79) 那么科技人员有什么想法呢？我们的记者汪永晨现在正在南京紫金山天文台采访。好，请您听听她的报道。

（《您好，中国！》，
中央人民广播电台《午间半小时》1995年10月1日）

例(78)是新闻人物之间的对话，例(79)中用了敬辞"请"和敬称"您"，语气恭敬、委婉。新闻传播活动主要是新闻传播者向受众提供信息的活动，祈使句则是寻求信息的句类，同时还具有指令性，所以在日益追求平等交流的新闻传播活动中，祈使句很少运用。这也是实现传播者说教和指导者身份转变、实现传受双方平等沟通的一条途径。

综上所述，由于媒介的物理传播性质及受众的群体特征不同，要求报纸、广播、电视、网络新闻语言在长短句、省略等句法问题上各有表现：广播新闻要多用短句，少用省略，语言浅显易懂；报纸新闻语言则相反，要多用长句、复句，以追求报道深度和相应的理解难度，也可较自由地使用省略及书面化语言。新闻

[1] 吕叔湘《中国文法要略》，商务印书馆，1982，30页。

传播行为多是叙述事件的活动，在新闻传播中主要是新闻传播者向受众提供信息。陈述句提供而不是寻求信息的功能与新闻传播活动一致，其客观中立的功能特征也与新闻传播原则相符，所以新闻传播活动要多用陈述句，而少用、慎用疑问句、感叹句、祈使句。

参考文献

艾　丰《新闻写作方法论》，人民日报出版社，1999。

陈　平《试论汉语中三种句子成分与语义成分的配位原则》，《中国语文》1994，(3)。

陈　原《社会语言学》，学林出版社，1983。

陈　忠《信息语用学》，山东教育出版社，1999。

程道才《广播新闻写作》，中国广播电谟出版社，1999。

丁　煌《交际信息学》，华中理工大学出版社，1997。

董天策《网络新闻传播学》，福建人民出版社，2003。

杜骏飞《网络新闻学》，中国广播电视出版社，2001。

杜骏飞《网络传播概论》，福建人民出版社，2004。

段业辉《新闻语言学》，江苏教育出版社，1999。

段业辉、李　杰《新闻传播中语言信息的若干问题》，《江海学刊》2004，(2)。

范开泰等《现代汉语语法分析》，华东师范大学出版社，2000。

傅俊卿《电视新闻实务》，北京广播学院出版社，1997。

桂诗春《实验心理语言学纲要》(第2版)，湖南教育出版社，2001。

郭光华《现代新闻写作》，湖南师范大学出版社，1996。

郭庆光《传播学教程》，中国人民大学出版社，1999。

韩陈其《汉语羡余现象研究》，齐鲁书社，2001。

何日丹、黄日青《电视文字语言写作》，中国广播电视出版社，2001。

胡端宁《新闻写作学》，新华出版社，2002。

胡壮麟《语篇的衔接与连贯》，上海外语教育出版社，1994。

胡壮麟等《系统功能语法》，湖南教育出版社，1989。

黄国文《语篇分析概要》，湖南教育出版社，1988。

黄匡宇《电视新闻学》,华东师范大学出版社,1998。
黄匡宇《广播电视学概论》,暨南大学出版社,1999。
金梦玉《网络新闻实务》,北京广播学院出版社,2001。
康文久《实用新闻写作》,新华出版社,1996。
匡文波《网络传播学概论》(第2版),高等教育出版社,2004。
李　岩、黄匡宇、张　联《广播电视新闻学》,高等教育出版社,2002。
李元授《新闻信息概论》,武汉大学出版社,1994。
李元授、白　丁《新闻语言学》,新华出版社,2001。
李元授、陈扬明《新闻传播学》,新华出版社,2001。
李悦娥等《话语分析》,上海外语教育出版社,2002。
李佐丰《广播电视语言》,北京广播学院出版社,1998。
廖秋忠《廖秋忠文集》,北京语言学院出版社,1992。
廖卫民、赵　民《互联网媒体与网络新闻实务》,复旦大学出版社,2001。
林兴仁《实用广播语体学》,中国广播电视出版社,1989。
刘保全、彭朝丞《消息范文评析》,新华出版社,2001。
刘海燕《网络语言》,中国广播电视出版社,2002。
刘明华等《新闻写作教程》,中国人民大学出版社,2002。
刘明华等《新闻作品选读》,中国人民大学出版社,2003。
刘义忠《网络时代新闻写作》,湖北科学技术出版社,2002。
吕叔湘《汉语语法论文集》,商务印书馆,2002。
彭　兰《网络传播概论》,中国人民大学出版社,2001。
彭　兰《网络新闻学原理与应用》,新华出版社,2003。
钱冠连《汉语文化语用学》,清华大学出版社,2002。
秦瑜明《电视传播概论》,北京广播学院出版社,2002。
沈爱国《消息写作学》,杭州大学出版社,1996。
沈家煊《句法的象似性问题》,《外语教学与研究》1993,(1)。
沈家煊《R. W. Langacker 的"认知语法"》,《国外语言学》1994,(1)。
时统宇《电视影响评析》,新华出版社,1999。
宋世琦《报纸编辑十二题》,人民日报出版社,1996。
孙汝建《现代语言学研究》,香港大名出版公司,1998。
孙维张、吕明臣《社会交际语言学》,吉林大学出版社,1996。
童之侠《国际传播语言学》,中国传媒大学出版社,2005。

托伊恩·A.梵迪克著,曾庆香译《作为话语的新闻》,华夏出版社,2003。
王德春等《语体学》,广西教育出版社,2000。
王冬竹《语境与话语》,黑龙江人民出版社,2004。
王化容《新闻 ABC》,新华出版社,1991。
王建华、周明强、盛爱萍《现代汉语语境研究》,浙江大学出版社,2002。
王文科《广播新闻报道》,浙江大学出版社,2002。
威尔伯·施拉姆、威廉·波特著,陈亮译《传播学概论》,新华出版社,1984。
沃纳·赛佛林、小詹姆斯·坦卡德著,郭镇之等译《传播理论:起源、方法与应用》,华夏出版社,2000。
西稹光正《语境研究论文集》,北京语言学院出版社,1992。
新华社新闻研究所《新华社优秀新闻选(1997年)》,新华出版社,1999。
徐大明、陶红印、谢天蔚《当代社会语言学》,中国社会科学出版社,1997。
徐纠纠《现代汉语篇章回指研究》,中国社会科学出版社,2003。
杨保军《新闻理论教程》,中国人民大学出版社,2005。
叶　子《电视新闻学》,北京广播学院出版社,1997。
应天常《节目主持人语用学》,北京广播学院出版社,2001。
虞达文《新闻心理学》,新华出版社,2001。
袁　晖、李熙宗《汉语语体概论》,商务印书馆,2005。
张伯江、方　梅《汉语功能语法研究》,江西教育出版社,1996。
张德禄等《语篇连贯与衔接理论的发展及应用》,上海外语教育出版社,2003。
张　今等《英汉信息结构对比分析》,河南大学出版社,1998。
张　颂《播音语言通论》,北京广播学院出版社,1994。
郑贵友《汉语篇章语言学》,外文出版社,2002。
中国新闻奖评选委员会办公室《中国新闻奖作品选》(1991年),新华出版社,1993。
中国新闻奖评选委员会办公室《中国新闻奖作品选》(1992年),新华出版社,1994。
中国新闻奖评选委员会办公室《中国新闻奖作品选》(1993年·第四届),新华出版社,1995。
中国新闻奖评选委员会办公室《中国新闻奖作品选》(1995年·第六届),新华出版社,1996。

中国新闻奖评选委员会办公室《中国新闻奖作品选》(1996 年·第七届)，新华出版社，1998。

中国新闻奖评选委员会办公室《中国新闻奖作品选》(2000 年度·第十一届)，新华出版社，2001。

中国新闻奖评选委员会办公室《中国新闻奖作品选》(2002 年度·第十三届)，新华出版社，2004。

朱永生等《系统功能语言学多维思考》，上海外语教育出版社，2001。

朱永生等《英汉语篇衔接手段对比研究》，上海外语教育出版社，2001。

左思民《汉语语用学》，河南人民出版社，2000。

后　记

时光飞逝，自1999年江苏教育出版社出版拙作《新闻语言学》至今已有八个年头。由于《新闻语言学》一书是我国第一本新闻语言方面的著作，写作时可资借鉴的成果不多，再加上该书的写作宗旨就框定为系统地概要地介绍分析新闻语言的特点，所以它的系统性较强，但新闻语言的好多方面尚未涉及，有些问题的讨论也不够深入。

随着时间的推移，我们越来越觉得新闻语言的许多重要问题需要进一步研究，特别是不同媒体的新闻语言的共性和个性问题。鉴于此，2002年我们以《报刊、广播电视、网络新闻语言比较研究》为题，申报了国家社会科学规划项目并获准立项。本书就是这一课题的终期成果。

本书立足于报纸、广播、电视、网络四大媒体新闻语言的比较，重点讨论了新闻语言的信息结构、衔接、语境、冗余、主观化、词汇、语境等问题，揭示了不同媒体在上述诸方面的相同之处和不同之处，用较翔实的统计数据体现了不同媒体在相同的新闻体裁和不同的新闻体裁上的语言表现。

在本课题的研究过程中，朱蓓、林楚云、林纲、李迅等同志为我们提供了大量的调查材料和统计数据，林纲博士还参加了第六章的撰写工作。

北京大学陆俭明教授不辞辛苦，利用在国外作学术报告的间隙时间通读了全部书稿，提出了非常中肯的修改意见，并不吝赐序。

在此，我们向所有关心支持本课题研究和本书出版的人表示衷心的感谢！

由于我们的学识所限，本书不尽如人意或错误的地方肯定会有，恳望专家和读者批评指正！

段业辉

2007年11月1日